PASAPORTE AL MUNDO HISPANO

John England
Nuria González Oliver

PASAPORTE AL MUNDO HISPANO

John England
Nuria González Oliver

First published by Sheffield Academic Press, 1998
Reprinted 2000

Copyright © 1998, 2000 Sheffield Academic Press

Published by
Sheffield Academic Press Ltd
Mansion House
19 Kingfield Road
Sheffield S11 9AS
England

Typeset by BBR, Sheffield
and
Printed on acid-free paper in Great Britain
by Bookcraft Ltd
Midsomer Norton, Bath

British Library Cataloguing in Publication Data

A catalogue record for this book is available
from the British Library

ISBN 1-85075-874-3

ÍNDICE DE MATERIAS

Capítulo 4: Los jóvenes

Capítulo 5: El medio ambiente

Capítulo 6: El mundo del trabajo

Capítulo 7: El ocio y la cultura

Capítulo 8: La salud

INTRODUCCIÓN

Hace varios años Sheffield Academic Press publicó *Passeport pour la France,* preparado por Annie Rouxeville para uso de los estudiantes del segundo curso de Filología Francesa. El éxito de dicho libro nos ha animado a desarrollar un manual equivalente para estudiantes de español, ya que no existe ningún libro que se dedique a la preparación lingüística y cultural de alumnos que en el transcurso del año académico se sienten cada vez más preocupados por el curso que van a pasar en España o en un país latinoamericano. Aunque estos materiales pueden ser utilizados por cualquier estudiante que tenga un conocimiento sólido de la lengua española, se han desarrollado específicamente para los estudiantes de segundo que van a pasar gran parte del curso siguiente en un país de habla española.

Los objetivos del libro

Al preparar los materiales, tuvimos en mente tres objetivos principales:

1. **El desarrollo de los conocimientos de la lengua española**

   Resulta ya un tópico enumerar las cuatro destrezas lingüísticas –dos pasivas (la lectura y la comprensión auditiva) y dos activas (la escritura y el habla)– y reconocemos que para los estudiantes de filología española es necesario desarrollarlas todas. También nos parece que a este nivel es importante insistir en ciertos conocimientos 'tradicionales' como la precisión gramatical; si los estudiantes dominan bien las estructuras básicas de la lengua antes de su estancia en España o América, pueden centrarse más en la pronunciación, la fluidez, el vocabulario, la expresión, etc., cuando viven en un país de habla española.

2. **El desarrollo de conocimientos lingüísticos más generales**

El estudio de cualquier lengua extranjera ofrece la posibilidad de desarrollar otras capacidades lingüísticas e intelectuales. Entre ellas, hemos tenido en cuenta la **traducción** (muchas personas dominan bien dos idiomas sin ser buenos traductores), los **resúmenes** (otra técnica que hay que aprender, y que puede ser importante en la futura vida profesional de los estudiantes), las **redacciones**, y el **debate oral**.

3. **La ampliación de los conocimientos culturales**

La lengua no es sólo un instrumento de comunicación con otras personas, sino que ofrece la posibilidad de conocer directamente otras culturas (en el sentido más amplio de la palabra). Es imposible dominar una lengua sin conocer a fondo la cultura que se expresa mediante dicha lengua; tampoco es posible conocer a fondo una cultura sin dominar la lengua.

Los temas del libro

Para conseguir tales objetivos, hemos escogido como tema del libro la diversidad:

- **la diversidad del mundo hispano**
- **la diversidad de la lengua española**

El plan de estudios de la mayoría de los Departamentos de Español o de Estudios Hispánicos incluye tanto temas españoles como latinoamericanos, y en muchos casos los estudiantes disponen de un amplísimo abanico de ciudades y países en los que pueden pasar el tercer curso. Es imprescindible que tengan una idea clara de las diferencias entre las distintas partes del mundo hispano antes de decidir adónde van a ir, y que estén familiarizados con algunas de las diferencias entre el español peninsular y el de América. Pero también reconocemos que aun en un mundo en el que América está cada vez más cerca, la mayoría de los estudiantes británicos van a España, y por eso la mayoría de los textos y de las grabaciones en la cinta provienen de España.

La estructura del libro

Después de la sección **Antes de empezar**, que establece el alcance de los conocimientos de los estudiantes y el tipo de estudios que prefieren, los nueve capítulos del libro están organizados temáticamente, en tres grupos. Los Capítulos 1–2 introducen el tema de la diversidad del mundo hispano, y pueden ayudar a los estudiantes a principios del curso con la selección del país y de la ciudad en la que van a vivir; los Capítulos 3–7 tratan temas de interés general, problemas sociales, cultura española y latinoamericana, etc.; y los Capítulos 8–9 tratan temas más bien prácticos (alojamiento, transporte, salud), para final de curso. No es necesario seguir este orden, ya que todos los capítulos contienen una mezcla de materiales fáciles y difíciles, y es probable que no se estudien todos los materiales en un curso académico; en tal caso, el estudiante puede hacer los demás ejercicios por su propia cuenta, algo muy útil para los que pasan la mitad del tercer curso en Francia, Alemania, Italia, etc.

Los nueve capítulos del libro tienen todos la misma estructura:

1. **Textos**

   La primera sección contiene normalmente dos textos españoles y un texto americano, todos sacados de la prensa. Una de las ventajas que ofrece la prensa del mundo hispano resulta del hecho de que muchos buenos escritores escriben para la prensa, así que el estudiante tiene una amplia gama de modelos que imitar. Hay una serie de ejercicios relacionados con cada texto: comprensión, explicación de palabras, traducción al inglés, resumen, escritura guiada, redacción, etc.

2. **Ejercicios de gramática**

   Muchos de los ejercicios están basados en estructuras que aparecen en los textos escritos, y en estos ejercicios los estudiantes pueden centrarse casi exclusivamente en las estructuras gramaticales. Mediante estos ejercicios y la consulta de un libro de gramática, se espera que los estudiantes entiendan las estructuras y que reduzcan el número de errores que hacen, para que durante su estancia en un país de habla española empiecen a utilizar de forma espontánea las estructuras apropiadas.

3. **Traducción al español**

   Utilizamos textos parecidos a los de la primera sección. Al hacer la traducción al español, el estudiante se ve obligado a expresar ciertas ideas y a utilizar ciertas estructuras, y así se da cuenta de lo que sabe y de lo que no sabe.

4. **Documento sonoro**

   Aparecen en la cinta voces de distintas partes de España, y de distintos países de América, para que los estudiantes entiendan que hay muchas variedades de español culto; en pocas partes del mundo van a oír la norma culta castellana, y en muchos casos tendrán que decidir si van a imitar la variante regional o no. Es importante que los estudiantes de segundo piensen de antemano en tal posibilidad. Mediante los ejercicios (que se pueden hacer en clase o individualmente), el estudiante mejorará la capacidad de entender correctamente el español hablado.

5.   **Temas orales**

Recomendamos una serie de actividades para que los alumnos pongan en práctica lo que han aprendido en otras secciones. Hay una amplia gama de ejercicios, desde la práctica de llamadas telefónicas hasta debates sobre temas culturales e intelectuales.

Esta diversidad de materiales es consecuencia de nuestra postura ante la enseñanza de lenguas extranjeras, que consideramos no debe restringirse a una determinada metodología. Si bien el tema del libro es la diversidad del mundo hispano y de la lengua española, el profesor y el estudiante verán inmediatamente que también consideramos fundamental la diversidad de las actividades lingüísticas, desde las tradicionales hasta las más comunicativas. Mediante este libro, queremos que los estudiantes –tanto durante las clases como en sus estudios personales– lean, escriban, oigan y hablen español, y que se sientan cada vez más fascinados por la lengua y la cultura hispana. Así estarán preparados para la gran aventura que es vivir en un país extranjero.

Bibliografía de consulta

Recomendamos que los estudiantes tengan acceso a uno de los siguientes diccionarios:

- *The Oxford Spanish Dictionary* (Oxford: Oxford University Press, 1994).
- *The Collins Spanish Dictionary* (Glasgow: HarperCollins, 3a ed., 1992).

En los ejercicicios y comentarios de gramática hacemos referencia constante al siguiente libro de consulta, que consideramos imprescindible:

- John Butt & Carmen Benjamin, *A New Reference Grammar of Modern Spanish* (Londres: Edward Arnold, 2a ed., 1994).

Cada profesor, sin duda, podrá ampliar esta bibliografía, añadiendo los libros de consulta, diccionarios monolingües, etc., que le parezcan más convenientes.

ANTES DE EMPEZAR

A. Cuestionario

Antes de empezar nos parece importante que el profesor/la profesora conozca a los que serán sus alumnos durante todo un curso. Para ello proponemos un pequeño cuestionario que puede ser utilizado en la primera clase. ¡No se trata de ningún examen así que no es necesario ponerse nervioso! Saca una fotocopia del mismo (o bien, el profesor se encargará de hacerlo) y complétalo en clase. Para el último ejercicio necesitas a un compañero/a.

¿Quién eres y cuánto sabes?

1. Nombre y Apellidos _____

2. Edad _____

3. Nacionalidad _____

4. Si naciste en Gran Bretaña, ¿en qué región?_____

5. ¿Hablas alguna otra lengua además del español?   Sí   No

    Si tu respuesta es afirmativa, ¿qué lengua/s hablas? _____
    ¿qué nivel? _____

6. ¿Cuánto tiempo llevas estudiando español? _____

7. Además de español, ¿estudias otra carrera?   Sí   No

    Si tu respuesta es afirmativa, ¿cuál? _____

8. ¿Has estado alguna vez en España o en Latinoamérica?   Sí   No

    Si tu respuesta es afirmativa, ¿dónde? _____

    ¿cuántas veces? _____

9. Ya sabes que el año próximo tendrás que pasarlo en el extranjero,

    ¿a qué país o región de España te gustaría ir?_____

10. Une los siguientes escritores con sus respectivas obras:

    Cervantes   _La Regenta_
    García Lorca   _Don Quijote de la Mancha_
    Pablo Neruda   _Historia de una escalera_
    Buero Vallejo   _Bodas de sangre_
    Clarín   _Veinte poemas de amor y una canción desesperada_

11. ¿Por qué son famosos los siguientes personajes?

    Franco   Cantante de ópera
    Isabel la Católica   Dictador
    Montserrat Caballé   Monarca
    Ramón y Cajal   Científico
    Che Guevara   Ciclista
    Arantxa Sánchez Vicario   Príncipe de Asturias
    Gabriel García Márquez   Tenista
    Salvador Allende   Escritor
    Miguel Induráin   Político
    Felipe de Borbón   Guerrillero

12. Completa el cuadro siguiente:

    libre   libertad

    _____   suciedad

    igual   _____

    _____   cotidianeidad

    _____   terquedad

13. ¿Son correctas las siguientes combinaciones adjetivo–nombre? Si no, corrígelas:

    mapa rota _____   hombre tristo_____
    mujer feliz_____   clima frío _____
    problema complicada _____   primera persona _____

14. **Expresiones coloquiales.** Traduce los que puedas:

    dormir como un tronco: _____

    estar como una cabra: _____

    estar hecho polvo:_____

    ligar con alguien: _____

15. Durante dos minutos entrevista a un compañero acerca de su vida, por qué estudia español, etc. Utiliza los verbos en presente, pasado, y futuro. Después escribe un párrafo de unas 40–50 palabras sobre tu compañero basándote en la información obtenida en la entrevista. Utiliza otra vez los verbos en pasado, presente y futuro:

    _____

    _____

    _____

    _____

    _____

    _____

    _____

    _____

    _____

    Cuando hayas completado el cuestionario, entrégaselo al profesor.

B. Test

¿Qué tipo de estudiante eres?

Este test está adaptado de Gail Ellis & Barbara Sinclair, *Learning to Learn English,* (Cambridge: Cambridge University Press, 1989), págs. 6–9.

	A menudo	A veces	Casi nunca/ nunca	No sabe
1. ¿Sacaste buenas notas en los exámenes de gramática del año pasado?				
2. ¿Te gustaría tener más tiempo para pensar antes de tener que hablar?				
3. ¿Odias cometer errores ?				
4. ¿Tu pronunciación es mejor cuando lees en voz alta que cuando hablas?				
5. En la clase, ¿te parece mal que el profesor no corrija los errores?				
6. ¿Memorizas fácilmente palabras nuevas ?				
7. ¿Te parece difícil aprender dos o tres palabras de una lengua nueva cuando estás de vacaciones en el extranjero?				
8. ¿Te gusta aprender reglas de gramática, palabras nuevas, etc., de memoria?				

Cómo calcular tu puntuación:

3 puntos por cada: A menudo
2 puntos por cada: A veces
1 punto por cada: Casi nunca/nunca

Puntuación

Puntuación: 20–24 puntos – Analítico

Seguramente crees que es muy importante utilizar la lengua de la forma más precisa y correcta posible. Y lo más probable es que prefieras un tipo de aprendizaje en el que necesites pensar muy detalladamente: por ejemplo, cuando estás haciendo ejercicios de gramática intentar a la vez averiguar el significado de las palabras, practicar su pronunciación, etc. Este es el tipo de aprendizaje que normalmente sigues en clase o cuando estudias solo. Aquí tienes algunas **sugerencias** para mejorar tu **soltura**:

- intentar hablar más, incluso en tu propia lengua. Con tus amigos, con compañeros, turistas, etc., tan a menudo como sea posible.

- no preocuparte demasiado por cometer errores. El intentar hablar correctamente todo el tiempo supone un gran esfuerzo y además te puede parar un poco a la hora de comunicarte con los demás. Aunque rectificar tus fallos es una parte importante del proceso de aprendizaje, no intentes corregirte siempre inmediatamente. Recuerda que la gente con la que estás hablando no va a estar pendiente de tus errores sino de lo que intentas comunicar y contar. Cuando hayas terminado de hablar, puedes recordar los fallos que quieres trabajar; es entonces el momento de tomar nota de ellos para corregirlos en el futuro.

- confiar en ti mismo/a. Cuando no estés en la clase, ni el profesor/a o el diccionario te van a ayudar, así que no tengas miedo de confiar en ti mismo: seguro que sabes más de lo que crees.

Puntuación: 11–19 puntos – Una mezcla

Puede que no encajes en ninguna de las dos categorías que aquí te proponemos: Analítico o Relajado. Mucha gente aprende de formas distintas según las circunstancias, la situación y lo que estén haciendo.

Sugerencias:

Lee las descripciones referentes a las categorías Analítico y Relajado. Puede que te sientas más identificado/a con una o con otra. Esto te ayudará a pensar en qué áreas podrías mejorar tu proceso de aprendizaje. Si no puedes decidirlo ahora, intenta hacerlo durante este curso.

Puntuación: 6–10 puntos – Relajado

Parece que aprendes lenguas nuevas sin hacer mucho esfuerzo, y normalmente disfrutas comunicándote con los demás. Sin embargo quizás creas que necesitas estudiar más reglas gramaticales (aunque probablemente te aburra y en poco tiempo pierdes el interés). Podrías mejorar tu método de aprendizaje siguiendo estas sugerencias:

• Busca más tiempo para aprender y estudiar. Puede que necesites pasar más tiempo pensando y practicando ejercicios de gramática, pronunciación, etc. Intenta organizar un horario más o menos fijo para estudiar.

• Intenta ser más crítico contigo mismo. Seguramente te hace falta corregirte un poco más. Quizás no te preocupe o incluso no te des cuenta cuando cometes errores, pero si intentas fijarte en tus fallos más corrientes, encontrarás más fácil hacer algo para solucionarlos.

CAPÍTULO 1

EL MUNDO HISPANO

Sección A: Textos escritos

1. Diez años en la Ruta del Sol

Ascender al Cotopaxi, el mayor volcán activo del mundo, de 5.943 metros; dormir en las playas de Tumbez desde donde Pizarro inició la conquista de Perú; navegar sobre las olas en planchas de totora, como los antiguos pescadores mochinas en la playa de Huanchaco; visitar la ciudad de Quito y la de Lima; subir a los Andes en el tren más alto del mundo, a 4.817 metros; conocer la ciudad perdida de Machu-Pichu, joya entre las joyas del imperio... Este es el intenso menú que forman las etapas de la décima edición de la Ruta Quetzal.

Miguel de la Quadra-Salcedo, creador y director del programa, pretende inculcar este año su alma de nómada aventurero a 500 jóvenes de 39 países. La selección de los expedicionarios se hace a través de la presentación de un trabajo artístico, literario, histórico o musical, y de un concurso televisivo. Esta será la primera ocasión para muchos de ellos de poder vivir una aventura que no olvidarán jamás. Esta gesta ilustrada forma el espíritu de sacrificio, la voluntad y la disciplina de estos jóvenes acostumbrados a recibir todo hecho.

La idea de crear la Ruta Quetzal («pájaro del bienestar» en quechua), surgió con el ánimo de unir a los jóvenes de Iberoamérica y de España a través de la cultura. Durante la filmación de un reportaje en la isla de Creta, De la Quadra-Salcedo encontró una placa con una vetusta inscripción: «Recuerdo del Crucero por el Mediterráneo de la Facultad de Filosofía y Letras de Madrid. 1933». El conocía a algunas personas que habían realizado ese viaje. «Ese viaje en barco les dejó marcados y unidos para siempre», recuerda.

Atando cabos, De la Quadra comenzó a gestar la idea:

—Conocía bien América y pensé que lo mejor sería hacer un crucero cada año, con los cuatro viajes de Colón o viajes históricos como el de Cabeza de Vaca, el que realizamos
25 a Paraguay.

Este año participan 500 alumnos de 39 países, con edades comprendidas entre los 16 y 17 años. «Los chicos vienen de un talento distinto, cambian actitudes, maduran. Es un momento decisivo para definir vocaciones, aclarar ideas y tener una visión personal de lo que es el mundo y sus problemas», asegura De la Quadra.

30 «El viaje fue muy duro, pero mereció la pena. Ha sido el más alucinante que he realizado en toda mi vida. Jamás lo olvidaré», afirma María, una de las expedicionarias de la anterior edición. Pero no es tan duro como parece: «Más dureza entraña bailar toda la noche, hasta las nueve de la mañana», bromea De la Quadra, para quien cuatro años viviendo en el Amazonas han sido una buena escuela.

35 Pese a las adversidades del viaje, muchos repetirían. Por eso han creado la Asociación de Amigos de la Aventura, para recordar el viaje. Algunos lo vuelven a intentar como monitores, y organizan actividades comunes, como la del año pasado: unas navidades culturales en Madrid, para que no decaiga el espíritu de cooperación cultural y humana entre Europa y América.

40 «Hay que conocer las culturas precolombinas, que son parte de nuestra cultura mestiza, que es la española. Ya lo hemos hecho con los mayas, aztecas y guaraníes, y ahora lo haremos con los incas. No hay que olvidar la figura del Inca Garcilaso, que vivió en Andalucía y era hijo de un conquistador español y una princesa inca. Un mestizo ilustrado que presumía de indio en España y de español en América: es el símbolo de
45 esos 500 años de mestizaje cultural», explica De la Quadra.

Se pretende fomentar el estudio de Iberoamérica en los colegios. «Saben mucho más de nosotros que nosotros de ellos», señala De la Quadra. En la Ruta Quetzal enseñanza y diversión van unidas. Se da prioridad a dos temas: medio ambiente y cooperación entre países. «Este año subiremos a volcanes en actividad...¡qué mejor lección de geografía
50 que ésa!», afirma De la Quadra.

En la décima edición de la Ruta Quetzal se estudiará el legado incaico siguiendo el Camino Real del Sol desde Quito a Cuzco, se aprenderá el quechua (el dulce idioma de las cumbres andinas) y se conmemora la muerte de dos expedicionarios españoles: Antonio de Ulloa y Alvaro de Mendaña. El estudio de los incas enseña una manera de
55 vivir en contacto y en armonía con la naturaleza. Su imperio abarcó la parte oeste de América del Sur, desde el actual Ecuador hasta Chile y el norte de la Argentina, cuya capital era Cuzco. Era una férrea dictadura donde el rey era Dios, el hijo del Sol. Sus logros arquitectónicos, hidráulicos y de ingeniería han logrado resistir el paso del tiempo dejando constancia de la sabiduría de estos aborígenes americanos. Así lo muestra
60 Alberto Vázquez-Figueroa en su libro *Olvidar Machu-Pichu*: «Habían pasado sobre la

ciudad los terremotos, las heladas, las lluvias y los vientos (...) que del recuerdo de los hombres que hicieron posible tal maravilla nada quedaba, pero Machu-Pichu, las piedras de Machu-Pichu, perduraban».

Los chicos aprenden muchas cosas, pero también los adultos aprenden de los niños. En
65 una edición anterior viajó un niño norteamericano sin brazos. Estuvo en seminarios de construcción de anzuelos y todo lo hacía con los pies. Comía con los pies, con tenedor y cuchillo, y cortaba y comía exactamente lo mismo que todo el mundo. Fue una lección para todos. Para Miguel de la Quadra-Salcedo, lecciones como ésta son una licenciatura: «Vivir un poco de aventura es algo obligatorio. Y es mejor hacerlo cuando uno es joven
70 que esperar a jubilarse para hacerlo, como hace mucha gente», concluye.

Beatriz Juez, *Cambio 16*, 23-1-95

Notas

1. **de Perú** (2)
el actual Ecuador (56)
la Argentina (56)

La mayoría de los nombres de países no llevan artículo; en el caso de los que sí lo llevan (**la Argentina**, **el Ecuador**, etc.), dicho artículo se omite cada vez más en España, aunque no en América. En el caso de **el actual Ecuador**, el artículo no se puede omitir porque el nombre está acompañado de un adjetivo; cf. **España**, pero **la España contemporánea**. Ver Butt & Benjamin, 3.2.17.

2. **el tren más alto del mundo** (4–5)

Nótese que normalmente se utiliza **de** después de los superlativos, y no **en**; cf. el inglés 'the highest train in the world'.

3. **edición** (6, 32, etc.)

La palabra **edición** se utiliza en muchos más contextos que su homónimo inglés.

4. **filmación** (17)

El anglicismo **film**, o **filme** (la forma recomendada en el **Diccionario** de la Real Academia de la Lengua Española), ha sido muy productivo: **filmar**, **filmación**, **fílmico**, **filmoteca**, etc.

5. **Recuerdo del Crucero** (18)

Se refiere a una de las innovaciones educativas durante la Segunda República.

6. **tan...como** (32)
lo mismo que (67)

Nótese las diferentes estructuras: **tan/tanto....como**, pero **mismo/igual...que** (Butt & Benjamin, 5.15.2).

7. **precolombinas** (40)

= 'de antes de la llegada a América de Colón'.

Explotación del texto

1. Explica las siguientes expresiones mediante sinónimos, definiciones de diccionario, ejemplos, etc.: **etapas** (6); **gesta ilustrada** (12); **vetusta** (18); **alucinante** (30); **decaiga** (38); **el legado incaico** (51); **abarcó** (55); **férrea** (57); **aborígenes** (59); **licenciatura** (68).

2. **Gramática**

    a. ¿Por qué se utiliza el verbo **conocer** (líneas 5, 23), y no **saber**?

    b. El género de **capital** (57) es femenino; explica las diferencias entre **el capital** y **la capital**.

    c. Busca los pretéritos indefinidos y los pretéritos imperfectos entre las líneas 15 y 25; explica el porqué del uso de cada tiempo.

3. **Datos básicos**

    a. El artículo menciona las ciudades de Quito, Lima, Cuzco, y Madrid; da algunos datos básicos (número de habitantes, situación geográfica, etc.) relativos a cada una.

    b. Las dos figuras históricas más famosas a las que se refiere el artículo son Pizarro y Colón; da unos breves detalles biográficos sobre cada uno (máximo de 100 palabras en cada caso).

4. **Traducción**

    Traduce al inglés las líneas 26–39 ('**Este año... Europa y América**').

5. **Comprensión**

    a. ¿Cómo cambia el estilo de vida de los jóvenes durante el viaje (12–14)?

    b. ¿Qué quiere decir **la cultura mestiza** (40)?

    c. Explica el comportamiento del Inca Garcilaso (42). ¿Por qué se le llama **mestizo**?

    d. ¿A quién se refiere De la Cuadra mediante **nosotros** y **ellos** (47)?

    e. ¿Qué aprenden los jóvenes sobre el medio ambiente?

    f. ¿Es totalmente positiva la descripción del imperio incaico?

    g. Explica los aspectos positivos del programa Quetzal (máximo de 150 palabras).

6. **Tus opiniones**

    a. ¿Qué término te parece más apropiado: Latinoamérica, Iberoamérica, Hispanoamérica, Sudamérica...? ¿Por qué?

    b. ¿Es legítima la descripción de la cultura española como una cultura mestiza?

c. ¿Crees que un programa que sólo incluye a 500 jóvenes puede mejorar las relaciones entre España e Hispanoamérica?

d. ¿El estudio de la cultura hispanoamericana tiene más interés por su aportación a la cultura hispánica o por su valor intrínseco?

e. ¿Hay lecciones que nosotros debiéramos aprender de las llamadas 'sociedades primitivas'?

f. Escribe un comentario (máximo de 250 palabras) sobre la siguiente declaración: 'Vivir un poco de aventura es algo obligatorio. Y es mejor hacerlo cuando uno es joven...' (69).

2. Barcelona y Madrid, a más y mejor

Están en su mejor momento. En ningún tiempo de su historia han sido ni tan opulentas, ni tan bellas, ni tan cultas, ni tan libres, ni tan sanas, ni tan grandes, ni tan igualitarias. La polarización no se está produciendo todavía.

Madrid y Barcelona no son ciudades globales (como Nueva York, Londres, París, Los
5 Ángeles o Tokio), ni megaciudades demográficamente hablando (como Ciudad de México, Shanghai, Sao Paulo o Calcuta). En la clasificación mundial son ciudades de segundo rango, el de unas capitales europeas compactas y consolidadas, que vivieron y están viviendo los años de la abundancia y el despilfarro, los años de su riqueza más espectacular (1980–1995).

10 En los últimos 15 años, en Madrid y Barcelona se quintuplicaron en pesetas constantes la inversión pública anual y los presupuestos municipales anuales. Se multiplicaron por tres el número de coches y de teléfonos. Se doblaron la renta *per cápita* en pesetas constantes y el número de estudiantes universitarios. El número de pensionistas y el volumen de las prestaciones económicas en protección social (en pesetas constantes)
15 aumentaron en un 50%. A pesar de las estadísticas del Inem, nunca se había trabajado más, ni más gente, ni con más productividad, que en estos últimos 15 años.

Un tercio de las viviendas, infraestructura y equipamientos de la Comunidad de Madrid y de la Gran Barcelona se han construido en los tres últimos lustros. En los lustros lustrosos, los lustros del más, los lustros del puedo, los lustros de la democracia
20 ilustrada, ha crecido todo menos el número de delitos, que ha bajado casi un 40% en los últimos seis años en ambas ciudades. A pesar de los pesares, comparadas con el resto de las ciudades posindustriales de los países ricos, Madrid y Barcelona son ciudades cada vez más alegres y confiadas, balsas de aceite. Un diagnóstico así no es al uso, pero las cosas son como son, no como nos las quieren decir.

25 Madrid y Barcelona son una parte y un reflejo del éxito no reconocido del crecimiento económico y de los avances sociales en España, que ha pasado del puesto número 14 al

número 8 entre los países ricos y potentes del planeta. El lector no tiene más que mirar las estadísticas internacionales del producto interior bruto (PIB).

30 Madrid y su comunidad autónoma se han convertido no sólo en la capital del octavo Estado más rico del planeta, sino también en la quinta ciudad europea en importancia, compitiendo con Milán (económica, social, cultural y tecnológicamente). El futuro de Madrid está concatenado al futuro de España. En Madrid queda sitio para muchos.

La hermosa y culta Barcelona está en su momento más dulce, más dinámico. Es la capital del arco mediterráneo y polariza su influencia desde Toulouse y Marsella hasta 35 Zaragoza y Valencia. Planta cara a Milán y mira por el rabillo del ojo a Taiwan y Singapur.

Tiene un plan estratégico propio, de verdad, y una cohesión social admirable, a pesar del pinchazo del Barça. Como consecuencia de una gran sabiduría ecológica y sensatez moral, las madrileñas y barcelonesas regularon la natalidad y estas ciudades muy jóvenes tienen su crecimiento demográfico casi estabilizado, ya que tampoco tienen inmigración 40 masiva. Esa estrategia demográfica va a permitir consolidar la calidad de vida en el futuro.

Si los últimos 15 años fueron de crecimiento económico e importantes avances sociales (los mayores de la historia de España), los próximos 15 lo serían, sobre todo, de con-solidación social y coherencia ecológica y ambiental, trabajar menos, reciclar más, 45 trabajar todos y todas bastante menos y disfrutar del cuerpo. Liberar el tiempo y aumentar la producción inmaterial, una buena dosis de grandes acontecimientos, buenas fiestas y alta cultura de masas. Una grata vida cotidiana, una cotidianeidad a reinventar, a la vez primitiva y sofisticada.

Habrá que acabar con las escombreras y vertederos, y en Madrid, con las casi 3.000 50 chabolas que crecen todavía al lado de algunos barrios periféricos. Madrid podría tener playa, y Barcelona, Estado.

Ambas ciudades, para mejorar la calidad de su espacio, aire, ruido y sosiego, deberán poner freno al automóvil o tendrán que convertir las mismísimas catedrales en aparcamientos. La cultura del futuro pondrá al coche en su justo lugar. Ni más ni menos. 55 O controlamos al automóvil o éste acabará por destruir las ciudades y nuestra propia vida urbana.

La construcción de viviendas, su demanda y su creciente calidad continuarán, las casas deberán ser cada vez más bellas y sensuales, más ecológicas y menos energéticamente despilfarradoras. El número de personas del hogar medio irá lentamente disminuyendo 60 y aumentará masivamente la doble residencia: los/las que tengan casa en Madrid o Barcelona y en otro lugar. Habrá que ofertar vivienda unifamiliar verde y democratizada.

El mundo rico es un mundo urbano. Hegel decía que la ciudad es la más bella obra de arte de la humanidad y tenía razón. Madrid y Barcelona, cada una con su estilo y

personalidad, prometen ser dos ciudades apropiadas, alegres y confiadas. Cualquier
65 tiempo pasado fue peor.

Mario Gaviria, *El País*, 18-6-95

Notas

1.	**Inem** (15)	Instituto Nacional de Empleo.
2.	**Comunidad de Madrid** (17)	España consiste en 17 Comunidades Autónomas, una de las cuales es la ciudad con sus zonas periféricas.
3.	**pinchazo del Barça** (37)	C.F. Barcelona, el principal club de fútbol de la ciudad, tuvo poco éxito en la temporada de 1994–95.
4.	**tampoco** (39)	Cuando un adverbio negativo antecede al verbo, no se utiliza la partícula **no; tampoco tienen inmigración**, pero **no tienen tampoco inmigración**. Ver Butt & Benjamin, 23.3.
5.	**Hegel** (62)	Filósofo alemán; vivió entre 1770 y 1831.
6.	**Cualquier tiempo pasado fue peor** (64–65)	El autor transforma el tópico conocido del poeta Jorge Manrique (s.XV), quien escribió en las *Coplas por la muerte de su padre*:

> cómo, a nuestro parescer
> cualquier tiempo passado
> fue mejor.

Explotación del texto

1. Explica las siguientes expresiones mediante sinónimos, definiciones de diccionario, ejemplos, etc.: **despilfarro** (8); **presupuestos** (11); **la renta per cápita** (12); **pensionista** (13); **los lustros del puedo** (19); **producto interior bruto** (28); **concatenado** (32); **cotidiana** (47); **chabolas** (50); **vivienda unifamiliar** (61).

2. **Gramática**
   a. Explica la estructura del adverbio español, según los ejemplos de la línea 31: **económica, social, cultural y tecnológicamente**.
   b. ¿Por qué escribe el autor **los/las** (60)?

3. **Traducción**
   Traduce al inglés las líneas 42–56 ('**Si los... vida urbana**').

4. **Resumen**

Haz un resumen del texto en español (máximo de 200 palabras).

Nota importante:

Es necesario centrar un resumen en las ideas clave de un texto, y no en los detalles ilustrativos; vale la pena considerar si es mejor no seguir el orden de las ideas del texto original.

5. **Comprensión**

a. Explica en tus propias palabras por qué Madrid y Barcelona son consideradas como ciudades de segundo rango.

b. ¿Qué quiere decir **se quintuplicaron en pesetas constantes** (10–11)?

c. ¿En qué consisten **las prestaciones económicas en protección social** (14)?

d. Explica el término **la Gran Barcelona** (18).

e. Explica el juego de palabras **lustros lustrosos** (18–19)

f. ¿Por qué dice el autor que **las cosas son como son, no como nos las quieren decir** (23–24)?

g. Explica en tus propias palabras: **Planta cara a Milán y mira por el rabillo del ojo a Taiwan y Singapur** (35).

h. ¿Qué imagen del futuro de las ciudades tiene el articulista?

i. Explica por qué escribe: **Madrid podría tener playa, y Barcelona, Estado** (51–52).

6. **Tus opiniones**

a. ¿De qué manera nos introduce el autor a las dos ciudades en el primer párrafo?

b. ¿Te parece convincente la explicación que da de la estabilidad demográfica de Madrid y Barcelona?

c. ¿Cómo te parece la imagen del futuro de las ciudades que da el autor?

d. Explica tu punto de vista sobre los automóviles y las ciudades.

e. 'Hegel decía que la ciudad es la más bella obra de arte de la humanidad.' ¿Qué opinas de esta declaración?

f. ¿Compartes la actitud positiva del autor relativa a la vida en las ciudades grandes?

g. Según lo que se dice en el artículo, ¿te parece que Madrid y Barcelona serían buenos sitios para vivir? ¿Eres consciente de otros factores que podrían afectar tu punto de vista?

3. **México, tictac**

Si la vida, su suma de despropósitos y aciertos, de paradojas y horrores, de mágicos relámpagos e intensas melancolías, de grandiosas ambiciones frustradas y amores medio rotos pero reacios al olvido; si la vida pudiera ser condensada en un área, en un paisaje, debajo de un cielo, sería esta urbe, México –la D.F. le dicen, con sosas iniciales
5   federales, ¿o querrán significar Delirio Frenético?–, el magma destinado a representarla. No sólo por la yuxtaposición de épocas, las huellas de la piedra, las herencias del arte y también de la sangre –vertida, mezclada–, sino muy especialmente por la sensación de movilidad, de convulsión, de búsqueda perpetua y pérdida constante.

No hagan caso a quienes dicen que vivir en México D.F. es como encontrarse en el
10   medio de una autopista. Esa puede ser la primera, incluso la segunda impresión, y puede que hasta la tercera. Si uno analiza y mira, sobre todo, si mira, concluye que aquí no hay otro espacio que el cosmos –el lugar sin límites–, ni otro tiempo que el circular. Y que el futuro, que es lo que se acomete, lo que se resiste, lo que tal vez no exista, lo que se hace a su modo sin contar con nosotros, está en el aire tanto como el pasado, tanto
15   como la eternidad, que es eso que la india lleva a la espalda, en el fardo en el que también transporta comida para la prole y otros elementos de lo cotidiano, y que desplegará cerca de una fuente, en cualquier zócalo de barrio, a la vera de la estatua de un coyote, de un resistente o de un libertador.

Ayer me perdí en el tráfico, y entre tanto, pensé. Había voces de avisos en la radio –uno
20   de ellos, melífluo, *priista*, hablaba del miedo: el miedo son los otros, aventados en las últimas elecciones, dicen que limpias–, había, por encima, los altoparlantes de los coches policiales gritando: "¡Avancen, avancen!". Pero yo pensaba en mi visita de esa mañana al Museo de Antropología, y en lo que más me había impresionado allá adentro.

Me impresionaron las figuritas de Jaina, exactos retratos mayas de personas como usted
25   o como yo, pero suyos, y la cabeza del joven de Palenque hallada en la tumba secreta del Templo de las Inscripciones: un rostro circunspecto, solemne ante el inexistente futuro, ya viejo y ya muerto. Me impresionaron, como no, las máscaras de Teotihuacan, y la diminuta mujer tullida que se encuentra no muy lejos. Me impresionaron las cabezas colosales de los olmecas y los restos aztecas, tan majestuosos y terribles, tan violentos y
30   débiles, y la vasija en forma de jaguar en donde se depositaban los corazones de los sacrificados, los otros de entonces, y la enorme y maligna Coatlicue, con falda de serpientes, collar de manos y corazones, y un hijo que le sale del vientre para matar a sus mayores. Y me impresionaron las Cihueteteo, efigies puestas en línea de las mujeres muertas en parto, que tenían por ello derecho al honor de seguir a los guerreros en su
35   paraíso.

Pero lo que más me conmovió fueron un par de frases, un par de versos, inscriptos por manos de hoy –las palabras, de siempre– a la entrada de dos de las salas. Una pertenece

al Chilam Ballam, recopilación de escritos de los mayas del Yucatán, y dice así: "Toda luna, todo año, todo día, todo viento, camina y pasa también. También toda sangre llega
40 al lugar de su quietud". La otra corresponde a los cantos de Huetzotzingo: "¿Sólo así he de irme? ¿Como las flores que perecieron? ¿Nada quedará en mi nombre? ¿Nada de mi fama aquí en la tierra? ¡Al menos las flores, al menos los cantos!". Su desesperada dulzura parece acompañar esta lucha frenética, este dislate de la vida que aquí, en México, se impone a la tremenda arquitectura y a las catedrales medio hundidas por el
45 terremoto, a la pobreza y la opulencia, al avance herrumbroso del reloj.

Maruja Torres, *El País*, 18-9-94

Notas

1.	**pudiera** (3)	Cuando la construcción condicional introducida por **si** se refiere a una situación hipotética, se utiliza el imperfecto (o pluscuamperfecto) de subjuntivo; ver Butt & Benjamin, 25.3–4.
2.	**la DF** (4)	El DF de México **DF** (=Distrito Federal) distingue el nombre de la ciudad del del país. El uso del artículo femenino **la** parece ser erróneo. **México**, escrito con **x** y no con **j**, es la forma preferida en México, y ahora se establece en España.
3.	**exista** (13)	Para el uso del subjuntivo con **tal vez**, **quizás**, etc., ver Butt & Benjamin, 16.3.2.
4.	**cualquier** (17)	**Cualquiera** pierde la **a** final cuando precede al sustantivo, aun si el sustantivo es femenino.
5.	**a la vera de** (17)	= 'al lado de'.
6.	**Ayer me perdí** (19)	Este párrafo es muy importante porque la autora deja atrás la ciudad y el caos que la rodea, para volver en su imaginación al Museo y a lo que simbolizan los restos que contiene.
7.	**priista** (20)	Adjetivo derivado de PRI (=Partido Revolucionario Institucional), el partido que ha gobernado México durante casi todo el siglo XX.
8.	**aventados** (20)	= 'rechazados'. **Los otros** son los que perdieron las elecciones.
9.	**Me impresionaron las figuritas** (24)	Con expresiones de este tipo (cf. **me gustaron**, **me interesaron**), el sujeto gramatical normalmente sigue al verbo; el elemento más importante se deja para la parte

final de la frase. En inglés se consigue el mismo efecto mediante la voz pasiva ('I was impressed by the figurines...').

10. **ello** (34)   Se utiliza el pronombre neutro porque no se refiere a un sustantivo específico masculino o femenino; ver Butt & Benjamin, 7.3.

Explotación del documento

1. Explica las siguientes expresiones mediante sinónimos, definiciones de diccionario, ejemplos, etc.: **despropósitos** (1); **reacios al olvido** (3); **urbe** (4); **sosas** (4); **prole** (16); **lo cotidiano** (16); **zócalo** (17); **resistente** (18); **como no** (27); **en parto** (34); **quietud** (40); **dislate** (43).

2. **Gramática**
    a.   ¿Por qué se utiliza **e** (y no **y**) en la línea 2?
    b.   **Magma** (5) es un sustantivo masculino, a pesar de la terminación en **-a**. Hay varias palabras masculinas, la mayoría de ellas de origen clásico, que terminan en **-ma**; haz una lista de las que conoces.
    c.   Explica el cambio de tiempo de **pensé** (19) a **pensaba** (22).
    d.   En la línea 34 se utiliza **por ello**. ¿Por qué no se podría utilizar **para ello** aquí?

3. **Datos básicos**

    Da algunos datos básicos (historia, geografía, etc.) relativos a (a) México D.F. y (b) los aztecas (máximo de 70 palabras en cada caso).

4. **Comprensión**
    a.   ¿Por qué habla la autora de la **sangre vertida, mezclada** (7)?
    b.   ¿Qué impresión da el artículo de las elecciones (21)?
    c.   ¿Por qué llama a los sacrificados **los otros de entonces** (31)?
    d.   Explica el contraste entre **de hoy** y **de siempre** (37).
    e.   ¿Qué simboliza **la india** (15) para la escritora?
    f.   ¿Qué relación hay entre el pasado y el presente en México D.F.?

5. **Resumen**

    Haz un resumen *en inglés* del texto (máximo de 200 palabras).

6. **Escritura libre**

   Imagina que México D.F. ha tenido mala prensa. Basándote principalmente en los datos del artículo, escribe un comunicado de prensa (máximo de 250 palabras) destinado a fomentar el turismo en la ciudad.

7. **Tus opiniones**

   a. ¿Te parece positiva o negativa la imagen de México D.F. que se da en el artículo? Explica tanto los aspectos negativos como los positivos.

   b. ¿El artículo da la impresión de que México D.F. es único, o que forma parte integral del mundo hispano?

   c. ¿Te impresionaron los versos que cita la autora? Explica tus razones.

Sección B: Ejercicios de gramática

1. **Los números** (ver Butt & Benjamin, cap. 10)

   Expresa en palabras: 200.000; 743.000 personas; 3.000 ptas; 3.000.000 ptas; 2.500.000 habitantes; 1506; 26-6-1541; 1-1-1492; 70 x 4 = 280; 2.500 + 200 = 2.700; 500 − 401 = 99; 330:10 = 33.

2. **El género**

   Las siguientes palabras pueden ser masculinas o femeninas. Da ejemplos del uso de cada género: **capital**; **policía**; **orden**; **parte**; **editorial**; **cometa**; **corte**; **cura**.

3. Traduce al español las siguientes frases; todas contienen expresiones relacionadas con el sentido del verbo inglés 'to become' (ver Butt & Benjamin, cap. 27).

   a. During the journey, he fell ill.

   b. The party has recently become right-wing.

   c. Christopher Columbus became famous because of his discoveries.

   d. Many of the youngsters on the Ruta Quetzal became friends.

   e. She became Head of Department last year.

   f. International relations have become a serious problem.

   g. Mistrust can quickly turn into friendship.

   h. The Incas refused to become Christians.

   i. After finishing his degree, he became a doctor.

   j. That dress does not become you.

4. **Tiempos del pasado** (ver Butt & Benjamin, cap. 14)
   - **Pretérito indefinido: Yo canté**
   - **Pretérito perfecto: Yo he cantado**
   - **Pretérito imperfecto: Yo cantaba**

   Teniendo en cuenta los marcadores temporales, sustituye los infinitivos en negrita por la forma apropiada del verbo (imperfecto, indefinido, perfecto):

   a. Toda mi vida **desear** ir a China.
   b. ¿Qué **ocurrir** exactamente la noche del crimen?
   c. Este mes ya **ir** a tres conciertos.
   d. La semana pasada **sacar** el carnet, así que ayer **conducir** yo el coche por primera vez.
   e. Cuando **ser** niño, todas las noches antes de acostarse, Carlos **beber** un vaso de leche.
   f. Ellos **salir** anteayer para Barcelona.
   g. **Ser** un hombre alto y moreno. Llevaba un traje gris.
   h. Hasta ahora siempre **hacer** lo que te **parecer**.
   i. Mientras me estaba bañando, alguien **llamar** por teléfono.
   j. **Hacer** la maleta anoche, porque queríamos salir temprano esta mañana.
   k. Mi hermana no **llegar** todavía.
   l. En aquellos años siempre **llover** en verano.
   m. 'El Quijote', como todo el mundo sabe, lo **escribir** Cervantes.
   n. No puede ser él. ¡Hace una hora que se **ir**!
   o. Cuando **recibir** el paquete, se emocionó muchísimo.
   p. '¿**Comer** alguna vez erizos de mar?' 'Sí, los **probar** el año pasado en Gijón.'
   q. Este curso Ana **estudiar** mucho para los exámenes, pero el año pasado no **dar** ni golpe.
   r. **Tener** sólo cinco años cuando la enviaron a vivir con sus abuelos.
   s. El mes pasado no **parar** de nevar.
   t. Ahora está tranquilo, pero hace un momento **estar** nerviosísimo.

5. **La obligación y expresiones afines**

   Traduce al español las siguientes frases; si es posible, busca al menos dos maneras de expresar el verbo en cada caso:

   a. Cities must invest more money to solve the problem.
   b. The city needs more money to invest in public transport.
   c. Pollution must be one of the most serious problems.
   d. Poverty must be eliminated as soon as possible.
   e. More dwellings are needed.
   f. The level of investment must have been high.

g.   The level of investment should have been higher.

h.   We must control the birth-rate.

i.   The city lacked money.

j.   You ought to visit Ecuador as soon as possible.

6.   **El uso del artículo con nombres propios** (ver Butt & Benjamin, 3.2.17–21)

Traduce al español:

a.   I was greatly impressed by Mexico.

b.   Modern Mexico has a number of economic problems.

c.   Europe and America have very different cultures.

d.   Unemployment is still a problem in western Europe.

e.   Chile is a country I know well, but I have not yet visited Peru.

f.   17% of Spaniards speak Catalan; Spanish is spoken by all Spaniards.

g.   Barcelona is not the capital of Spain, but it has become one of the most important cultural centres in twentieth-century Europe.

h.   The official residence of President Menem is in Buenos Aires.

i.   There are those who claim that southern and northern Spain are totally different.

j.   People from other parts of Spain think that Catalans are unfriendly.

k.   'What is the capital of Cuba?' 'Havana.'

l.   'I would like to make an appointment with Dr Martínez.'

m.   'May I come in, Dr Martínez?'

Sección C: Traducción al español

On Wednesday and Thursday, Mexicans celebrate the Day of the Dead, a festival influenced by the belief of the country's indigenous people that the souls of their ancestors return to visit them. To many indigenous people, the spirits of the dead are never far away. In the southern state of Chiapas, for example, many elderly people believe that Emilio Zapata, the hero of the Mexican Revolution (1900–1917), stalks the highlands along with their forebears.

Although Zapata was not himself indigenous, his memory has been revived recently by an army of indigenous peasants in Chiapas, whose rebellion has highlighted Mexico's multiethnic character and the increasing disparity between rich and poor. The majority of Mexico's 91 million people are traditionally described as *mestizo*, a term which generally refers to a person of mixed European and indigenous descent who speaks Spanish, and the country has the largest indigenous population in the Americas. Officially, there were 5.3 million indigenous citizens at the time of the last census in 1990, a figure reached mainly on the basis of language, although a more realistic figure based on the numbers in households is 8.3 million. However, the Zapatistas put Mexico's indigenous population at 12 million, and one group puts it at 20 million.

The Guardian, 31-10-95

Sección D: Documento sonoro

El español culto del mundo hispano

Como seguramente sabrás, más de trescientos millones de personas en todo el mundo hablan español. Sin embargo, no podemos hablar de un único español, o un español estándar. En cada país, e incluso dentro de un mismo país, existen diferencias en cuanto al vocabulario, la pronunciación, etc.

En el siguiente esquema tienes algunos **rasgos** o **características** del español de América, aunque no todos ellos se dan indefectiblemente en todos los países latinoamericanos:

Fonéticos

- **Seseo**: *s, z* y *c (ante e, i)* se pronuncian igual, /**s**/; 'ejercicio' se pronuncia *ejersisio*, 'diferencias' se pronuncia como si estuviera escrito *diferensias*.

- **Yeísmo**: *ll* e *y* se pronuncian igual. Las palabras 'pollo' y 'poyo' no se diferencian.

- **Debilitamiento de la** [s] **final de sílaba o palabra**: en muchos países latinoamericanos, y también en varias partes de España, sobre todo en el sur, la **s** final se aspira o incluso desaparece; 'mismo' se pronunciaría parecido a *mihmo.*

Morfosintácticos

- **Ustedes/vosotros**: en la mayor parte de Hispanoamérica no se utiliza el pronombre *vosotros*. En su lugar se usa *ustedes*: '*Vosotros* bebéis cerveza' = '*Ustedes* beben cerveza'.

  Voseo: *Tú* corresponde a *vos* en Uruguay, Argentina: '*Tú* tienes sed' = '*Vos* tenés sed'. Las formas verbales se explican en Butt & Benjamin, 13.1.5.

- **Pasados**: predomina el uso del Pretérito Indefinido sobre el Pretérito Perfecto. La forma que predomina en España, '¿Qué has hecho esta mañana?', se corresponde con '¿Qué hiciste esta mañana?', más común en Latinoamérica.

A continuación vas a escuchar cinco versiones de un mismo texto leídas por cinco hispanohablantes. Fíjate bien en las diferencias no sólo de pronunciación sino también de vocabulario, usos verbales, etc.

Para facilitarte un poco la labor, aquí tienes la **traducción literal** del texto. Léela antes de escuchar la cinta:

It was ten minutes to eleven when María set off. She could not go by car because it had a punctured tyre, so she took the bus. She bought a ticket from the driver, and thought she recognized him, but she did not say anything. María liked driving her new car, but the journey gave her time to think about what she was going to do: buy a suitcase, and then go to the Post Office to buy some stamps. The journey lasted 10 minutes.

As she was going into the shop, she met two friends, Alicia and Esteban, and said to them: 'What are you doing here? I have just arrived. Have you had a coffee yet?'

They took the lift to the first floor, where the waiter brought them coffee and toast.

'What are you going to buy, María?' Alicia asked.

'I am buying a suitcase; they have some nice ones here. And if I have some money left, I think I'll buy a jumper too.'

Ejercicios

1. **Vocabulario**:

Ahora escucha con atención las cinco versiones del texto e intenta completar el cuadro con los términos o expresiones equivalentes en los cuatro países:

ESPAÑA (1+2)	MÉXICO (3)	PERÚ (4)	URUGUAY (5)
coche			
rueda pinchada			
cogió el autobús			
billete			
conductor			
conducir			
sellos			
camarero			
ascensor			
tostada			
maleta			
muy bonitas			
dinero			
jersey			

2. **Comprensión**:

Vuelve a escuchar la cinta otra vez, y responde a las siguientes preguntas:

a.   Escribe la forma de expresar la hora en:
España:
México:
Perú:
Uruguay:

b.   ¿Qué diferencias hay entre las versiones españolas y las americanas con respecto al uso de **vosotros**/**ustedes**?

c.   Anota la forma verbal que se utiliza para expresar *'Have you had a coffee yet?'* en:
España:
México:
Perú:
Uruguay:

d.   En la versión uruguaya encontramos un ejemplo de 'voseo' en la forma singular: ¿podrías identificarlo?

3. **Pronunciación:**

Para hacer este ejercicio puedes escuchar los textos una tercera vez, ahora prestando especial atención a la pronunciación y entonación. Toma nota de los rasgos fonéticos que hemos visto en el esquema y encuentra ejemplos de los mismos en las cinco versiones.

	ESPAÑA (ANDALUCÍA)	MÉXICO	PERÚ	URUGUAY
SESEO C/S/Z				
S ASPIRADA				
YEÍSMO				

La transcripción de los textos leídos se encuentra en el Apéndice A, págs. 195–96.

Sección E: Temas orales

*Muchos de los ejercicios relacionados con los textos (**Sección A**) pueden hacerse de forma oral, epecialmente aquellos correspondientes a las secciones de '**Comprensión**' y '**Opiniones**'.*

1. **¿Qué sabes de la geografía del mundo hispano?**

    El mapa que tienes a continuación muestra España dividida en sus diferentes autonomías. ¿Podrías decir cómo se llama cada una de ellas?

    ¿Te has dado cuenta de que falta una? ¿Cuál?

    1 Asturias   **2** Castilla–La Mancha
    3 Galicia   **4** Andalucía   **5** Aragón
    6 País Vasco   **7** Cataluña
    8 Extremadura   **9** Castilla–León
    10 La Rioja   **11** Comunidad
    Valenciana   **12** Madrid   **13** Baleares
    14 Cantabria   **15** Murcia
    16 Navarra

    Ahora intenta poner el nombre a los países latinoamericanos en los siguientes mapas de América del Sur y Centroamérica.

2. **Comentario de fotos:**

    Busca dos fotos, ya sean de paisajes, personas o de cualquier otro motivo que te parezca interesante, que sirvan para ilustrar aspectos del mundo hispano, y coméntalas en clase. (Esta actividad puede hacerse en parejas o de manera individual.)

    Explica por qué las has escogido, qué sensaciones o sentimientos te provocan, cuándo y dónde crees que están tomadas.

    ¿Qué diferencias observas con repecto a tu país?

3. **Presentación:**

    ¿Has estado alguna vez en España o en Latinoamérica ? Haz una presentación explicando datos básicos relativos al país que conozcas.

    Si lo prefieres puedes contar tu experiencia allí.

4. **¡Cómo somos!**

    Antes de comenzar esta actividad, discutid en clase qué es para vosotros un estereotipo.

    ¿Qué opinas de los estereotipos? ¿Crees que tienen alguna justificación hoy en día?

    ¿Existen también en tu país?

    ¿Cómo crees que son los:

    - **asturianos**
    - **catalanes**
    - **vascos**
    - **andaluces**
    - **gallegos**
    - **madrileños?**

a. **Actividad en parejas**

    Uno de vosotros es Estudiante A, y el otro, Estudiante B.

    En el siguiente artículo el estudiante A encontrará información sobre cómo los madrileños, catalanes, o gallegos, entre otros, se ven a sí mismos y cómo ven al resto de los españoles. Sin embargo, faltan algunos datos. El estudiante B los tiene (texto del estudiante B, en el Apéndice B, pág. 197), así que hazle preguntas para completar toda la información. Aquí tienes algunos ejemplos de posibles preguntas:

    ¿Cómo se ven a sí mismos los...?

    ¿Cómo ve el resto de los españoles a los...?

    ¿De qué tienen fama los...?

    Según este artículo, ¿cómo son los...?

    ¿Qué porcentaje de .... cree que/se define como...?

- Inventa más preguntas de acuerdo con el texto. Primero lee toda la frase para saber exactamente el tipo de pregunta que tienes que formular.

- Cuando hayas completado el artículo, escribe, con tu compañero, una lista de las distintas regiones que aparecen y los adjetivos que se asocian a los habitantes de las mismas.

ESTUDIANTE A

Los madrileños, _____; los catalanes, tacaños, y los andaluces_____.

Persisten los estereotipos regionales, según un sondeo del CIS

Los madrileños se ven a sí mismos como un pueblo abierto y hospitalario. El resto de los españoles tiende más bien a considerarlos _____ y _____. Los arraigados estereotipos con que unos españoles etiquetan a otros siguen configurando un tópico panorama de andaluces _____, catalanes tacaños, aragoneses _____ y vascos separatistas, según el nuevo boletín mensual del Centro de Investigaciones Sociológicas (CIS). ¿Gente seria y emprendedora? Alguna hay, pero al norte de los Pirineos.

La percepción que cada comunidad autónoma tiene de sí misma rara vez coincide con la que tiene el resto. El _____% de los aragoneses, por ejemplo, se define como gente "noble" mientras que sólo el 17% del resto de los españoles se aviene a concederles ese calificativo. Por cierto, que los aragoneses se ven a sí mismos más _____ (25%) de lo que les ven desde fuera (13%).

Desde fuera de Cataluña los catalanes parecen más "tacaños" (35%) que desde dentro (15%). Los gallegos son más bien "cerrados", según los demás (12%), aunque ellos prefieren definirse como "desconfiados" (13%). Fuera del País Vasco, un 19% cree que los vascos son separatistas (dentro sólo un 5%), y un 10% cree que son violentos (den-

tro sólo un 3%). Una excepción: tanto dentro como fuera de Andalucía, los andaluces se ven como _____, _____, y _____.

Moda, sí. Peso, no.
Más de un 20% de los españoles cree que sus compatriotas son _____, _____, _____, o _____. Menos de un 5% los considera serios, emprendedores, responsables o inteligentes.

Si el sentido práctico y emprendedor no acaba de imponerse, tampoco parece que la cacareada fiebre del culto al cuerpo haya calado muy hondo en España. Un _____% de las mujeres y un 84% de los hombres dicen sentirse "poco o nada preocupados" por su peso. En justa consecuencia, casi el 90% de los encuestados asegura

no ir al gimnasio "nunca o casi nunca".

De cada cuatro españoles, más de tres se muestran de acuerdo en que "la moda ya no es cuestión de unos pocos, sino que interesa a gran parte de la población", y en que los hombres se interesan cada vez más por ella". El 49% de las mujeres y el _____% de los hombres le dan importancia a su forma de vestir. El porqué, ciertamente, depende de la edad. Para los jóvenes, la forma de vestir es "una forma de expresar su personalidad" o " algo que les hace sentirse bien consigo mismos". A partir de la jubilación, sin embargo, vestir bien es "_____
_____".

El País, 24-10-95

b. **Algunas estadísticas**

A continuación tienes cuatro gráficas con información relativa al carácter de los madrileños, andaluces, gallegos y catalanes. Coméntalas en clase. ¿Qué conclusiones puedes sacar de los datos que muestran? En el artículo anterior encontrarás algunas expresiones que te serán útiles para analizar las gráficas.

Ej.: 'Los madrileños se ven a sí mismos más hospitalarios de lo que les ve el resto de los españoles.'

'Solamente un 8% de los españoles cree que los gallegos son desconfiados.'

Gallegos

%	Vistos por sí mismos	Vistos por los demás
Cerrados	7	12
Supersticiosos	6	10
Cariñosos	7	9
Desconfiados	13	8
Sencillos	6	9

Catalanes

%	Vistos por sí mismos	Vistos por los demás
Tacaños	15	35
Independientes	13	19
Orgullosos	6	12
Emprendedores	14	10
Cerrados	12	14

Madrileños

%	Vistos por sí mismos	Vistos por los demás
Chulos	19	37
Abiertos	29	12
Orgullosos	7	14
Hospitalarios	25	8
Alegres	16	8

Andaluces

%	Vistos por sí mismos	Vistos por los demás
Alegres	44	47
Graciosos	21	26
Juerguistas	15	22
Charlatanes	5	13
Hospitalarios	17	9

5. **Debate:**

En clase iniciar un debate preliminar sobre los criterios más relevantes a la hora de decidir en qué parte del mundo pasar el tercer curso de la carrera.

CAPÍTULO 2

LA SOCIEDAD

Sección A: Textos escritos

1. Los españoles son los europeos que tienen mayor sensación de libertad personal

Los españoles siguen siendo los europeos con mayor conciencia de libertad de elección y control sobre su propia vida. Su sensación de bienestar, sin embargo, es más baja a consecuencia de una crisis económica y social que les ha vuelto desconfiados frente a la sociedad. Este español de los noventa es más individualista, pero también más solidario,

5 como demuestra su masiva participación en campañas humanitarias y organizaciones altruistas. Son datos de un estudio realizado por Francisco Andrés Orizo y recién publicado por el Centro de Investigaciones Sociológicas (CIS).

La respuesta frente a la tragedia de Ruanda el verano pasado –España fue el país europeo que más donativos proporcionó– y la campaña del 0,7% para ayuda al Tercer

10 Mundo ya se reflejaban meses antes en el estudio que ultimaba el sociólogo Francisco Andrés Orizo, según comenta él mismo. "Todos los indicadores de solidaridad que pueden adivinarse en las encuestas ya aparecían en mayo, con un incremento notable tanto en jóvenes como en adultos", indica.

El trabajo se realizó durante 1994, tomando como referencia encuestas nacionales y

15 europeas de la última década y comparándolas con los resultados de un trabajo de campo, diseñado por el CIS, sobre una muestra de 2.595 entrevistas entre jóvenes y adultos. El objetivo era estudiar la dinámica intergeneracional y los cambios producidos en los sistemas de valores, normas y creencias de la sociedad española.

La primera tendencia observada es la contradicción existente entre un individuo más

20 contento consigo mismo que hace unos años, "libre y dueño de sus destinos, pero con una sensación de bienestar menor que la de sus conciudadanos europeos y cierto desamparo motivado por la crisis económica y social". En comparación con 1989, "ha

perdido fuerza la confianza en las capacidades del individuo y ha ganado prevalencia la idea de la impenetrabilidad del sistema", sostiene el estudio. "El futuro es tan incierto
25   que lo mejor es vivir día a día", declaran los españoles preguntados.

La consecuencia inmediata es un proceso progresivo de individualismo, pero con matices nuevos. Una disminución del interés por la *res pública*, compensada con unas crecientes aspiraciones a la propia identidad y autenticidad, según explica Orizo. "Hay un fenómeno de interiorización, de retraimiento, en el que los valores liberales
30   esplendorosos del 87, 88 y 90 con la *cultura del pelotazo* están bajando y son superados por los valores de igualdad. Y esto aparece más visiblemente en la gente joven".

Estos fenómenos "suponen en primer lugar una reacción de defensa propia frente a la crisis, el desempleo y la falta de horizontes, pero también expresan solidaridad", añade. La tendencia hacia valores materialistas reflejada en los últimos años se mantiene, pero
35   teñida por nuevos valores de igualdad que matiza el sociólogo: "Es verdad que los más jóvenes tienen mayor preocupación por lo material, pero ha bajado la idea de que el dinero es la medida del éxito. Estamos hablando de un nuevo materialismo: frente al liberalismo de los ochenta, somos más igualitarios porque también queremos defender nuestro puchero".

40   El sociólogo destaca lo que denomina "coraje cívico", una respuesta aumentada en esta encuesta a la ayuda inmediata a los demás, como socorrer a una persona en la calle o mediar en una pelea. Se trata de un compromiso mayor que el detectado hace unos años, y aunque en los jóvenes se da de forma más natural, el crecimiento se acusa en mayor medida entre la población adulta.

45   La tolerancia sigue siendo un valor en alza entre los españoles, según el estudio sociológico, que incluso detecta un paso más de aceptación a convivir cerca con vecinos de otras razas. "Esto se nota especialmente en el ámbito de la discriminación laboral de los inmigrantes. Los jóvenes se muestran hoy más generosos que en el año 90", dice Orizo.

50   Según el informe, en 1994 ascendieron los niveles de permisividad moral en lo relativo a la esfera privada y libertades personales. "Es notable el incremento de los índices de permisividad con respecto al suicidio, la eutanasia, la homosexualidad y la prostitución", se señala. También se acentúa la aprobación hacia la mujer soltera que desee tener un hijo sin querer una relación estable.

Lucía Argos, *El País*, 8-7-95

Notas

1. **mayor** (1); **menor** (21)   Nótese las formas comparativas **mayor** y **menor**; existen también **más grande** y **más pequeño**. Para el uso de estas formas, ver Butt & Benjamin, 5.8–9.

2. **los noventa** (4)   Está bien establecida esta estructura para referirse a una década; también sería correcto **los años noventa**.

3. **del 0,7%** (9)   En las estadísticas, se utiliza el artículo (definido o indefinido), y la coma donde el inglés utiliza el punto. % corresponde a **por ciento**, aunque también se oye (sobre todo en América) **por cien**. La cifra aquí se refiere a la proporción del Producto Interior Bruto.

4. **se realizó** (14)   Obsérvese la forma reflexiva, con sentido pasivo.

5. **la de** (21)   Es normal en español evitar la repetición de un
    el detectado (42)   sustantivo mediante el uso del artículo definido: **la [sensación de bienestar] de sus conciudadanos**; **el [compromiso] detectado**.

Explotación del documento

1. Explica las siguientes expresiones mediante sinónimos, definiciones de diccionario, ejemplos, etc.: **bienestar** (2); **ultimaba** (10); **solidaridad** (11); **vivir día a día** (25); **la cultura del pelotazo** (30); **matiza** (35); **la medida del éxito** (37); **se acusa** (43).

2. **Gramática**
    a. Explica la función de **lo** en la expresión **lo material** (36)
    b. ¿Por qué se utiliza la forma neutra **esto** en la línea 47?
    c. ¿Por qué se utiliza el subjuntivo (**desee**) en la línea 53?

3. **Comprensión**
    a. Según el artículo, ¿cuáles han sido los principales cambios en las actitudes de los españoles?
    b. ¿Qué ejemplos da de la solidaridad con que se comportan los españoles?
    c. ¿Qué opinan los españoles del sistema sociopolítico?
    d. ¿En qué consiste el **coraje cívico** (40)?
    e. ¿Es negativo el proceso progresivo de individualismo (26)?

4. **Resumen**

Haz un resumen *en inglés* del artículo (175 palabras).

5. **Traducción**

    a.   Traduce al inglés las líneas 19–31 ('**La primera tendencia... la gente joven**').

    b.   Traduce al español las siguientes frases:

- According to the report, levels of permissiveness have increased, particularly with regard to personal behaviour.

- Faced with last year's crisis in Rwanda, Spaniards responded with generosity.

- There is still a tendency towards materialistic values, and it is not true that young people are less preoccupied with material success.

- The population increased by 2.7% in the eighties.

6. **Tus opiniones**

    a.   ¿Te parece adecuado el titular de este artículo?

    b.   ¿Valoras los cambios descritos en el artículo como positivos o negativos?

    c.   ¿Te parece que los jóvenes británicos se parecen mucho a los españoles, según la descripción de ellos en este artículo?

2. El velo

Se las puede ver en cualquier aeropuerto, con chaqueta de marca y falda por encima de las rodillas, piernas firmes con medias oscuras, tacón alto y un maletín en la mano. Suelen tener cerca de 40 años. En el momento de abordar el avión están rodeadas de otros ejecutivos o compañeros de la empresa. A ellos nadie les obliga a ser guapos.

5 Algunos tienen barriga, llevan los zapatos sucios y la corbata con el nudo torcido e incluso se les permite ser un poco estúpidos, pero ellas, que son directivas o secretarias, van impecables, si bien se les nota un velo de falsa dureza o de angustia debajo del maquillaje. Probablemente hacen pesas para estar en forma, controlan su dieta con gran sacrificio y tienen que demostrar en cada reunión de trabajo que son más inteligentes,

10 más rápidas, más eficientes que los hombres si quieren ser tomadas en consideración. Estas mujeres constituyen la última conquista de la revolución femenina. Nadie las compadece. Mandan en los despachos y para eso deben expresarse en cada minuto con una agresividad redoblada y un talento superior sin un solo desmayo. Nadie cree que estos espléndidos ejemplares femeninos están siendo también sojuzgados. Estremece

15 pensar a qué grado de violencia se ven sometidas las mujeres en la mayor parte del mundo. Pienso en esas valerosas argelinas que tienen que desafiar directamente el cuchillo de los fanáticos para respirar en libertad. Existen en otros pueblos infinitas mujeres sin nombre, sin rostro, sin rebelión alguna, moralmente humilladas, pero un

hecho parece evidente: este siglo en el futuro será definido por la revolución femenina
20 que se ha cruzado como un dique en la corriente de la historia obligándola a elevarse de
nivel. Por eso cualquier regresión moderna se ceba primero en la mujer. Pienso en el
velo de hierro que cubre el rostro de las argelinas y en el velo de dureza que se ven
obligadas a lucir las nuevas troyanas que triunfan en los despachos del Occidente
cristiano. Es la misma opresión bajo otro lápiz de labios.

Manuel Vicent, *El País*, 23-4-95

Notas

1. **se las puede** (1)
   se les permite (6)

   Obsérvese la combinación de pronombres, y el uso del singular del verbo; véase Butt & Benjamin, cap. 28.

2. **ser tomadas** (10)
   están siendo sojuzgados (14)
   será definido (19)

   Ser + participio pasado se utiliza para indicar acciones; véase Butt & Benjamin, 28.2.1–5.

3. **una agresividad redoblada** (13)
   un talento superior (13)

   Nótese el uso del artículo indefinido cuando el sustantivo abstracto está calificado por un adjetivo.

4. **se ven sometidas** (15)
   se ven obligadas (22–23)

   Verse es uno de los verbos que se combinan con los participios pasados; véase Butt & Benjamin, 28.2.6.

Explotación del documento

1. Explica las siguientes expresiones mediante sinónimos, definiciones de diccionario, ejemplos, etc.: **maletín** (2); **tienen barriga** (5); **directivas** (6); **hacen pesas** (8); **sin un solo desmayo** (13); **están siendo sojuzgados** (14); **argelinas** (16); **troyanas** (23).

2. **Metáforas**
   Explica las siguientes metáforas:
   a. **velo**
   b. **se ceba** (21)
   c. **un dique en la corriente de la historia** (20).

3. **Gramática**
   a. Explica el uso del verbo **ser** con **guapos** (4) e **inteligentes** (9).
   b. Explica la diferencia entre **para eso** (12) y **por eso** (21).

4.   **Comprensión**

   a.   ¿Qué es lo que ve el escritor para empezar a desarrollar sus ideas?
   b.   ¿Qué cualidades necesitan las directivas?
   c.   ¿Cuáles son las principales diferencias entre los ejecutivos y las ejecutivas?
   d.   ¿Qué relación ve el escritor entre la mujer occidental y la de otras sociedades?

5.   **Tus opiniones**

   a.   ¿Te parecen válidas las semejanzas que percibe el escritor entre los dos grupos de mujeres? Explica tu punto de vista en tus propias palabras.
   b.   'Este siglo en el futuro será definido por la revolución femenina.' ¿Es válida esta definición del siglo actual?

3. **Fútbol y muertos**

Con motivo del triunfo de Colombia sobre Argentina en las eliminatorias para el Mundial de Fútbol los periódicos españoles se dividieron en dos: los que titularon sus crónicas diciendo que los colombianos muertos habían sido 53, y los que, más cautos, dijeron que habían sido 42. Con los heridos sucedió lo mismo: 400, dijeron los unos;
5   500 «sólo en la capital», aseguraron los otros.

No se debe criticar a la prensa desde la propia prensa, como es sabido. Pero es que en este caso la noticia no estaba en los 42 muertos, ni siquiera en el caso de que hubieran sido 53. Estaba en la goleada por cinco a cero a los argentinos en su propio terreno. Porque 50 muertes violentas hay en Colombia cada día, y en cambio goleadas así no ha
10   habido sino ésta en toda la historia deportiva del país. La noticia la ponía el fútbol, no los muertos.

Es perfectamente legítimo, claro está, que a la prensa española no le interese el fútbol de un ignoto y remoto país latinoamericano. Pero si lo que le interesa son los muertos, entonces la noticia tampoco consiste en que haya habido 50 en un domingo
15   determinado, sino en que los haya a diario: 50 muertos todos y cada uno de los días del año, tanto festivos como laborables. Eso sí es impresionante. Y más impresionante todavía por el hecho de que no impresiona prácticamente a nadie, ni en Colombia ni en el extranjero: es un verdadero río de sangre que corre sin cesar ante la indiferencia general, y sólo sirve, a veces, para que los propios colombianos se lo mencionemos a los
20   extranjeros con cierto turbio orgullo nacionalista: «En Colombia tenemos 50 muertos diarios: más que los que hay en un país en guerra». Y lo decimos casi como si estuviéramos haciendo el elogio de nuestros generosos recursos naturales.

Es por eso que, al leer el despliegue informativo dado a los muertos del día de la victoria futbolística –muertos que no fueron provocados por esa victoria, sino que coincidieron

25 con ella: muertos de todos los días– no sabía uno si reír o llorar. Disparos al aire: lo
    cotidiano. Borrachos: lo normal. El carnaval terminó en tragedia: como todos los
    carnavales. Es incluso probable que ese día la violencia colombiana estuviera por debajo
    de su nivel actual. Decía la prensa que la Policía colombiana había informado de 15
    muertes en peleas callejeras –¿sólo 15?– y de «al menos 20 asaltos y robos de
30 automóviles» –¿sólo 20?–, y de «seis accidentes de tráfico». ¿Sólo seis? No es verosímil:
    seis accidentes hay cada hora en el tráfico caótico de las ciudades colombianas, sin
    contar los que ocurren en las carreteras. Y todo eso –informaban alarmados los
    periódicos– sucedía «sólo en la capital, en Medellín y en Cali». ¿Por qué? Ese día tuvo
    que haber unos cuantos muertos también en Ibagué, en Popayán, en Barranquilla, sin
35 contar los del campo: como todos los días.

    Todo eso era rutina. Lo que no era rutina, en cambio, era la parte deportiva: el gran
    fútbol que, según dicen los que entienden de fútbol, jugó el equipo colombiano, que
    puso en pie de entusiasmo a los 60.000 aficionados argentinos que llenaban el estadio
    del River Plate y que el día anterior habían recibido a los visitantes con escupitajos de
40 desprecio. Y el acontecimiento: cinco goles en su propia casa a un equipo casi invicto en
    33 partidos –sólo había sido derrotado una vez, y también por los colombianos– , y que
    llevaba 35 años sin recibir un castigo semejante.

    Y tampoco era rutina, claro está, lo que vino después: la apoteosis, la fiesta nacional, el
    regreso triunfal de los futbolistas vencedores para ser condecorados con la Cruz de
45 Boyacá. Una condecoración que se inventó precisamente para premiar vencedores,
    aunque en sus 174 años de existencia la hayan recibido más bien los burócratas, como
    suele ocurrir con las condecoraciones; para premiar a los vencedores de las tropas
    realistas españolas el 7 de agosto de 1819 en la batalla del Puente de Boyacá.

    Claro que esa batalla no dejó ni siquiera, sumados los caídos en los dos bandos, la
50 tercera parte de los muertos provocados por la alegría de la victoria futbolística. De
    modo que, de atenerse a los rigurosos criterios estadísticos de la prensa española, esa
    batalla que selló la independencia de España de Colombia y Venezuela no hubiera
    merecido figurar en los periódicos.

Antonio Caballero, *Cambio 16*, 20-9-93

Notas

1. **50 muertes violentas hay** (9) **goleadas así no ha habido** (9–10) **seis accidentes hay cada hora** (31)

    En estas expresiones el complemento (**50 muertes, goleadas así, seis accidentes**) antecede al verbo para dar realce al complemento; la flexibilidad en el orden de las palabras forma una parte importante de las posibilidades expresivas del español.

2. **más que los que hay** (21)   En el español peninsular sería obligatorio utilizar **más de**; ver Butt & Benjamin, 5.6, nota iii.

3. **Es por eso que** (23)   Otra característica del español americano. En el español peninsular habría que escribir **es por eso por lo que**; ver Butt & Benjamin, 36.2.4.

4. **River Plate** (39)   Club de fútbol argentino, basado en Buenos Aires; su nombre inglés resulta del hecho de que, como muchos clubes de fútbol del mundo hispano, fue fundado por obreros británicos.

5. **para premiar vencedores** (45) **para premiar a los vencedores** (47)   En el primer caso no se utiliza la **a** personal porque **vencedores** se refiere a una categoría general antes que a individuos; en el segundo caso sí se utiliza, porque **los vencedores** se refiere a un grupo concreto de soldados.

6. **aunque... la hayan recibido** (46)   El subjuntivo se utiliza después de **aunque** para indicar que algo ocurrido fue inesperado: la condecoración destinada a los militares ha sido concedida con mayor frecuencia a los civiles.

7. **de atenerse** (51)   **De** + infinitivo puede tener el valor de una expresión condicional (= 'si se hubiera atenido'); ver Butt & Benjamin, 25.8.3.

Explotación del texto

1. Explica las siguientes expresiones mediante sinónimos, definiciones de diccionario, ejemplos, etc.: **titularon** (2); **más cautos** (3); **ignoto** (13); **tanto festivos como laborables** (16); **despliegue** (23); **sin contar** (31–32); **invicto** (40); **castigo** (42); **apoteosis** (43); **burócratas** (46); **realistas** (48); **sumados los caídos en los dos bandos** (49); **provocados** (50).

2. **Comprensión**

    a. Según el escritor, ¿por qué fue más importante el partido de fútbol que las muertes en Colombia?

    b. ¿Son de fiar los datos publicados en la prensa española?

    c. ¿De qué nacionalidad es el escritor del artículo?

    d. ¿Hubo relación entre el partido de fútbol y las muertes?

    e. ¿Cuál fue la actitud de los aficionados argentinos antes del partido? ¿Y durante el partido?

f.   Antes del partido contra Colombia, ¿había tenido mucho éxito la selección argentina?

g.   ¿Por qué fue importante la batalla del Puente de Boyacá?

3.   **La ironía**

El escritor del artículo utiliza varias veces la ironía. Busca al menos tres ejemplos, y explica en cada caso en lo que consiste la ironía.

4.   **Traducción**

Traduce al inglés las líneas 36–53 (**Todo eso... los periódicos**).

5.   **Resumen**

Haz un resumen del texto en español en un máximo de 200 palabras.

6.   **Tus opiniones**

a.   ¿Cuál es la actitud del autor ante la prensa? ¿Te parecen válidas sus opiniones?

b.   Escribe una redacción sobre la importancia de los deportes en la sociedad contemporánea (300 palabras).

4. Lección pasada de moda

*(Este texto también sirve como base para parte de los ejercicios de la **Sección E: Temas orales**.)*

Una amable señora de La Coruña que se disculpa por firmar "Loly, pese a mis muchos años" (y cómo quiere usted llamarse, mujer, si ése ha sido siempre su nombre y la edad la cumplimos sólo para los otros), me escribe extrañándose de que durante los pasados Juegos Olímpicos casi todos los locutores de televisión y radio hablaran de "Alanta", el
5   "aletismo" y los "aletas" sin cesar. Con el desconcierto de quien no ve especial dificultad en esa unión de *t* y *l*, me pregunta a qué puede deberse una tara tan generalizada.

No soy quien para saberlo, pero no está de más hacer algún comentario sobre la actual dicción de nuestra lengua e intentar diferenciar en lo posible. Hay pronunciaciones regionales o locales que nunca deberían considerarse faltas ni fallos, sino meras
10   variantes en el habla de las gentes, y en ese sentido me parece ridícula la tendencia a evitar acentos andaluces, canarios o catalanes entre quienes nos relatan las noticias, y lamentable el esfuerzo por corregir su natural manera de hablar por parte de los locutores originarios de las correspondientes zonas. Tan correcta es la dicción de Sevilla, Tenerife o Gerona como la de Madrid o Segovia, tanto la de México, Buenos
15   Aires o La Habana como la de Valladolid o Toledo. Sería absurdo reprochar a los argentinos que no sepan pronunciar la *ll,* como si la pronunciación castellana de ese

sonido fuera la única ortodoxa: los rioplatenses sí saben, sólo que han optado por otro sonido, distinto pero no más ni menos correcto. Sería lo mismo que acusar a los andaluces de no saber reproducir el sonido s antes de *t*, puesto que sí lo hacen, en su
20   variante aspirada. Tan buen español es la *l* palatal catalana como la de cualquier otro sitio, por la sencilla razón de que el español que se habla en Cataluña no es malo ni bueno, mejor ni peor, sino simplemente otro, tan lícito y característico como el de Lima, Burgos, Pamplona o Caracas.

Es en cambio insensato que los responsables de las televisiones y las radios,
25   injustificadamente sensibles a los acentos, no se preocupen por las dicciones. Porque las hay que no obedecen a ninguna razón geográfica ni tan siquiera de clase o nivel de educación –ya que no todos los hablantes de una misma capa social incurren en ellas, ni dejan de incurrir individuos de las demás–, sino a desconocimiento, pereza o descuido. Y un ejemplo es el de Atlanta y el atletismo, tan extendido que llevó a Borges, en una de
30   sus ocasionales diatribas contra lo español –más para provocar que para otra cosa–, a reprochar al país entero su incapacidad para decir "Atlántico" como es debido. (Más en lo justo estaban los latinos, que ya nos acusaban de no saber pronunciar la s líquida, y de ahí que digamos "Escipión", "Esquilache" o "esquí".)

Otro fallo bastante común es el de decir "estijma" o "ijnorancia" en vez de "estigma" o
35   "ignorancia", o el hostigamiento variado a que se somete al sonido doble *x* (*g* o *c* más *s*), sobre todo ante otra consonante, y así oímos a menudo que algo es "eccelente" o "escepcional" e incluso "ececional" sin más. Confieso que me irrita particularmente el defecto, que algunos intentan hacer pasar por madrileñista, consistente en maltratar nuestra *d* final convirtiéndola en z: "Madriz", "ciudaz", "libertaz" y así. En un andaluz es
40   del todo admisible que diga "Madrí", como en un catalán "Madrit", pero esa z bestial no pertenece a ninguna pronunciación local –se lo aseguro a ustedes, y yo soy de Chamberí–, sino a una incapacidad para la *d* relajada o suave que corresponde. Resultan también grotescas y afectadas (salvo en Valencia, donde es rasgo regional) las personas que al hablar diferencian la *v* de la *b*, ya que en castellano no hay la menor distinción
45   fonética entre esos dos signos. No habría mucho que reprochar a quienes pronuncian "sicólogo" o "siquiatra", ya que incluso está admitido escribir de ese modo estos términos, pero prescindir de la *p* que los antecedió desde los griegos me parece una concesión a la pereza: a esos individuos, sin su *p*, los ves sólo como farsantes.

Con todo, no me siento para nada purista y me parece estupendo que cada cual
50   pronuncie como le venga en gana. Lo único es que, de la misma manera que no todo el mundo debe dedicarse al teatro, o a la canción, o a la abogacía, o a la carpintería, hay muchas personas que no deberían dedicarse a hablar en público y sin embargo ahí están misteriosamente en televisión o en radio, propagando dicciones erróneas y dañándonos sin necesidad los oídos.

Javier Marías, *El Semanal*, 6-10-96

Notas

1. **tan... como...**
    tanto... como (13–15)
    Obsérvese el uso de la comparativa. Obsérvese también el orden de los elementos en la oración, típico del español: el sujeto léxico (**la dicción**), sigue al verbo, y el complemento (**tan correcta**) está antepuesto al verbo; ver Butt & Benjamin, 5.15.1.

2. **la de Madrid** (14)
    Aquí **la** tiene valor pronominal, porque sustituye al sustantivo **dicción**.

3. **rioplatense** (17)
    Natural del Río de la Plata, o relativo a los países que forman la cuenca de este río: Argentina, Uruguay.

4. **ya** (32)
    El adverbio **ya** en este contexto se refiere a un tiempo pasado: 'entonces, en la época de los romanos'.

5. **Escipión, Esquilache,**
    esquí (33)
    Las tres palabras provienen de palabras cuyos sonidos iniciales eran **s**+consonante (**Scipio**; **ski**). En castellano se añade una **e** ante este grupo consonántico inicial.

6. **Chamberí** (42)
    Barrio popular madrileño, que tiene fama de ser muy 'castizo'.

7. **resultan también**
    grotescas (42–43)
    El verbo **resultar** puede ir seguido de adjetivo o infinitivo; el sentido del verbo español es mucho menos específico que el de su homónimo inglés, **to result**.

8. **como le venga**
    en gana (50)
    También **como le dé la gana,** 'de la forma que uno quiera'. **¡No me da la gana!** es una expresión muy común, aunque un poco brusca.

Explotación del texto

1. Explica las siguientes palabras y expresiones mediante sinónimos, definiciones de diccionario, ejemplos, etc.: **locutores** (4); **tara** (6); **meras variantes** (9–10); **insensato** (24); **incurren en ellas** (27); **ocasionales diatribas contra lo español** (30); **provocar** (30); **me irrita** (37); **grotescas** (43); **farsantes** (48); **no me siento para nada purista** (49).

2. **Fonética**
    a. Haz una lista de las variantes fonéticas que Javier Marías menciona en el texto. Según su opinión, ¿cuáles son aceptables y cuáles no? Pon ejemplos y di en qué países o regiones se dan estas variantes. ¿Cuántas se oyen en la cinta de la Sección D del Capítulo 1?

b.   Señala la versión correcta de los siguientes pares de palabras:

escepcional	excepcional
ecelente	excelente
escayola	excayola
espléndido	expléndido
estupendo	extupendo
estraordinario	extraordinario
esamen	examen
escéntrico	excéntrico
ejecutivo	executivo
esterminar	exterminar

3.   **Gramática: Conectores**

Para enlazar o unir oraciones entre sí, tanto coordinadas como subordinadas, la lengua utiliza términos gramaticales concretos: conjunciones, locuciones adverbiales, adverbios, giros prepositivos... Se engloban todos ellos bajo la palabra **conectores**, porque, como su nombre indica, conectan oraciones.

ORACIONES COORDINADAS

- Copulativas: *y, e, ni, que*   ej.: Canta **y** baila muy bien.
  Ni lee **ni** escribe.

- Disyuntivas: *o, u*   ej.: ¿Vienes **o** te quedas?

- Adversativas: *mas, pero, aunque,*   ej.: No estudia Derecho **sino** Química.
  sino, sin embargo

- Comparativas: *más... que, menos... que,*   ej.: Come **tanto como** bebe.
  tan... como, tanto como

ORACIONES SUBORDINADAS

- Sustantivas: *que, si*   ej.: Me molesta **que** llegues tarde.
  Le pregunté **si** conocía a mi hermana.

- De relativo: *que, quien, cuyo... etc.*   ej.: Pásame la caja **que** está en la mesa.
- Circunstanciales:
  – de lugar, tiempo y modo   ej.: Está **donde** lo dejaste.
  Fue el mes pasado **cuando** nació.
  Hazlo **como** yo te digo.

– causales: *como, porque, ya que, a causa de, gracias a, por culpa de (que), puesto que, dado que, por +infinitivo/+adjetivo/+sustantivo*

    ej.: **Como** no venías, nos fuimos.

        Ya que te gusta tanto cocinar, ¿por qué no nos haces una fabada?

        Puesto que te gusta tanto cocinar, haznos un arroz con leche.

        Eso te pasa **por** ser tímido (inf)/**por** tímido (adj)/

                por timidez (sust)/**porque** eres tímido.

(Incluimos tres ejemplos de conectores causales que NO introducen siempre oraciones subordinadas, pero que son bastante útiles: *por culpa de, a causa de, gracias a*)

    ej.: El ferry no pudo salir **a causa del** mal tiempo.

        No llegamos a tiempo **por culpa del** atasco.

        Gracias a su ayuda pude superar mi depresión.

– condicionales: *si, con tal de que, como, siempre que, con tal de que*

    ej.: Iremos a visitarle **si** tenemos tiempo.

        Iremos a visitarle **con tal de que** se porte bien.

        ¡**Como** sigas bebiendo así, te va a explotar el hígado!

        Iremos a visitarle **siempre que** se porte bien.

        Haré lo que sea **con tal de que** nos deje tranquilos.

– consecutivas: *tan... que, tal... que, tanto que, así que, por eso, de modo que*

    ej.: Trabajó **tanto que** terminó extenuado.

        Llovía de **tal** forma **que** tuvimos volver a casa.

        Era **tan** simpática **que** caía bien a todo el mundo.

        No tenía nada para cenar, **así que**/**por eso** decidí pedir una pizza.

– finales: *a que, para que, a fin de que, con objeto de que*

    ej.: Vino **a que** le curásemos la herida.

Para expresar la idea de contraste u oposición se utilizan también locuciones o conjunciones:

pero, sin embargo, en cambio, mientras que, aún así, a pesar de, pese a

ej.: Carmen es muy simpática; **en cambio**, no hay quien aguante a su marido.

    Carmen es muy divertida, **mientras que** su marido es insoportable.

    Carmen es muy amable; **sin embargo**, su marido es un maleducado.

    Aunque parezca aburrido al principio, ya verás como luego le coges el gusto.

Y ahora:

a.   Busca los *subjuntivos* que aparecen en el artículo y explica por qué se utilizan.

b.   Busca en el texto ejemplos de conectores.

c.   ¿Qué diferencias existen entre **sino** y **pero** (ambas se traducen **but** en inglés)? Pon ejemplos que apoyen tu explicación, si puedes, extraídos del texto.

d.   Intenta completar estas oraciones con el conector que corresponda (adverbio, preposición, etc.). En algunos casos existen varias opciones:
      incluso, aún así, sin embargo, porque, por, aunque, ya que, puesto que, como, en vez de, debido a, a causa de, a pesar de que, por culpa de, mientras que, sino

   1.   Conozco a personas que parecen tenerlo todo y _____ son infelices.

   2.   No come salchichas _____ es vegetariana.

   3.   Mi vuelo fue cancelado _____ el temporal de nieve.

   4.   No me gusta pegar fotos en un álbum _____ me parece estar disecando mariposas _____ de cazarlas.

   5.   _____ hablan de comprarse un piso, nunca acaban de decidirse.

   6.   A Cristina le sienta muy bien el rojo, _____ el verde le cae como un tiro.

   7.   No bebo vino, _____ cerveza.

   8.   _____ no vienes tú, iremos nosotros a visitarte.

   9.   ¡Pues claro que vas a suspender! Eso te pasa _____ vaga, _____ no haber estudiado lo suficiente.

   10. Al final vinieron todos a la fiesta: Sergio, Ángel, Alicia, Marta e _____ Isabel.

   11. _____ estaba enfermo, hizo un esfuerzo y se presentó al examen.

   12. No pudimos ir al cine _____ el imbécil de Sebastián se olvidó de sacar las entradas, y claro, cuando llegamos estaban agotadas.

   13. En su familia todos son rubios, _____ ella es morena.

4. **Falsos amigos**

Seguramente ya sabes que la palabra **sensible** (25) tiene distintos significados en inglés y en español, aunque en ambos idiomas se escriban de la misma manera; ejemplos como éste se denominan **falsos amigos**. ¿Conoces otros? Haz una lista de 5 ó 6, y explica su significado.

5. **Modismos**

En el texto aparece la expresión **no está de más hacer algún comentario** (7), que significa **no está de sobra**, **sería útil hacer algún comentario**. Con la ayuda de un diccionario busca al menos tres expresiones o modismos que incluyan el adverbio **más,** explica su significado y pon ejemplos. ¿Qué significa la frase **Estoy de más aquí**?

6. **Comprensión**

    a. ¿A quién se dirige Javier Marías en la línea 2?
    b. ¿Por qué se extraña la señora de que los presentadores pronunciaran mal las palabras **Atlanta** o **atletas**?
    c. Según Javier Marías, ¿son incorrectas las diferentes pronunciaciones regionales?
    d. Según Javier Marías, ¿a qué se deben ciertas dicciones erróneas que se oyen en los medios de comunicación? ¿Cuál es la actitud de los directivos ante los acentos y las dicciones?
    e. ¿A qué individuos se refiere el autor en la línea 48? ¿Cuál es la opinión que tiene de ellos?
    f. Divide el texto en sus diferentes partes: presentación, desarrollo de las ideas y conclusión.

Sección B: Ejercicios de gramática

1. **Los pronombres** (ver Butt & Benjamin, cap. 11)

    En las siguientes frases, sustituye todos los sustantivos por pronombres personales.

    Ejemplos: Me dio el regalo > Me lo dio.

    Dio un regalo a su hermano > Se lo dio.

    a. Te enviaré el dinero > _____
    b. Te enviaré la factura > _____
    c. Me dieron la noticia ayer > _____
    d. Les pasó la factura > _____
    e. Me han sacado dos balas > _____
    f. Le han sacado dos balas > _____
    g. Concedieron el premio a mi hermano > _____
    h. Concedieron el premio a mi hermana > _____
    i. Concedieron el premio a mis hermanos > _____
    j. Se veía frecuentemente a esas mujeres > _____

    k.   Se veía frecuentemente a esos hombres > _____

    l.   Se oye la música > _____

    m.   Se oye el disco > _____

2.   **El uso del artículo definido sin sustantivo**

Estudia la estructura de las siguientes expresiones sacadas del Texto 1:

- '... con una sensación de bienestar menor que **la** de sus conciudadanos europeos...' (20–21)

- '... se trata de un compromiso mayor que **el** detectado hace unos años...' (42–43)

Ahora completa las frases siguientes mediante la forma apropiada del artículo definido:

    a.   Los problemas de los jóvenes son más graves que ____ de los adultos.

    b.   Siguen siendo populares los coches alemanes, pero no tanto como ____ japoneses.

    c.   El vino francés es de alta calidad; ____ de España es más barato.

    d.   La crisis económica africana es peor que ____ de Latinoamérica.

    e.   Dame los zapatos de tu hermano; y ____ de tu hermana también.

    f.   Me gustan las manzanas dulces, pero no ____ agrias.

    g.   Se trata de una situación mucho mejor que ____ analizada el año pasado.

    h.   Los resultados obtenidos este año son mejores que ____ obtenidos en años anteriores.

3.   **Ya, ya no, todavía, todavía no**

En las siguientes frases rellena los huecos con una de los adverbios temporales **ya, ya no, todavía, todavía no**:

    a.   Estuvo en esta empresa muchos años, pero _____ trabaja aquí.

    b.   Estamos preocupados. Salió hace un par de horas, pero _____ ha llegado.

    c.   ¿ _____ estás aquí? Creía que te habías marchado.

    d.   Esto era de esperar. Todos los indicadores _____ aparecían en noviembre.

    e.   Date prisa. Me sorprende que _____ lo hayas terminado.

    f.   _____ te dije ayer que no.

    g.   Este estilo de falda era muy popular el año pasado; este año _____ lo lleva nadie.

    h.   Sale el tren a las nueve, ¿pero _____ te has levantado?

    i.   Cuando era joven, me encantaba el cine; _____ me gusta nada.

    j.   Empezó a llover hace seis horas, y _____ sigue lloviendo.

4. **Seguir (continuar) + gerundio; soler + infinitivo**

    Seguir (o **continuar**) + gerundio (Texto 1, 45) y **soler** + infinitivo (Texto 2, 3; Texto 3, 47) se utilizan en muchas expresiones cuyo equivalente en inglés contendría un adverbio (**still**, **usually**, etc.). Traduce al español las siguientes frases, utilizando en cada caso **seguir** (o **contiuar**) o **soler**:

    a. Spaniards are still very hospitable.
    b. Chileans usually welcome visitors warmly.
    c. Tolerance is still a highly esteemed virtue for Spaniards.
    d. Venezuelans are usually very tolerant.
    e. The participants are usually in their forties.
    f. There are still only 40 women judges.
    g. This is what usually happens with military decorations.
    h. This is still happening with military decorations.
    i. Do you still think I was wrong?
    j. He usually thinks he is right.
    k. If people still have a problem, they usually ask for the complaints book.
    l. Craftsmen were usually self-employed; I don't know if they still are.

Sección C: Traducción al español

The most boring aspect of being a foreign student here in the UK is talking to other foreigners about British people. Regardless of nationality, conversations are always very much the same: weather is bad, food is worse, and people are, uh, unfriendly. The world seems to be composed of nice, friendly folk, except for Britain, which is apparently full of selfish characters.

But haven't you ever heard the following: 'I have to make an English friend, so I can learn English'? Who is selfish? I don't believe that the British want to be used as unpaid teachers. Britain is crammed with foreign students. Why should an English person be willing to talk to us? I never go out in Spain thinking: 'I'm going to make a friend this week.' I have my own friends and I don't worry too much about the rest.

I do think that there is a problem with personal communication here, but where isn't there? The lack of conversation can be as bad as too much conversation. I don't always have something interesting to say. In fact, most of the people I know have little to say. Have you noticed the unbelievable amount of different hobbies, sports clubs, societies, and other organizations that exist in this country? A large number of international, environmental and humanitarian organizations were born here. British people do not talk that much but they do a lot.

Perhaps they are shy, or they can't be bothered to talk just for the sake of it.

Yes, the weather is bad but forecasts are accurate; food is not very good, but nothing is perfect, and the people can be unfriendly or not, like everywhere. Perhaps the problem is that to make a friend here demands that one is ready to accept and understand differences, has quite a lot of energy, self-criticism and a good sense of humour. And, above all, time – something which we international students do not have.

G. Carballo,
International Student,
junio de 1995

Sección D: Documento sonoro

I. 'Spain is different'

1. ¿De dónde es Sergio?

   (a) de Madrid   (b) de Aragón   (c) de Asturias.

2. ¿ En qué ciudad trabaja? ¿Cómo se llama la región?

   ¿Podrías decir qué famoso personaje de la literatura española vivió en esta región?

   ¿Podrías situarla en el mapa?

3. La economía de esta región es fundamentalmente:

   (a) industrial   (b) rural.

4. ¿Qué adjetivos utiliza para describir el carácter de la gente?

5. ¿Qué entiendes por la palabra **tópico**?

6. Escucha con detenimiento de qué forma Sergio pronuncia la expresión 'más reservado'. ¿Qué le pasa a la **-s** final de palabra seguida de otra palabra que empieza por **r**-?

7. ¿Y cómo es el clima? ¿Qué diferencias existen con el clima de Asturias?

8. Por lo que se refiere a la comida, Sergio menciona dos alimentos que constituyen la dieta básica de la región. ¿Cuáles son?

    (a) cordero y gachas   (c) cerdo y habas

    (b) cordero y habas   (d) cerdo y gachas.

    Y, ¿podrías explicar en qué consiste el plato típico?

9. ¿Recuerdas la palabra que se utiliza en la región para designar al 'cerdo'?

    (a) marrano   (b) puerco   (c) gorrino.

10. ¿Cómo es el paisaje de la región? ¿Está cerca del mar? ¿De qué mar y a cuántos kilómetros?

11. El nombre de la región viene de una palabra árabe que quiere decir _____ .

12. ¿Qué dice Sergio de la gente joven?

13. Cuando Sergio describe las diferencias en el carácter de la gente según la región o autonomía española de la que proceden, indica qué cualidades menciona para describir a:

    (a) los andaluces   (b) los asturianos.

14. ¿Qué producto es típico de esta región? Da toda la información que hayas obtenido. ¿Qué otra zona de España menciona Sergio y por qué?

15. ¿Cuál es la artesanía típica de la región?

16. ¿Qué diferencias existen en cuanto al origen de las palabras entre el norte y el sur de España?

2. La educación

1. Sergio es profesor de _____ en un _____ .

2. ¿Qué edades tienen sus alumnos?

3. Su asignatura es _____ en un curso y _____ en tres cursos más.

4. ¿Cómo describe su asignatura con respecto a las otras, más 'tradicionales'?

5. ¿De qué forma hay que introducirla en la clase? ¿Es fácil? ¿Por qué?

6. Señala los instrumentos que Sergio nombra:

    violín   castañuelas   maracas   xilófonos
    piano   pandereta   clarinete   trompeta

7. Su asignatura puede ser muy _____, _____ lo que
    pasa es que no es muy fácil. ¿Por qué?

8. ¿Cómo describe a los adolescentes de la Mancha? Incluye toda la información
    que puedas.

9. Es más difícil educar a los adolescentes manchegos que a los de otras regiones.
    ¿Verdadero o falso?

Sección E: Temas orales

Opiniones

1. En el **Texto 4** de este capítulo, págs. 31–32, Javier Marías establece una clara
    diferenciación entre las pronunciaciones o variantes regionales, las cuales
    considera 'aceptables', y ciertas dicciones personales erróneas. ¿Hasta qué punto,
    según tu opinión, esta distinción está tan clara?

2. Compara el caso con tu país. ¿Crees que en el Reino Unido determinadas
    dicciones o pronunciaciones locales se asocian también a una clase social en
    particular, o a un mayor o menor nivel cultural?

3. Después de leer los dos textos siguientes, iniciar un **debate** en grupos de 3 ó 4
    personas y comentar los siguientes puntos:

    a. ¿Con cuál de los textos estás más de acuerdo? ¿Por qué?
    b. ¿Te parecen exagerados los comentarios del autor del segundo texto? ¿Crees
        que es importante que una persona se exprese correctamente en su propia
        lengua, tanto por escrito como oralmente? Justifica tu respuesta.
    c. Muñoz Molina (**Texto A**) opina que 'nuestro gran problema consiste en la
        pérdida de la precisión, de la armonía y del equilibrio del lenguaje por la
        falta de educación'. ¿De qué formas se podría ayudar a mejorar la expresión
        oral y escrita en una determinada lengua? Ténganse en cuenta los papeles
        de los medios de comunicación, las personas y los organismos oficiales.
        ¿A qué se refiere el autor del **Texto B** con el término **spanglish**?

Texto A

Me desagrada tanto que la gente se ponga apocalíptica, viendo en todas partes posibles males para la lengua castellana y suponiendo que tanto el inglés como el catalán son capaces de acabar con ella, como que se ponga triunfalista, diciendo que la nuestra es la segunda lengua más importante del mundo. Sí, es importante en cuanto al número de hablantes, pero secundaria como vehículo de transmisión cultural. La presencia de la cultura española en las grandes revistas internacionales es casi inexistente.

Nuestro gran problema consiste en la pérdida de la precisión, de la armonía y del equilibrio del lenguaje por la falta de educación, por la combinación horrible de la ignorancia televisiva y del abandono de las humanidades en las escuelas. Los jóvenes no saben expresarse y defenderse mediante la palabra. Eso es lo que empobrece el idioma, no la influencia del inglés. Aquí no está el peligro. Si el idioma está sano recibe y recicla palabras de otras lenguas.

Antonio Muñoz Molina,
El Mundo, 18-6-96

(Antonio Muñoz Molina es escritor y el miembro más joven de la Real Academia Española. Autor de *El invierno en Lisboa*, *El jinete polaco*, entre otras, es uno de los escritores más prestigiosos hoy día en España.)

Texto B

'Fui al supermercado y el *parking* estaba lleno, a tope. Había *overbooking*. En fin, oye... Entonces, en el *hall* vimos una oferta de *shorts* que era un *boom*. Había que sacar *ticket* para la cola. ¡Qué *show*! ¡Cómo se colaba la gente! Incluso hubo quien sufrió un *shock*. Batimos el *récord* de esperar, pero valió la pena. También compré un centro de mesa para el *living*, unos *walkman* para Carmen y ¡por fin, la *mountain bike*!, no veas qué pasada...'

Conversaciones como ésta ya no resultan nada extrañas para ningún español. Y es que la influencia del inglés sobre nuestra lengua está llegando a límites insospechados. Dentro de no mucho tiempo, el **spanglish** se impondrá y acabaremos todos olvidando que nuestro país se llama España y que nuestro idioma viene del latín...

CAPÍTULO 3

LA EDUCACIÓN

Sección A: Textos escritos

1. La universidad española

A esa hora, Patricia, de 21 años, alumna de tercero de Químicas, turno de tarde, llega al trote a su facultad. La clase empieza a las 15.45, pero este año, en el aula magna, con poca luz, sin megafonía, el que no se espabila y *pilla* alguna de las tres primeras filas va listo. "Desde que empezó el curso es igual. La gente llega antes de que acabe la clase
5   anterior". Los días que se retrasa en la comida, ya se sabe, mejor es darse media vuelta y esperar a la siguiente hora o volverse a casa. "Tengo un profesor que no deja de dar paseos mientras explica", dice Patricia; "cuando va hacia el fondo me pierdo completamente lo que dice, cuando vuelve atrás sí le oigo, o sea que tengo los apuntes llenos de *lagunas*".

10 Paco Moreno, de 21 años, alumno de segundo de Derecho en Granada, tiene los mismos problemas de megafonía en su aula. Por eso, aunque no le interesa la política, cree que los estudiantes deberían protestar mucho más. En Madrid, Granada, Salamanca, Barcelona o Baleares. En todas partes, puesto que en todas partes se enfrentan a problemas similares. Por ejemplo, madrugar intempestivamente para
15 encontrar sitio en una biblioteca. De eso se queja José Luis Delgado, alumno de Empresariales en Valencia, y sus compañeros José María González y Jesús Ruiz. Y total, como piensan muchos, para terminar de ordenanzas o de barrenderos.

Patricia no es partidaria de dar la bronca porque sí. Pero cree que su clase se merece unos focos decentes. Este año tiene cuatro asignaturas, más una pendiente de primero.
20 La matrícula le ha salido por 125.000 pesetas y eso ya son palabras mayores. ¿Le parece mucho dinero para aspirar al muy gratificante título de licenciada? "No sé, pero tengo un amigo que estudia en una universidad privada, y no le cuesta mucho más". Claro que la matrícula sería razonable si incluyera un seguro a todo riesgo, porque "en tercero mezclamos ya gases peligrosos y siempre tenemos fugas", dice.

25 Pero Patricia, una chica sencilla, conservadora y estudiosa, una hija que desearía
    cualquier madre, pese a esa devoción por la ropa negra, en línea con sus ídolos
    musicales, los chicos del grupo británico The Cure, es una alumna afortunada. Estudia lo
    que quiere. Algo que la convierte en una *rara avis* no sólo entre los más de 130.000
    jóvenes matriculados como ella en la mastodóntica Complutense, sino entre el millón
30 trescientos mil largo que llena las aulas de las universidades españolas.

Notas

1.	**rara avis** (28)	Expresión latina, cuyo sentido literal es 'pájaro raro'.
2.	**Complutense** (29)	La Universidad Complutense es sólo una de las universidades de Madrid.
3.	**el millón trescientos mil largo** (29–30)	Con expresiones de cantidad, **largo** significa 'y eso es mucho'.

Explotación del texto

1. Explica las siguientes expresiones mediante sinónimos, definiciones de diccionario, ejemplos, etc.: **megafonía** (3); **se espabila** (3); **va listo** (3–4); **intempestivamente** (14); **total** (16); **sencilla** (25); **mastodóntica** (29).

2. **Gramática**

    a. Explica por qué se utiliza **el aula** (2), con artículo masculino, pero **las aulas** (30), con artículo femenino. Da ejemplos de otras palabras semejantes.
    b. Explica el uso del subjuntivo (**incluyera**), en la línea 23.

3. **Datos básicos**

    a. Explica brevemente los siguientes términos, todos los cuales están relacionados con el sistema educativo español: **turno de tarde** (1); **aula magna** (2); **curso** (4); **apuntes** (8); **Empresariales** (16); **una [asignatura] pendiente de primero** (19); **la matrícula** (20); **licenciada** (21).
    b. Convierte 125.000 pesetas en libras esterlinas.
    c. Lee en español: 'La clase empieza a las 15.45' (2).

4. **Comprensión**

    a. ¿Por qué tiene Patricia los apuntes incompletos?
    b. ¿Por qué quiere Paco Moreno que los estudiantes protesten?
    c. ¿Opinan los estudiantes españoles que tienen buenas salidas profesionales?

d. ¿Qué conclusión sacas de la afirmación que hace el escritor: 'Estudia lo que quiere. Algo que la convierte en una **rara avis**' (28)?

5. **Traducción**

Traduce al inglés las líneas 18–24 ('**Patricia**... **dice**').

6. **Escritura libre**

Utilizando los datos incluidos en el artículo, escribe una descripción imaginada de un día típico en la vida de Patricia (máximo de 300 palabras).

7. **Carta**

Imagina que recibes una carta de Patricia explicando que va a pasar un curso académico en la universidad donde tú estudias; escríbele una carta explicando las diferencias que encontrará al empezar sus estudios en Gran Bretaña (máximo de 300 palabras).

8. **Tus opiniones**

a. Según el artículo, ¿cuáles son los principales defectos de las universidades españolas? ¿Hay defectos parecidos en las universidades británicas?
b. 'Las protestas estudiantiles no sirven para nada.' ¿Estás de acuerdo con este punto de vista?
c. 'El derecho a la educación gratuita es un derecho humano fundamental.' Explica tu punto de vista con respecto a esta afirmación.

2. Los profesores

La sociedad española es la que menor aprecio siente por la profesión docente a juzgar por los resultados de una encuesta realizada en 12 de los países de la Organización para la Cooperación y el Desarrollo Económico (OCDE).

5 A la pregunta: "En su opinión, ¿qué respeto tienen los profesores de enseñanza secundaria como profesionales?", sólo un 32% de las personas encuestadas en España respondió que "mucho" o "bastante", muy por debajo del 57,6% de la media de los 12 países. Sólo la sociedad sueca (48%) se aproxima a la española en tan bajo aprecio por sus profesores.

10 El primer sorprendido ante los resultados de la encuesta es el director del Instituto Nacional de Calidad y Evaluación (INCE). Alejandro Tiana reconoce su preocupación y perplejidad, "entre otras razones", dice, "porque no guarda relación con lo que dan a entender sondeos internos más recientes". Recuerda que en una encuesta realizada por el Centro de Investigaciones Sociológicas (CIS) en diciembre de 1994 y enero de 1995,

15 las personas invitadas a calificar en una escala del 1 al 10 su grado de "simpatía" hacia determinadas profesiones otorgaron un 7,1 a la del maestro, puntuación superior a la alcanzada por los médicos (6,9) y los periodistas (6,2).

Fernando Lezcano, secretario general de la federación de enseñanza de CC OO, también se extraña de tan negativo diagnóstico, aunque advierte que "no debe minimizarse" porque, según dice, "lo preocupante es que pueda ser la educación misma
20 la que suscite tan escaso aprecio social". Lezcano conecta esta preocupación con la que siente por "el futuro del sistema educativo, sometido a reformas importantes, mientras el Gobierno prepara unos presupuestos nuevamente restrictivos", por lo que teme que la educación "vuelva a salir malparada". "Si se acepta como natural algo así", añade, "será porque realmente la enseñanza importa bien poco".

25 El sociólogo Mariano Fernández Enguita, catedrático en la Universidad de Salamanca, cree que lo que refleja el último informe de la OCDE es "coherente" con lo que los propios profesores dicen siempre: que su labor no es apreciada socialmente. "Este discurso", según Enguita, "llega a la sociedad a través de los padres de alumnos y de éstos mismos, lo que contribuye a alimentar la idea". Otra socióloga, Julia Varela,
30 profesora en la Universidad Complutense, aparte de la mimética reproducción social del discurso autonegativo de los profesores, apunta, entre otras posibles causas, a lo que se ha dado en llamar la "psicologización" de la enseñanza, lo que, en su opinión, "tal vez esté contribuyendo a desplazar al profesor a un segundo plano".

Se refiere Varela a la importancia social que ha adquirido recientemente el papel de los
35 psicólogos, llamados constantemente a explicar en los medios de comunicación las causas de fenómenos de raíz educativa, como el fracaso escolar. El profesor no tiene ni mucho menos esa presencia pública, y si la tiene, aparece, aunque sólo sea tácitamente, como el gran *culpable*, según Julia Varela, quien subraya cómo el docente se ve obligado a seguir defendiendo la necesidad del trabajo, el esfuerzo diario y la disciplina (la
40 disciplina no autoritaria, se entiende) en unos tiempos en los que tales conceptos gozan de escaso predicamento social. El enseñante, de acuerdo con la hipótesis apuntada por Varela, estaría pasando, así, a ser el *malo* de la película educativa, mientras que el papel del *bueno* se lo reservarían algunas de las otras profesiones emergentes en la educación, como psicólogos y psicopedagogos.

45 Antonio Guerrero, profesor también de Sociología en la Complutense y autor de varios estudios sobre el *status* profesional, ha observado un fenómeno que le parece "sintomático" del descenso en el aprecio social hacia los docentes. "Es curioso", explica, "que médicos y profesores sean el principal, y casi obsesivo, referente comparativo para otros profesionales cuyo poder adquisitivo y signos externos de bienestar han crecido
50 espectacularmente en las dos últimas décadas en nuestro país".

Según Guerrero, trabajadores con una formación y cultura más bajas que médicos y profesores tienden a compararse precisamente con éstos cuando quieren subrayar el ascenso social que han conquistado.

Esteban S. Barcia, *El País*, 31-7-95

Notas

1.	**enseñanza secundaria** (4–5)	La enseñanza secundaria (o media) comprende los estudios entre los 12 y los 16 años.
2.	**un 32% de las personas... respondió** (5–6)	Es importante notar (i) el uso del artículo (**un** 32% o **el** 32%) y (ii) la forma singular del verbo con este tipo de sujeto gramatical.
3.	**la del maestro** (15) **la alcanzada** (15–16)	Cuando se suprime el sustantivo, se utiliza el artículo masculino o femenino apropiado: **la [profesión] de maestro**, **la [puntuación] alcanzada**.
4.	**CC OO** (17)	**CC OO = Comisiones Obreras**, sindicato español dominado por los comunistas.
5.	**lo que** (22, 32)	En los dos casos, **lo que** se utiliza porque no se refiere a ningún sustantivo masculino o femenino, sino al contenido de toda la cláusula antecedente; ver Butt & Benjamin, 35.6.
6.	**la Universidad Complutense** (30)	Una de las universidades de Madrid.
7.	**se ve obligado** (38)	**Verse** es uno de los verbos que se combinan frecuentemente con los participios pasados; ver Butt & Benjamin, 28.2.6.

Explotación del documento

1. Explica las siguientes expresiones mediante sinónimos, definiciones de diccionario, ejemplos, etc.: **la profesión docente** (1); **realizada** (2); **coherente** (26); **mimética** (30); **discurso autonegativo** (31); **desplazar** (33); **el fracaso escolar** (36); **predicamento** (41); **poder adquisitivo** (49); **subrayar** (52).

2. **Gramática**
   a. Explica por qué se utiliza **ante** (9), y no **delante** o **antes**.
   b. Explica el uso de las formas subjuntivas **vuelva** (23) y **esté** (33).
   c. ¿Cuáles son los referentes de **se** y **lo** en la expresión **se lo reservarían** (43)?

3.   **Comprensión**

   a.   ¿Cuántas palabras en el texto equivalen a **profesor**?

   b.   ¿Por qué se extraña Alejandro Tiana ante los resultados del sondeo?

   c.   Los profesores de segunda enseñanza, ¿cómo se ven a sí mismos?

   d.   ¿Qué entiendes por la expresión **psicologización de la enseñanza** (32)?

   e.   ¿Qué desventajas tienen los maestros en comparación con los psicólogos?

   f.   ¿De dónde provienen las metáforas del **bueno** y del **malo** (42–43)?

   g.   A tu juicio, ¿quiénes son los **otros profesionales** (49) a quienes se refiere Antonio Guerrero?

4.   **Traducción**

   Traduce al inglés las líneas 17–24 ('**Fernando Lezcano... bien poco**').

5.   **Resumen**

   Haz un resumen del texto *en inglés* (150 palabras).

6.   **Datos estadísticos**

   Ejemplo: Un 74% de los austríacos declaró que se respeta a los profesores.

   Cambiando cada vez el verbo introductorio (**declaró**), expresa en palabras los datos estadísticos de la siguiente tabla:

Respeto por los profesores	
Austria	74%
EE UU	68%
Bélgica	64%
Holanda	61%
Dinamarca	59%
Portugal	59%
Finlandia	58%
Reino Unido	56%
Francia	55%
Suecia	48%
España	32%

7.   **Tus opiniones**

   a.   ¿Cuáles son las profesiones que tú respetas más? ¿Y menos? Explica tus criterios.

   b.   ¿Te parece que hay muchas diferencias en las actitudes hacia los profesores en España y Gran Bretaña?

   c.   ¿A ti te gustaría ejercer la docencia como profesión? Explica tus razones.

3. **Cuestión de idiomas**

Alguna vez dije —lo recuerdo porque un muy estimado amigo me paró por la calle a solidarizarse con mi autorreproche— que si tuviera la oportunidad de vivir de nuevo corrigiendo algo de mi experiencia hasta el momento, haría tres cosas que no hice con la intensidad que hoy entiendo como necesaria: leer, practicar algún deporte como el tenis, por ejemplo, y en que en mi adolescencia me revolvía bastante bien, y aprender el idioma inglés hasta dominarlo, si no como el propio, al mayor grado de perfeccionamiento posible.

En mis épocas de estudiante a los idiomas se le daba una muy relativa, y diría que escasa importancia en los programas oficiales de enseñanza. El inglés aparecía con una marcada exigencia de liviandad, recién en tercer año de liceo, seguía a media máquina en cuarto, y levantaba en algo el rigor de la exigencia en el primer año de preparatorios. El francés, en cambio, se enseñaba en los cuatro años de liceo —la diferencia se explicaba por una razón de tradición cultural— y el italiano, también en primer año de preparatorios de Derecho. En realidad, quienes no acudían a un aporte complementario en institutos de enseñanza privados o quienes no se educaban en algunos colegios, también privados, donde se cultivaba el idioma de origen de colectividades extranjeras, terminaban sabiendo poco o nada, sea del inglés, del francés, del italiano, o del alemán. Me voy a referir en concreto al inglés, porque es el idioma de mayor expansión universal.

Actualmente la carencia se siente en todos los órdenes. El que viaja podrá apreciar que en la mayoría de los países la atención al extranjero se expresa en general en inglés. En el año 1981, cuando tuve el privilegio de ir con Nacional a Japón a ganar la primera copa Intercontinental que se jugó en Asia, por lo menos en los hoteles, con mi inglés de calle levantada creo que me entendían, aunque me costaba un disparate entender el de los japoneses que a nivel popular, los pocos que lo hablan lo hacen como si estuvieran haciendo buches con agua de arroz o como si tuvieran una papa en la boca, pero tienen el mérito de hacer el esfuerzo. El día que tuve que salir a los alrededores de Tokio a buscar un televisor que se adaptara a un video que el director técnico se empecinó en que vieran los jugadores para explicarles dónde estaban las debilidades del rival, si no me hago acompañar por una intérprete todavía estaría buscando el camino para volver, porque si es por el taximetrista, me daba por desaparecido.

Pero el problema del idioma se le puede plantear también al viajero en países europeos, donde el inglés está más expandido. Así, en otra oportunidad en Alemania, al ir a sacar billetes en la estación de tren de Frankfort, un fornido teutón me quiso preguntar o explicar algo en su idioma, y cuando con cara de víctima atiné a decirle "not deutch", me espetó, y todavía retumba su voz en mis oídos: "not deutch, but you are in Deutschland", lo que me sonó a ladrido, pero me lo tuve que aguantar porque el tipo al fin y al cabo tenía razón, y aunque así no fuera, la cosa no era por discutirle.

El problema es mucho más grave cuando a otros niveles, especialmente el profesional, se sufre la incomunicación como una tara en un mundo cada vez más integrado e
40 intercomunicado. En este aspecto soy consciente, como deben serlo tantos de mi generación, que estoy dando ventajas demasiado sensibles a la competencia, porque el auxilio —siempre invalorable— del traductor, resiente como es natural la dinámica del diálogo que como todo en la vida moderna es cada vez más intensa, y encarece el servicio a prestar. Y es más grave todavía en el plano más elevado de la cultura, porque
45 impide disfrutar desde un espectáculo artístico —asistir a una obra de teatro en Londres o en Nueva York, por ejemplo, es un drama y un desperdicio porque el que no entiende es como el que no ve— hasta un libro de actualidad e interés todavía no traducido al castellano, que los hay a granel.

Por eso, estimados lectores, tengan en cuenta que uno de los atributos más valiosos del
50 hombre contemporáneo es el poder dominar idiomas —y pongo énfasis como el CODICEN en el inglés porque es el que está más impuesto— y que las autoridades de la enseñanza están en la mejor de las sendas al impulsar su aprendizaje, en el área instrumental, a un mismo grado que las matemáticas, el idioma español y la informática, en la niñez, que es cuando se asimila con mayor facilidad. Es una herramienta
55 fundamental para no sentirse lisiado, no sólo en el presente, sino más todavía en el futuro que se avecina. No hay que descuidar en lo más mínimo este detalle, porque es desesperante tanto el no entender como el saberse no entendido. La cosa no está para expresarse con señas.

Rodolfo Sienra Roosen, *El País* (Montevideo), 8-9-96

Notas

1.	**me revolvía** (5)	= 'me desenvolvía'.
2.	**se le daba** (8)	El pronombre singular **le** (en vez de **les**) repite el complemento indirecto plural **idiomas**. Butt & Benjamin dan varios ejemplos de este uso, que no recomiendan para el estilo formal.
3.	**recién** (10)	Uso latinoamericano; = 'sólo'. Otros americanismos son: **liceo** (10) = 'instituto'; **aporte** (14) = 'aportación'; **papa** (25) = 'patata'; **taximetrista** (30) = 'taxista'; **invalorable** (42) ='inestimable'.
4.	**preparatorios** (11)	Curso preuniversitario uruguayo, de dos años de duración.
5.	**Nacional** (21)	Club de fútbol uruguayo, de Montevideo.
6.	**mi inglés de calle levantada** (22–23)	= 'mi inglés defectuoso'. El sentido literal de **levantada** es 'en obras, en desorden'.

7. **si no me hago acompañar** (28–29)   Para hacer más viva la narración, es posible utilizar el presente del indicativo (**me hago**) en vez del pluscuamperfecto del subjuntivo (**me hubiera hecho**).

8. **deben serlo** (40)   El pronombre **lo** se utiliza cuando se sobreentiende el complemento del verbo **ser** o **estar**; ver Butt & Benjamin, 7.4.

9. **resiente** (42)   = 'dificulta, hace difícil'.

10. **los hay** (48)   Cuando se sobreentiende el complemento de **hay**, **había**, etc., es obligatorio indicarlo mediante un pronombre; pero en este caso hay concordancia de género y número (**lo**, **la**, **los**, **las**). Ver Butt & Benjamin, 30.2.2.

11. **el CODICEN** (50–51)   Consejo nacional de educación; la propuesta de reformas que propone para el sistema educativo uruguayo constituye el contexto de este artículo periodístico.

Explotación del texto

1. Explica las siguientes expresiones mediante sinónimos, definiciones de diccionario, ejemplos, etc.: **autorreproche** (2); **a media máquina** (10); **colectividades** (16); **en todos los órdenes** (19); **me costaba un disparate** (23); **fornido** (33); **me espetó** (34–35); **tara** (39); **encarece** (43); **desperdicio** (46); **a granel** (48); **impulsar** (52); **se avecina** (56).

2. **Auto-**

    El prefijo **auto-** (ver **autorreproche** [2]) tiene dos posibilidades expresivas: en la mayoría de los casos significa 'de sí mismo/-a, de mí mismo/-a, de ti mismo/-a', etc.), y en otros casos significa 'relacionado con los automóviles'. Explica el significado de las siguientes palabras:

la autoestima	la autoescuela
el/la autodidacta	el autolavado
autofinanciarse	la autopista
la autosuficiencia	el autogol
la autoalarma	el autoengaño
el autoempleo	

3. **Los adverbios**

En muchos casos hay equivalencia entre los adverbios que terminan en -**mente** y una frase adverbial **con** + sustantivo; por ejemplo, **con mayor facilidad** (54) = **más fácilmente**. En la siguiente lista, llena los espacios mediante el adverbio en -**mente** o la frase preposicional apropiada:

-MENTE	FRASE PREPOSICIONAL
regularmente	_____
	con rapidez
generosamente	_____
francamente	_____
_____	con dificultad
_____	con corrección
muy claramente	_____
muy orgullosamente	_____
_____	con mucho cuidado
más frecuentemente	_____

4. **Comprensión**

    a. Explica en tus propias palabras lo que le dijo al periodista su **muy estimado amigo** (1).
    b. ¿Durante cuántos años se estudiaba el inglés en los liceos? ¿Y el francés? Explica por qué existía tal diferencia.
    c. En realidad, ¿cómo aprendían inglés los alumnos de los liceos?
    d. ¿Qué nivel de inglés tienen los japoneses?
    e. ¿Cuál es la actitud del autor ante el alemán con quien habló en la estación?
    f. Explica brevemente las desventajas de no dominar las lenguas extranjeras, indicadas por el autor en el penúltimo párrafo (38–48).
    g. ¿El autor está de acuerdo con la reforma educativa propuesta por el CODICEN?
    h. Explica en tus propias palabras lo que entiendes por la expresión **en el área instrumental** (52–53).

5. **Resumen**

Haz un resumen del texto en español (200 palabras).

6. **Traducción**

Traduce al inglés las líneas 19–30 (**Actualmente... por desaparecido**).

Explica la decisión que hay que tomar al traducir **una intérprete** (29).

7. **Escritura guiada**

    Acabas de recibir una carta de un amigo de habla española, preguntándote si la enseñanza del español tiene mucha importancia dentro del sistema educativo británico. Escribe una carta (300 palabras), explicando la situación y expresando tus opiniones sobre la misma.

8. **Tus opiniones**

    Escribe una redacción (máximo de 300 palabras) sobre uno de los siguientes temas:

    a. 'Uno de los atributos más valiosos del hombre contemporáneo es el poder dominar idiomas.'
    b. La enseñanza de las lenguas extranjeras debería incluirse en el plan de estudios de las escuelas primarias.
    c. La lengua es fundamentalmente un instrumento, una herramienta.

    (Estos temas también pueden servir de temas de debate oral.)

Sección B: Ejercicios de gramática

1. **Las oraciones condicionales** (ver Butt & Benjamin, cap. 25)

    Estudia las oraciones condicionales en los textos: 1.23; 2.24–25; 2.37; y 3.2–3. Ahora traduce al español las frases siguientes:

    a. If you work hard, you will pass the exams.
    b. If you worked hard, you would pass the exams.
    c. If she does not get to the lecture theatre early, it is full.
    d. If she had not got to the lecture theatre early, it would have been full.
    e. If something like this were accepted as normal, it would be because education is not important.
    f. If he could live his life again, he would do things very differently.
    g. If I had studied English more, I would now have a better command of the language.
    h. If you study English while you are young, you will speak it well as an adult.
    i. If you study a language, study it when you are young.
    j. If the taxi-driver had not helped me, I would have been lost.

2. **'A' personal** (ver Butt & Benjamin, cap. 22)

    Traduce al español las frases siguientes:

    a. I met his friends for the first time yesterday.
    b. I saw a group of his friends yesterday.

    c.   I am looking for friends who will give me support.

    d.   They took their friends to the zoo to see the panda.

    e.   She killed the wasp which had stung her.

    f.   'Did you see anyone?' 'I thought I saw someone outside.'

    g.   I don't know anybody as intelligent as you.

    h.   They want a new cleaner.

    i.   They treated their cleaner very badly.

    j.   He's got his wife as secretary.

    k.   The Nobel Prize was created to reward great writers.

    l.   They selected Neruda for the quality of his poetry.

3. **El artículo**

Completa las siguientes expresiones mediante la forma apropiada del artículo (**el/la/los/las/lo**):

    a.   ¿Qué tipo de música prefieres? ¿La música popular o _la_ clásica?

    b.   _Lo_ importante es decir la verdad.

    c.   Yo compré un coche barato; _____ de mi hermano resultó mucho más caro.

    d.   Los periódicos españoles son muy buenos; para mí _____ británicos son demasiado sensacionalistas.

    e.   Me gusta la tele inglesa; _la_ española no me gusta nada.

    f.   _lo_ bueno de él es que siempre dice la verdad.

    g.   Otorgaron una puntuación superior a la profesión del maestro que a _la_ de los médicos.

    h.   Está impresionada por _lo_ buena que está la comida española.

    i.   _La_ bueno del programa es el contacto entre estudiantes y profesores.

    j.   La economía española es más fuerte que _la_ mexicana.

    k.   Muchos expertos afirman que el vino francés es mejor que _el_ español.

    l.   Las clases de mi hermana empiezan a las 9.30, _las_ mías a las 15.30.

    m.   Me parece que _lo_ más difícil es buscar un puesto de trabajo.

    n.   Hay que tener en cuenta que hay muchos grupos cuya cultura es más baja que _la_ de los profesores.

Sección C: Traducción al español

María is a third-year Business Studies student, and this year she has found it difficult to study as effectively as she would have liked. 'The content of the course is good', she explains, 'but the practical problems have made it difficult to work. We had to queue for several hours at the beginning of the year in order to register, and then we found in the first lectures that we did not all fit into the lecture theatre. As a result, we now have most of our classes in a different building, about 20 minutes away from our depart-ment, and there are so many students that all we can do is listen to what is being said and take notes as best we can. But the problem is not an easy one to solve; in practice, the only solution would be to reduce the number of students or employ more staff. But many people of my parents' generation will not pay higher taxes to improve funding for education, and it would not be fair to reduce class sizes by restricting young people's access to higher education.'

Sección D: Documento sonoro

'Cómo ser profesora en España... y no morir en el intento'

1. Marta es profesora de inglés y tiene 28 años. ¿Verdadero o falso?

2. ¿Dónde vive exactamente? ¿Cómo es esta ciudad y dónde está?

3. ¿Dónde trabaja, cuántos años lleva trabajando? ¿A qué edad empezó a trabajar? ¿Es esto común en España?

4. ¿Qué carrera estudió? Da *todos* los detalles que puedas. Antes de la carrera, ¿qué estudió?

5. ¿Cuándo empezó a trabajar y dónde? Da detalles.

6. Describe los tipos de colegios en España, incluye *toda* la información que obtengas.

7. ¿Por qué está trabajando Marta como profesora? ¿Le gusta? ¿Por qué? Da *todos* los detalles que puedas.

8. ¿Qué cualidades hacen falta para ser profesor? ¿Qué dice Marta de las vacaciones?

9. ¿Cuántos alumnos tiene Marta en clase? Y según la nueva ley de educación, ¿cuántos alumnos debería haber? Antes el ciclo de primaria se llamaba:

    (a) EGB   (b) ETB   (c) EGD.

10. ¿Qué edades tienen sus alumnos, y qué curso hacen?

11. ¿Cómo controla Marta a sus estudiantes? ¿Qué significa **tener mano izquierda**?

12. Marta cree que hay que 'imponerse' en la clase. ¿Verdadero o falso? ¿Por qué?

13. ¿Cómo se puede motivar a los alumnos? ¿Qué problemas hay? ¿Qué significa que hay muchos alumnos en la clase, 'cada uno de su padre y de su madre'?

14. ¿Qué dice Marta de los actuales libros de texto? Incluye *toda* la información que puedas.

Sección E: Temas orales

Un estudiante de COU pasa 24 horas en el calabozo al ser denunciado por amenazas a sus profesores

Antonio Ruiz, de 17 años, alumno de **COU** del instituto Padre Feijoo de Madrid, pasó casi 24 horas detenido en el **calabozo** de una comisaría, después de que la dirección del centro le denunciase por amenazar a su profesores. El joven había sido expulsado del colegio pero pretendía seguir asistiendo a las clases. Tras declarar ante el juez, quedó en libertad.

El muchacho fue detenido por la policía el pasado martes en el Instituto cuando se disponía a salir al recreo. Según fuentes policiales, la dirección del centro había presentado una denuncia que le acusaba de **amenazar de muerte** a tres de sus profesores.

Según la directora del centro, María del Carmen Iglesias, desde el comienzo del curso el muchacho siguió mostrando un temperamento agresivo y **tuvo encontronazos** con varios profesores."De común acuerdo con sus padres decidimos **darle de baja** para evitar la apertura de un expediente", afirmó la directora.

Sin embargo, Antonio se negó a **acatar** la decisión y trató de seguir asistiendo a clase. Después llegó la **denuncia.** La detención del muchacho provocó el miércoles la suspensión de las clases en el instituto. Los alumnos se solidarizaron con la protesta del padre, que considera desmesurada la actuación policial. La familia de Antonio Ruiz sostiene que había reclamado a la dirección del instituto que convocase al consejo escolar para decidir sobre la posible expulsión.

1. Después de leer este breve artículo, trata de explicar qué significan las palabras o expresiones en negrilla.

2. **Comprensión**:
    a. ¿De qué trata este artículo?
    b. ¿Cuánto tiempo ha pasado en la cárcel Antonio? ¿Por qué? ¿Qué día y dónde fue detenido?

3. ¿Sabes lo que es un **Consejo Escolar**? ¿Quiénes lo forman?

4. Ahora en la clase se va a convocar un Consejo Escolar. Cada uno de vosotros tendrá asignado un papel. Entre todos intentaremos llegar a alguna solución.

Grupo A: Los padres de Antonio, Antonio y sus compañeros creen que el Instituto debe admitir de nuevo a Antonio.

Grupo B: Los profesores y la dirección del centro quieren que Antonio no sea readmitido.

El Consejo Escolar tiene que votar para decidir si Antonio continúa o no como alumno del Instituto. Cada miembro del Consejo tiene un voto. Antes de la votación los dos grupos deberán reunirse para buscar razones y justificar su postura en el Consejo. A continuación y por orden, todos los miembros del Consejo explican brevemente su situación y por qué creen que Antonio debe seguir o no en el Instituto. Finalmente, se llega a un acuerdo y se vota.

Los papeles son los siguientes, a variar según el número de estudiantes por clase; puede haber más alumnos y más profesores:

Eres Antonio

- Quieres volver al Instituto para completar tu educación. Cuando amenazaste a los profesores estabas muy nervioso y no lo hiciste en serio. Reconoces que tienes una personalidad difícil e incluso violenta, pero tienes muchos problemas. Crees que los profesores no ayudan a los alumnos lo suficiente.

Eres la madre de Antonio

- Crees que es muy injusto que tu hijo haya sido expulsado del Instituto, y sobre todo que la dirección del centro llamase a la policía. Si los profesores no saben cómo tratar a chicos conflictivos, no deberían estar dando clase.

- Antonio tiene muchos problemas, es una persona muy insegura, nerviosa e hiperactiva. Necesita ayuda psicológica.

Eres un compañero de Antonio

- Te parece fatal que Antonio haya sido expulsado y que haya pasado 24 horas en la cárcel. Además sabes que Antonio tiene muchos problemas y que si no sigue en el Instituto abandonará los estudios.

- Estabas en clase cuando Antonio amenazó al profesor. Crees que el profesor había puesto muy nervioso a Antonio haciéndole preguntas personales y poniéndolo en ridículo delante de toda la clase.

Eres el padre de Antonio

- Por supuesto tu también quieres que tu hijo vuelva al Instituto, porque necesita a sus compañeros y su apoyo. Temes que si Antonio es expulsado definitivamente, esto repercuta de forma muy negativa en su futuro. Crees que tu hijo desea cambiar, pero para ello es necesaria ayuda profesional.

Eres el delegado de los alumnos en el Consejo Escolar

- Como representante de todos los alumnos estás aquí para defender los derechos de tus compañeros, en este caso de Antonio. Crees que a veces los profesores no se esfuerzan por ayudar a los alumnos con problemas y que siguen teniendo 'la sartén por el mango'.

Eres profesor/a

- Antonio te amenazó de muerte en clase. Por supuesto crees que el chico debe ser expulsado. Llevas 10 años dando clase y nunca habías tenido problemas tan serios con ningún alumno.
- No era la primera vez que Antonio causaba problemas en clase. Es un alumno muy conflictivo y peligroso.
- Después de las amenazas has tenido que recibir ayuda psicológica.

Eres María del Carmen Iglesias, Directora del Instituto

- Crees que Antonio debe ser expulsado definitivamente del Instituto. Es un chico muy violento, un mal ejemplo para el resto de sus compañeros y una amenaza para la sociedad.
- Necesita un tipo de ayuda especial que el Instituto no puede prestarle.

Eres profesor/a

- Te solidarizas con tus compañeros amenazados y por lo tanto crees que Antonio no debe regresar al Instituto.
- Crees que necesita otro tipo de ayuda especial, algo que el Instituto no puede ni tiene por qué proporcionarle.

En un Consejo Escolar todo el mundo tiene derecho a exponer y explicar sus ideas, pero por supuesto es necesario justificar los motivos de las mismas. Cada uno tendrá que intentar convencer a los demás de su postura.

A continuación tenéis una lista de **expresiones** que pueden ser útiles en un **debate**:
- (Personalmente) Creo que, pienso que + *indicativo*
- No creo que, no pienso que + *subjuntivo*
- Me parece absurdo/ilógico que + *subjuntivo*
- No estoy de acuerdo (en absoluto) con usted, con la idea...
- Yo no lo veo así
- (Por supuesto) Estoy (totalmente) de acuerdo con usted, con la idea...
- Estoy (totalmente) en contra de + sustantivo /de que + *subjuntivo*

- No cabe duda de que + *indicativo*

- Perdone que le interrumpa, pero...

- No hay derecho a que + *subjuntivo*; ¡No hay derecho!

- No puede ser. No puede ser que + *subjuntivo*

- Ya está bien

- Hace falta/es necesario/hay que encontrar alguna solución

- Se me/nos ocurre que...

En las páginas 169–70 encontrarás más expresiones útiles de este tipo.

CAPÍTULO 4

LOS JÓVENES

Sección A: Textos escritos

1a. Los jóvenes y las drogas

Dos drogas legales, alcohol y tabaco, son las más consumidas por los adolescentes españoles, según una encuesta del Plan Nacional sobre Drogas (PNSD) realizada a finales de 1994 entre 21.094 escolares de 395 centros públicos y privados de enseñanza secundaria, bachillerato y formación profesional (FP) de todas las comunidades
5   autónomas.

Los chicos beben más: un 14,2%, más de dos días a la semana, mientras que las chicas son un 6,2%. El consumo se produce mayoritariamente el fin de semana (un 95,4%). Toman sobre todo cerveza, y sólo esporádicamente vino. Un 38,6% de los estudiantes de 14 y 15 años bebe en discotecas, y un 56% en bares, lo cual demuestra que los bares
10   se saltan impunemente la prohibición de vender alcohol a menores. «No es algo que esté teóricamente prohibido», dijo Carlos López Riaño, delegado del Gobierno para el PSND, al presentar la encuesta. «Es que está claramente prohibido. Los hosteleros tienen que sentarse a pensar soluciones con la Administración y con las organizaciones ciudadanas. No puede ser que haya diversos grados de rigor en los municipios. Y la
15   familia es cada vez más importante».

Al anunciar el carácter anual que a partir de ahora tendrá la encuesta, López Riaño consideró que, «por fortuna, nuestro sistema educativo está al margen del mercado de las drogas», y añadió que «otra cosa es lo que pase a la puerta del centro escolar».

Con la edad aumenta el consumo de cualquier droga. En cuanto al alcohol, por ejemplo,
20   la proporción de bebedores semanales aumenta de un 17,3% a los 14 años hasta un 54,4% a los 18. Un 43,5% de los encuestados se ha emborrachado alguna vez, y un 24% lo ha hecho el último mes.

El tabaco también es habitual entre ellos. La mayor parte de los escolares fumadores diarios consume de 6 a 10 cigarrillos, o sea, una media de 9,2. También la edad resulta

25 clave: a los 14 años los fumadores diarios son un 8,1%, pero a los 18 llegan al 36,2%: pasan de 7 a 11,4 cigarrillos al día. Las chicas fumadoras son más: diariamente el 24,1%, y un 17,1% de chicos. Un 32,9% de chicas dice haber fumado durante el último mes, frente a 23,4% de chicos. Sin embargo, de quienes consumen más de medio paquete al día, un 35,4% son chicos y un 20,3% chicas. La edad media de inicio al consumo es de

30 13 a 14 años. «Un dato positivo», apunta López Riaño, «es que un 41,4% de los fumadores adolescentes confiesa haber intentado dejarlo alguna vez: es decir, son conscientes de que les perjudica».

La droga más extendida, aparte del alcohol y del tabaco, es el hachís: un 12,2% de los escolares dice haberlo consumido alguna vez en el último mes, y un 20,8% alguna vez

35 en la vida. Entre los consumidores mensuales, un 14,7% son chicos y un 9,8% chicas. Pero, respecto a tranquilizantes, las chicas las toman en un 3,3% y los chicos en un 1,8%. Las drogas de laboratorio –*éxtasis*, principalmente– no sobrepasan el 2% en el último mes.

Las diferencias de consumo entre escolares de centros públicos y privados no son

40 significativas, aunque parece más alto en los privados. Los alumnos de FP son más proclives al consumo de cualquier droga que los de bachillerato o secundaria. En cuanto a la conciencia de información sobre drogas, un 66,4% se siente «satisfactoriamente informado»: un 68,2% por medios de comunicación, un 49% por padres o hermanos, un 44,1% por amigos y un 34% por profesores. Sin embargo, perciben

45 mayoritariamente el riesgo ligado al *cuántas veces* más que al tipo de droga: por ejemplo, un 90% cree que consumir «habitualmente» heroína o cocaína puede causar «bastantes o muchos problemas»; pero consumirlas «alguna vez» sólo los acarrearía para un 70%. El tabaco o el alcohol no son vistos como peligrosos si se toman alguna vez.

Miguel Bayón, *El País*, 22-6-95

Notas

1. **quienes** (28) Aquí, **quienes** tiene el valor de **los que**; ver Butt & Benjamin, 36.1.6.

2. **confiesa haber intentado** (31) **dice haberlo consumido** (34) El español prefiere el uso de verbo + infinitivo en muchos casos donde en inglés se prefiere un verbo conjugado: 'confess that they have tried', 'say that they have taken'.

Explotación del texto

1. Explica las siguientes expresiones mediante sinónimos, definiciones de diccionario, ejemplos, etc.: **impunemente** (10); **menores** (10); **hosteleros** (12); **municipios** (14); **clave** (25); **perjudica** (32); **son más proclives al consumo** (40–41); **medios de comunicación** (43); **acarrearía** (47).

2. **Gramática**

   a. Explica por qué se utiliza **está** (y no **es**) en la línea 12 (**está prohibido**).

   b. Explica el uso del subjuntivo (**pase**) en la línea 18.

3. **Datos básicos**

   Explica los siguientes términos, dentro del contexto español: **enseñanza secundaria** (3–4); **bachillerato** (4); **formación profesional** (4); **comunidades autónomas** (4–5).

4. **Comprensión**

   a. Según las explicaciones del Sr. López Riaño, ¿cuál es la situación de los centros escolares con respecto a las drogas?

   b. Según el artículo, ¿cuáles son las tres drogas más populares entre los jóvenes españoles?

5. **Resumen**

   Haz un resumen del texto *en inglés* (150 palabras).

6. **Encuesta**

   a. El artículo presenta los resultados de una encuesta. Utilizando los datos dados en el texto, prepara un cuestionario que sirva como base para la realización de dicha encuesta.

   b. Presenta los datos del texto en forma de tablas.

1b. La despenalización de las drogas

Razones para el sí

Los que propugnan la despenalización del hachís, y en general de las drogas, consideran que la política represiva es un fracaso. He aquí algunos de sus razonamientos:

- Las drogas duras deben controlarse como los medicamentos y las blandas como el tabaco y el alcohol.

- La ilegalidad sólo beneficia a las mafias que acumulan ingentes beneficios económicos.

- Considerar aceptable o no el consumo de una sustancia es sólo una cuestión cultural.

- Si la legalidad del tabaco y el alcohol es compatible con la prevención, lo mismo debe hacerse con otras drogas.

- La legalidad permitiría evitar la adulteración, responsable de gran parte de los daños.

- Una gran parte de lo que se gasta ahora en represión podría utilizarse en prevención.

- El hachís conduce a otras drogas por la marginalidad en que se mueve. El verdadero primer paso hacia las toxicomanías es el alcohol.

- Es la única manera de acabar con la delincuencia. El tráfico de hachís financia el de la cocaína.

Razones para el no

Los que están en contra de la legalización de las drogas blandas temen, sobre todo, que un «experimento» de este tipo lleve a un total descontrol de la situación. Estos son sus principales argumentos:

- La sociedad española no tiene la educación sanitaria suficiente para evitar que aumente descontroladamente el número de adictos.

- Cuanto más fácil es obtener una sustancia, más se consume y mayores son los riesgos de abusar de ella.

- El hachís es la puerta de entrada al consumo de otras drogas más peligrosas: quien se droga con algo casi siempre quiere ir a más.

- No está claro que las mafias del narcotráfico se dejaran arrebatar el mercado: probablemente se organizarían de otra manera.

- La legalización no acabaría con el verdadero problema de la drogadicción: ofrecer medios para evitar que la gente se drogue y alternativas para la reinserción de los toxicómanos.

- Si se trata de la libertad individual, no es justo acudir después al dinero público para des-intoxicarse.

El País, 3-11-94

Tus opiniones

1. Basándote en parte en los datos de los dos textos (*Los jóvenes y las drogas*; *La despenalización de las drogas*), escribe una redacción (350 palabras) sobre el tema de la despenalización de las drogas.

2. Haz una evaluación crítica de los argumentos presentados en **una** de las columnas (**Razones para el sí**; **Razones para el no**), explicando tus propios criterios.

3. (Tema oral) Debate sobre la despenalización de las drogas.

2. Cada vez hay más niños y adolescentes 'enganchados' a videojuegos y tragaperras

Está prohibido que los niños jueguen a las tragaperras en los bares y locales recreativos, pero es una escena habitual. Cada vez son más los menores que, tras engancharse en casa a los videojuegos, se dedican obsesivamente a las tragaperras. Las familias entran en un calvario, porque no son infrecuentes los casos de niños que roban en casa para
5   seguir jugando. Las 33 asociaciones españolas de rehabilitación de jugadores de azar —que ayer celebraron su asamblea en Madrid— ya cuentan en sus terapias con numerosos afectados que no han cumplido los 14 años.

Pablo (nombre ficticio, como los otros de adictos en este reportaje) empezó a los 11 años —ahora tiene 13— tecleando videoconsolas en casa de amigos. Pronto empezaron a
10 meterse en bares y recreativos de su ciudad, La Coruña. Pablo fue el que se lo tomó más a pecho, y no era raro verle sentado en la acera esperando ansiosamente a que abrieran. "Por suerte él mismo se dio cuenta de que había perdido el norte", dice su madre. "No dormía, le dolía la cabeza, había perdido comba en los estudios..." Los padres le llevaron a una asociación de ayuda.

15 Crece el número de menores adictos a las tragaperras, un sector que se lleva la palma en los juegos de azar en España. "Es un problema gravísimo", dice Ricardo Patricio Giménez, presidente de la Federación Española de Jugadores de Azar Rehabilitados (FEJAR). "El aumento entre los jóvenes ha sido en pocos años de prácticamente un 90%". "En Andalucía, el 33,7% de los ludópatas", dice Juan Luis Suárez, presidente de
20 la federación andaluza (FAJER), "tiene entre 18 y 30 años. El perfil del ludópata ya no es el de una persona de edad media y en paro. Cada vez hay más universitarios".

"El problema de los menores ludópatas es más grave que el de los adultos", dice Rosa Montesinos, psicóloga de la asociación alicantina Vida Libre. "Hay pocos estudios aún, pero todo parece indicar que, si hay un 2% de ludópatas en la población española, en
25 los niños está entre el 3% y el 4%. Pero a terapia sólo acude, de cada 10 pacientes, un niño o adolescente". En la asociación cordobesa Acoger tratan a "unos 50 ó 60 menores al año", dice el doctor Román Fernández Alipuz. "Hay incluso alguno de nueve años. Desde 1990 hemos visto un gran incremento, por el auge de las tragaperras, que es inconcebible que se permita instalarlas junto a colegios."

30 La imitación de la conducta jugadora de los padres es un factor frecuente. Para Acoger, los niños ludópatas con antecedentes familiares son un 20%, y un 15% tiene alcohólicos en la familia. Para Vida Libre, "estamos asistiendo ya a la ludopatía de los hijos de una generación de padres que son jugadores, aunque no necesariamente ludópatas".

Las historias de adolescentes ludópatas son ya habituales. El hoy veinteañero Pepe Luis,
35 por ejemplo, empezó a los 17 en Sevilla. En una conducta prototípica, se calló el problema. Al principio iba estudiando, pero la adicción le fue comiendo el terreno. Para

sacar dinero, organizó hasta torneos de fútbol-sala. "Disimulaba muy bien", dice su
padre, "sólo le notábamos un carácter de pronto agrio, como preocupadillo. Ni su
madre ni yo podíamos sospechar, porque no jugamos a nada". De pronto Pepe Luis no
40   apareció por casa. "No se llevó dinero", recuerda su padre, "aunque sé que hay muchos
que lo hacen. A la semana volvió y nos lo contó todo. Se había metido en deudas por la
ludopatía, y huyó". Pepe Luis decidió volver cuando, en un bar, vio en la tele un
programa sobre asociaciones de autoayuda. Hoy tiene novia y su padre cuenta con
ponerle a trabajar con él. "Tiene que seguir en terapia de mantenimiento, porque no se
45   puede bajar la guardia e incluso aprende a ayudar a otros".

"Yo hablo con conocimiento de causa, porque fui adicto: aparte de la ruina económica, lo
peor para el ludópata es que está hecho polvo y se lo guarda", dice el propio presidente
de FEJAR. "En mi tierra, Algeciras, fui alguien importante, incluso candidato dos veces a
alcalde. Pero caí en el pozo y me pasé cinco años primero con el bingo, luego jugando
50   con todo. Gastaba dinero ajeno, llegué a no poder mirar a la gente, huí, volví, no era
capaz de hablarlo. Es una espiral. El problema es tremendo porque al que consume
droga se le nota, hasta al que fuma tabaco a escondidas se le nota. El juego, no. Mi mujer
creía que había otra. Pero logré salir con la ayuda de gente que le pasaba lo que a mí".

Miguel Bayón, El País, 28-7-96

Notas

1.	**niño o adolescente** (26) **50 ó 60** (26)	Según las recomendaciones de la Academia, se escribe **ó** (y no **o**) entre dos números, para que se distingan la letra **o** y el cero. Muchos escritores no siguen esta recomendación; ver Butt & Benjamin, 39.2.6.
2.	**por el auge** (28)	Este es un buen ejemplo del uso de **por** con el sentido de 'a causa de', 'como consecuencia de'; hay otro ejemplo en la línea 41 (**por la ludopatía**).
3.	**fue comiendo** (36)	El uso de **ir** + gerundio es cada vez más frecuente. En el pretérito indefinido, se refiere a una acción o proceso completado, pero gradual; ver Butt & Benjamin, 20.8.2.
4.	**fútbol-sala** (37)	Son cada vez más frecuentes los sustantivos creados por la unión de dos (y en algunos casos como **coche radio-patrulla**, de tres) sustantivos; pero el proceso es mucho menos frecuente que en inglés o alemán, por ejemplo.
5.	**e** (45)	Observa el uso de **e** en vez de **y**, porque la palabra que sigue (**incluso**) empieza con la vocal **i**.
6.	**gente que le pasaba lo que a mí** (53)	En un estilo más formal, sería preferible decir **gente a quien le pasaba lo que a mí**.

Explotación del texto

1. Explica las siguientes expresiones mediante sinónimos, definiciones de diccionario, ejemplos, etc.: **locales recreativos** (1); **el que se lo tomó más a pecho** (10–11); **había perdido comba en los estudios** (13); **se lleva la palma** (15); **ludópatas** (19); **perfil** (20); **universitarios** (21); **alicantina** (23); **cordobesa** (26); **auge** (28); **está hecho polvo** (47); **se lo guarda** (47); **ajeno** (50); **a escondidas** (52).

2. **Metáforas**

   En el texto hay varias metáforas; en los siguientes casos, explica el sentido metafórico y el sentido literal en el que se basa la metáfora: **engancharse** (2); **entran en un calvario** (3–4); **había perdido el norte** (12); **caí en el pozo** (49).

3. **Comprensión**

   a. ¿Qué efecto tiene la prohibición a que los niños jueguen a las tragaperras en los bares?

   b. ¿Cómo sabían los padres de Pablo que su hijo tenía problemas?

   c. ¿Cómo ha cambiado en años recientes el perfil de los ludópatas?

   d. ¿Los ludópatas jóvenes buscan ayuda?

   e. ¿Qué es lo que censura el doctor Román Fernández Alipuz?

   f. ¿Es importante la conducta anterior de los padres de los ludópatas?

   g. ¿Los ludópatas normalmente explican sus problemas a otras personas?

   h. Según Ricardo Patricio Giménez, ¿qué diferencia hay entre las reacciones de los demás ante los consumidores de drogas y fumadores por un lado, y los jugadores por otro?

   i. ¿Qué conclusión falsa sacó la esposa de Ricardo Patricio Giménez cuando éste era adicto a los juegos de azar?

4. **Formación de palabras**

   El sustantivo compuesto **tragaperras** ha sido creado mediante la combinación de del verbo **traga** (tercera persona singular) y el sustantivo **perras** (= 'monedas de poco valor'). Esta estructura se ha utilizado para crear un número importante de neologismos, sobre todo para referirse a implementos, y en algunos casos a personas que ejercen una profesión.

   a. Busca las palabras compuestas que corresponden a las siguientes expresiones inglesas, e indica en cada caso el género de la palabra: **corkscrew**; **dishwasher**; **skyscraper**; **tin-opener**; **windscreen-wiper**; **headrest**; **armrest**; **sun umbrella**; **snowplough**; **aircraft carrier**; **lightning conductor**; **mileometer**; **missile-launcher**; **beermat**; **bodyguard**; **spokesman**; **spokeswoman**; **disc jockey**.

   b. Busca otras cinco palabras compuestas de este tipo.

5. **Gramática**

Estudia las siguientes expresiones: **al que consume droga se le nota** (51–52)

al que fuma tabaco... se le nota (52)

Siguiendo estos modelos, completa las siguientes expresiones:

a.   A la que consume droga _____ .
b.   A los que consumen droga _____ .
c.   A las que consumen droga _____ .
d.   A la que fuma tabaco _____ .
e.   A los que fuman tabaco _____ .
f.   A las que fuman tabaco _____ .

6. **Traducción**

Traduce al inglés las líneas 34–45 ('**Las historias... a otros**').

7. **Escritura guiada**

a.   Escribe una carta formal de Román Fernández Alipuz, presidente de Acoger, al alcalde de Córdoba, expresando las opiniones de los miembros de su asociación sobre la instalación de tragaperras en la ciudad.

b.   Basándote en la información de las líneas 8–14, escribe un diálogo entre Pablo y uno de los consejeros de la asociación de ayuda durante la primera visita de Pablo a la asociación.

8. **Tus opiniones**

A la luz de este texto y el anterior (*Los jóvenes y las drogas*), escribe una redacción sobre el siguiente tema: 'Los jóvenes de hoy no son el problema; los problemas los inventan los adultos, como consecuencia de su manera de ver a los jóvenes' (250 palabras).

3. **Los desamparados de México**

Unos dos millones de niños malviven en el desamparo en la Ciudad de México, con el único aliciente de conseguir unas monedas para engañar el estómago y muchos de ellos para saciar su precoz drogadicción.

5   Fuentes de agrupaciones dedicadas a brindar alguna atención a esos menores aseguran que el fenómeno se incrementa de manera alarmante, en buena medida por la crisis económica en México. Ellos son infantes desperdigados por la madeja de grandes avenidas y otras vías de la mayor y más poblada ciudad del planeta (unos 20 millones de personas), dedicados a limpiar los cristales a los automóviles, a vender los más disímiles artículos o a hacer malabares y payasadas, con el riesgo que representa sortear el

10 espeso tráfico imperante siempre. Cuando concluyen su lícita labor, están en el mundo delictivo, ya sea en solitario o como integrantes de bandas, las más de las veces 'jefeadas' por adultos que utilizan 'mano de obra barata' para sus fechorías.

En definitiva, todos subsisten permanentemente expuestos al vicio de la drogadicción, con la mira puesta en cómo conseguir baratas sustancias tóxicas que para ellos
15 sustituyan los estupefacientes tradicionales, sin saber que les provocan daños irreversibles en el cerebro, los pulmones y otros órganos. También se enfrentan a los abusos sexuales y físicos, que en el caso de las hembras, que se calcula representan el 20 por ciento del total, son particularmente violentos y constantes, con una secuela de alta incidencia de enfermedades venéreas contraídas y elevado índice de madres con apenas
20 12 o 13 años de edad.

Afecta igualmente el denigrante negocio de la prostitución y la pornografía con menores como protagonistas, lo cual es ampliamente difundido en localizados puntos capitalinos, sobre todo en las áreas de mayor marginación. Quizá tan preocupante como esto sea la indiferencia de una buena parte de la sociedad ante la situación, y más aún la condena
25 con la cual algunos sectores castigan la desgracia de los desamparados.

Cálculos de los estudiosos del fenómeno indican que el 60 por ciento de los pequeños que vagan por las calles nació en el Distrito Federal, y el resto emigró de lugares recónditos del territorio nacional, principalmente desde los estados de Veracruz y Guerrero. Muchos de esos nacimientos proceden a su vez de madres infantiles que, en
30 su propia condición de desamparo, fueron inducidas a un peligroso, y en gran proporción letal, alumbramiento entre los escombros de un edificio derruido o en el fondo de una alcantarilla.

Día a día se ve a esos niños en intercepciones viales importantes, donde al amparo de un semáforo que detiene el tránsito aprovechan para desarrollar sus míseras labores o
35 mostrar sus inmaduras habilidades circenses. Deambulan también por cualquier plaza, mercado o parque, con la mano extendida y la angustia, a veces escondida, pero adivinada, tras el prematuro envejecimiento que les llega al corazón.

Julio Fumero, *Noticias Latin America*, septiembre de 1995

Notas

1.	**México** (1)	En América la palabra se escribe con **x**; en España también se utiliza la forma **Méjico**. Ver Butt & Benjamin, 4.8.1.
2.	**madeja** (6)	Uso metafórico de la palabra; aquí significa 'red'.
3.	**disímiles** (8)	= 'variados'.

4. **jefeadas** (12)   La palabra va entre comillas para indicar que es
                               neologismo, y que no forma parte de la lengua normal.

5. **sustituyan** (15)   Se utiliza el subjuntivo porque **baratas sustancias** (14)
                               tiene sentido indefinido, hipotético (= 'cualquier
                               barata sustancia'). Ver Butt & Benjamin, 16.14.1.

6. **12 o 13** (20)   La Real Academia recomienda que entre cifras se
                               escriba **ó** con tilde, pero muchos escritores no siguen
                               esta recomendación; ver Butt & Benjamin, 39.2.6.

7. **capitalino** (22)   Adjetivo típico del español americano.

8. **el Distrito Federal** (27) La Ciudad de México y sus alrededores.

9. **inmaduras** (35),   Hay muchas parejas de palabras en español que
    prematuro (37)   demuestran alternancia de consonante o de vocal; en
                               este caso **inmadura** está basado en la palabra española
                               maduro, mientras que **prematuro** es un cultismo que
                               deriva de la palabra latina **maturus**.

Explotación del texto

1. Explica las siguientes expresiones mediante sinónimos, definiciones de
    diccionario, ejemplos, etc.: **aliciente** (2); **brindar** (4); **desperdigados** (6); **hacer
    malabares** (9); **sortear** (9); **delictivo** (11); **fechorías** (12); **hembras** (17); **secuela**
    (18); **marginación** (23); **derruido** (31); **circenses** (35).

2. **Datos básicos**

    El texto menciona los estados de Veracruz y Guerrero (28–29). ¿De cuántos
    estados está compuesto el país? Haz una lista de los estados, explicando dónde
    están, cuáles son las ciudades más importantes, etc.

3. **Antónimos**

    Irreversible (16) es el antónimo de **reversible**; **inmaduras** (35) es el antónimo de
    maduras. Teniendo en cuenta la sección 4.13 de Butt & Benjamin, busca
    antónimos de los siguientes adjetivos: **profesional, práctico, responsable,
    convencido, usado, igual, parcial, amistoso, capaz, reflexivo, ocupado, justo, par,
    autorizado, móvil, real, cómodo, paciente, leal, tranquilo, ordenado.**

4. **Comprensión**

   a.   ¿Qué compran los desamparados con el dinero que reciben?

   b.   ¿Qué relación hay entre la situación económica del país y la delincuencia?

   c.   ¿Por qué son peligrosas las drogas que compran los desamparados?

   d.   ¿Por qué es especialmente difícil la situación de las chicas?

   e.   ¿Cuál es la actitud del escritor del artículo ante los que critican a los desamparados?

   f.   ¿Cómo afecta a los desamparados la vida que llevan?

5. **Escritura guiada**

En las líneas 24–25, el artículo se refiere a 'la condena con la cual algunos sectores castigan la desgracia de los desamparados'. Teniendo esto en cuenta:

   a.   escribe una carta a la prensa quejándote enérgicamente del comportamiento de esos jóvenes;

   b.   como miembro de una de las 'agrupaciones dedicadas a brindar alguna atención a esos menores' (4), redacta una carta a la prensa explicando la situación de los desamparados.

Sección B: Ejercicios de gramática

1. **Traduce al español:**

   a.   More girls than boys are smokers.

   b.   Many young people smoke more than five cigarettes a day.

   c.   More than 25% of people asked said that they drink beer twice a week.

   d.   The older they are, the more cigarettes they smoke.

   e.   Less than 30% of girls smoke more than half a packet a day.

   f.   More than 68% think that taking drugs once a month is not dangerous.

   g.   Most young people think that alcohol and tobacco are as dangerous as illegal drugs.

   h.   They claim that they try to give up smoking at least once a year.

   i.   Less than 10.5% of girls drink alcohol twice a week.

   j.   A third of youngsters under the age of 15 say that they drink alcohol in discotheques.

2. **Ejercicio de puntuación y ortografía**

Tu amigo/a en España te ha enviado un mensaje por e-mail. El problema es que los ordenadores no reproducen los signos de interrogación ni de exclamación, ni los acentos ortográficos (tildes), ni la consonante más 'españolísima' de todas: la **ñ**.

¿Por qué no intentas colocar los signos y acentos que faltan?

```
From:          Silvia Perez <S.Perez@airastur.es>
To:            Lucy Smith <L.Smith@Sheffield.ac.uk>
Date sent:     Fri, 23 May 1997 17:30:44 +0000
Subject:       ¡¡Hola desde Asturias!!
Priority:      normal
```

¡Hola Lucy!

¿Que tal estas? Bueno, antes de nada tengo que disculparme. ¡Perdón, perdón perdón! La semana pasada no te escribi porque tenía el ordenador estropeado y hasta ayer no leí tus mensajes... asi que rapidamente voy a ponerte al día de lo que pasa por aqui.

Como imaginarás, estoy liadísima con los examenes, igual que tu, supongo. No se como lo hago, pero a estas alturas del año siempre me pasa lo mismo: se me acumula todo al final. ¡Que desastre! Y todavia tengo que entregar la traduccion sobre los medicos jovenes españoles, ¿te acuerdas? Aquella que a mi me parecia tan dificil y tu decias que estaba 'chupada'. ¡Claro! como era de español a ingles... A ti te resulto muy facil.

Bueno, dejare de quejarme, que ya está bien. A ver si te cuento algo mas interesante... Pues si, mira, el sabado pasado fui de excursión con Dario y Carmen a los lagos de Covadonga. ¡Que maravilla! Aquello es un verdadero paraíso. Ademas, tuvimos la suerte de que hiciera un día buenísimo y no como cuando vinisteis Chris y tu. Fue una lastima que entonces estuviera diluviando y solo pudieramos caminar una hora... Pero no te preocupes, cuando volvais este ano os llevare alli otra vez, ¿vale? Por cierto, aún no me has dicho cuando llegareis. ¿Lo habeis decidido ya? Por favor, preguntaselo a Chris y en tu proximo e-mail me dices que fechas os van bien. Ya sabes que yo, hacia mediados de agosto, estare muy ocupada con la mudanza, asi que preferiria que vinierais despues (por supuesto, si podeis).

En fin Lucy, me parece que hoy no estoy muy inspirada, este mensaje-carta o lo que sea, está saliendo un poco caotico. Creo que seria mejor que me despidiera aqui para que no tuvieras que oir, mejor dicho, leer, tantas tonterias. Quizas todo se debe a que tengo un examen manana, ya sabes, los nervios... Ay, ¡que angustia! Enviame muchos animos ciberneticos, los necesito...

Ya te escribo algo más decente dentro de un par de dias.

Hasta entonces, muchos besos

Silvia

3. **y/e, o/u** (Butt & Benjamin, 33.2–3)

En las siguientes expresiones indica cuál es la forma apropiada de la conjunción:

  a. inglés **(y/e)** español
  b. español **(y/e)** inglés
  c. español **(o/u)** inglés
  d. orgullo **(y/e)** modestia
  e. orgullo **(o/u)** modestia

f.   modestia (**o/u**) orgullo

g.   historia (**y/e**) geografía

h.   geografía (**y/e**) historia

i.   geografía (**o/u**) historia

j.   hierro (**y/e**) acero

k.   acero (**y/e**) hierro

l.   acero (**o/u**) hierro

m.   hormigas (**o/u**) moscas

n.   moscas (**o/u**) hormigas

o.   moscas (**y/e**) hormigas

Sección C: Traducción al español

One of the problems which young people in Spain face is the difficulty of becoming independent from their parents. In the last few years the number of people under 25 who are unemployed has increased, with the result that more and more young people have to live with their parents until they succeed in finding a job and earn enough money to set up home for themselves. Recent studies have shown that this situation is beginning to have serious consequences. On the one hand individuals are having problems coping with circumstances which do not allow them to mature in the way that their parents did in the '60s and '70s; on the other hand there are implications for the future of Spanish society, as couples are having fewer children, and having them later. It would be ironic if in the years to come Spain were to suffer a labour shortage.

Sección D: Documento sonoro

La vida estudiantil

Antes de escuchar la sección de la cinta que corresponde al Capítulo 4, consulta el diccionario si no conoces las siguientes palabras: **convenio**; **a la inversa**; **tópico**; **acogedor**; **entablar amistad**; **propicio**; **la vida cotidiana**; **tertulia**; **tablón de anuncios**; **turno**.

1.   **Comprensión**

a.   **Jordi** es un nombre de origen catalán; pero, ¿de dónde viene Jordi?

b.   ¿Cuántos años lleva en Inglaterra?

c.   ¿Cuál es el nombre del programa que ha reemplazado al programa ERASMUS?

d.   ¿Por qué vino a Inglaterra? ¿Qué estudios realizó?

e.   ¿Qué tipo de relación formal hay entre la Universidad de Sheffield y la de Oviedo? ¿En qué consiste esta relación?

f.   Explica brevemente lo que más le sorprendió a Jordi con respecto a la universidad británica.

g.   ¿Cuál es el punto más débil de la representación estudiantil en España?

h.   ¿Qué actitud tienen los jóvenes españoles hacia los extranjeros?

i.   Jordi dice que los españoles son muy abiertos; pero, según él, ¿tienen algún defecto?

j.   ¿Cuáles son las características de la vida social y cultural en España? ¿En qué se diferencia de Inglaterra?

k.   ¿Qué ventajas tienen los estudiantes británicos si quieren relacionarse con jóvenes españoles?

l.   ¿Cuáles son las mejores formas de buscar intercambios?

m.   ¿Cómo se organiza el horario en las universidades españolas?

n.   ¿Cuál es la actitud de Jordi ante la posibilidad de pasar un periodo en otro país?

2.   **Formas de expresar la opinión**

En la entrevista con Jordi, se utilizan varios adjetivos para expresar una opinión (**fácil**, **positivo**, **propicio**, etc...). Escucha otra vez la cinta para buscar todos los que puedas, para luego crear una serie de comentarios sobre la vida en otro país.

(**Ejemplo**: Es bastante fácil entablar amistades en España.)

Sección E: Temas orales

Ejercicio 1: Comenta las siguientes citas

'De la juventud'

'La juventud es el descubrimiento de un horizonte inmenso, la vida.'
  J.Rodó (1872–1917), escritor y periodista uruguayo.

'Cuando se tienen 20 años uno cree haber resuelto el enigma del mundo; a los 30, reflexiona sobre él y a los 40 descubre que es insoluble.'
  August Strindberg (1849–1912), escritor sueco.

'Ser joven es sinónimo de dudar. Es muy duro, aunque fundamental.'
Vanessa Paradis (nacida en 1974), cantante francesa.

'Al hombre le obsesiona el mito de Fausto, que no es otra cosa que procurar mantener una juventud que se nos escapa de las manos.'
  Ivo Pitanguy (nacido en 1926),
  cirujano estético brasileño.

'La tragedia de la edad no es ser viejo, sino que se sea joven y la gente no lo vea.'
  Andrés Segovia (1893–1991), músico español.

'Cuando se tienen 20 años, uno es incendiario, pero después de los 40 se convierte en bombero.'
  Witold Gombrowicz (1904–69), escritor polaco.

'Es mejor malgastar la juventud que no hacer absolutamente nada con ella.'

Georges Courteline (1589–1629), escritor francés.

'No se nace joven, hay que adquirir la juventud. Y sin un ideal, no se adquiere.'

José Ingenieros (1877–1925), sociólogo y psiquiatra argentino.

'Juventud, ¿sabes que la tuya no es la primera generación que anhela una vida plena de belleza y libertad?'

Albert Einstein (1879–1955), físico alemán.

'No te escudes en la edad, que es así como se envejece. La juventud es un estado de ánimo.'

Carmen Martín Gaite (nacida en 1925), escritora española.

- Escoge una de las citas, y coméntala bien en parejas o con el resto de la clase. Explica por qué la has escogido, si te sientes reflejado en esa cita, si crees que es verdadera o no. Comenta todo lo que se te ocurra y después, pide opinión a tus compañeros, quizás ellos piensen de otra forma.

Rubén Darío (1867–1916), poeta nicaragüense, considerado como el padre del Modernismo, es el autor de los famosos versos iniciales, pertenecientes al poema 'Canción de otoño en primavera', que aquí incluimos:

> Juventud, divino tesoro
> ¡ya te vas para no volver!
> Cuando quiero llorar, no lloro...
> y a veces lloro sin querer...

¿Qué te parecen estos versos? ¿Crees que han sido escritos por una persona joven? Explica tu respuesta.

Ejercicio 2: 'Estoy asustada'

En el diario *El País*, se publicó la siguiente carta:

Estoy asustada

Soy mujer, soy española, tengo 27 años, soy licenciada en Derecho, tengo un *master* de muchas horas y otros muchos cursos que me han ido formando y cualificando cada vez para más cosas; tengo un buen nivel de inglés y una demostrable experiencia *cuasi* profesional, ya que nunca me han hecho un **contrato**, sino que siempre he trabajado a través de convenios de colaboración para realizar prácticas, incluso sin **remunerar**.

Ahora no tengo empleo, ni prácticas, ni nada: sólo tengo este perfil profesional que acabo de exponer, y que seguramente corresponderá más o menos con el de muchos de los españoles/as de mi edad que, al igual que yo, están en paro, que al igual que yo, están buscando un trabajo, que al igual que yo, no lo encuentran, y que al igual que yo, están asustados.

Estoy asustada porque me he pasado media vida estudiando,

con la ilusión de que cuando llegara a la edad que tengo, y antes, pudiera tener un empleo que me permitiera tener ya mi propia vida, y que a mis padres les permitiera tener la suya, porque hasta ahora han sido ellos (bueno, su **bolsillo**) los que a mí me han permitido tener la formación que tengo, y ahora me gustaría que ellos tuvieran de mí algo más que mi más sincero agradecimiento, pero me temo que, por el momento, van a tener que seguir soportándome.

Estoy asustada porque ahora mismo ya no sé adónde acudir, estoy desorientada en un entorno que no me da una solución: estoy asustada porque si estuviera segura de que esta situación va a ser temporal o transitoria, pues tendría toda la paciencia en espera de ese momento, pero es que a veces me pregunto si esta situación tiene alguna **salida**: a veces me veo a mí misma con cerca de 40 años, cargada de cursos, cursillos y cursetes, con un *curriculum* **de no te menees**, y buscando un empleo todavía: ¡no, por favor!, necesito al menos tener esperanza e ilusión por mi futuro.

Las alternativas/soluciones que te proponen son el autoempleo, o el dedicarte en cuerpo y alma a unas oposiciones, o, y sobre todo, seguir, desde luego, formándote para mantenerte ocupado. Los consejos que te dan son no **desanimarte** nunca, tener confianza en uno mismo, tener toda la seguridad de que a pesar de todo vas a conseguir lo que te propones: en fin, que todo está muy bien, pero yo lo que quiero es trabajar, encontrar un trabajo ya, ahora mismo, y éste creo que será el deseo de todos los jóvenes y no tan jóvenes parados de España.

Quizás sea mi culpa; quizá no encuentre trabajo porque no soy **una número uno**; quizá no encuentre trabajo porque no sé hablar cinco idiomas, porque no tengo tres años de experiencia, o porque no tengo un **padrino** que me coloque en cualquier sitio; quizá no encuentre trabajo porque no soy normal, no lo sé; pero, por favor, si no depende de mí, si yo estoy haciendo lo posible para encontrar un trabajo, y no me sale, si no es por mi culpa, por favor, hago una llamada a todos los que tengan la responsabilidad desde cualquier esfera, rango o condición, de que en este país no haya un trabajo para todos.

Que se dejen de consejos y buenas intenciones y, por favor, creen empleo; no permitan que nuestra desgracia exceda a cualquier esperanza, sobre todo porque es muy triste pertenecer a un país en el que más de tres millones de personas están, de verdad, tan asustadas como yo.

- Después de leer la carta, busca las palabras o expresiones en **negrilla**, y en parejas, o en grupos, comentad su significado.

- A continuación subraya todos los verbos en subjuntivo que encuentres y comenta por qué se usa este modo verbal en cada caso.

- Entre todos iniciar un debate sobre la situación laboral en vuestro país. ¿Crees que es tan dramática como en España? ¿Qué semejanzas y diferencias existen entre ambos países? ¿Qué te parecen las alternativas o soluciones que se ofrecen para encontrar trabajo? ¿Piensas que son útiles y realistas? ¿Se te ocurren a ti otras soluciones? ¿Quién crees que es el responsable de que exista un número tan alto de parados en España? ¿Es un problema particular de un país o la situación es más o menos parecida en todo el mundo? ¿Y en países más pobres, en concreto, países latinoamericanos más pobres?

Ejercicio 3: '¿Por qué somos de derechas y por qué somos de izquierdas?'

Antes de leer los siguientes comentarios de varios jóvenes españoles justificando su postura política, busca el significado de las siguientes palabras y expresiones: **gestión; dar cancha; pasota; municipal; pretender; maqui.**

Actividad en parejas

Uno de vosotros es Estudiante A, y el otro, Estudiante B

En el siguiente artículo el estudiante A puede leer en las páginas 80–81 las opiniones de unos cuantos jóvenes españoles que explican por qué son de derechas y por qué son de izquierdas, información que al estudiante B le falta. El estudiante B, a su vez, encontrará en las páginas 82–83 las opiniones de otros jóvenes que el estudiante A no tiene. Se trata, pues, de que intercambiéis la información entre vosotros hasta completar los huecos.

Como veréis, cada uno de estos jóvenes da su opinión en 1ª persona, ej.: *Para mí el PP..., Creo que el PP..., Soy de derechas..., No me considero radical de izquierdas...* etc. Sin embargo, cuando vosotros tengáis que poner en vuestras palabras lo que ellos opinan, tendréis que utilizar la 3ª persona, ej: *Para José Herrera, el PP..., Santiago Tazón cree que el PP..., Ana Belén García dice que es de derechas..., Alejandro Lamas no se considera radical de derechas...* etc.

Recordad que en la Sección E del Capítulo 3 (**La Educación**) podéis encontrar expresiones para dar opiniones. Simplemente tenéis que poner el verbo correspondiente en 3ª persona para usarlas en esta actividad, ya que no estáis expresando vuestra propia opinión sino la de otra persona. Además del verbo quizás tengáis que cambiar ciertos pronombres, adjetivos posesivos etc.

Aquí tenéis algunas de las expresiones con los verbos ya cambiados:

Según X, el PP es un partido que...   X piensa que...
X opina que...   X es de la opinión de que...
X dice que ...   X afirma que...
X (no) está de acuerdo con + nombre...   A X le parece que...
que + subjuntivo...

Otros verbos útiles: afirmar, acusar **a** alguien **de** algo, prometer, comentar, proponer, pedir, aceptar, rechazar, asegurar, negar, admitir, insistir en, recordar.

Ejemplo:

El estudiante A necesita saber cual es la opinión de Nuria García, que tiene 22 años y estudia Magisterio en Madrid, así que puede preguntar a su compañero estudiante B:

¿Por qué es Nuria García de derechas?;

a lo que estudiante B puede responder:

Nuria dice que se siente identificada con los jóvenes de su edad y que el partido que más intenta ayudar a la juventud es el PP. También añade que cuando sale de clase va a un centro de acogida de Cáritas donde atienden a niños marginados.

Con la ayuda de este ejemplo y las expresiones para expresar la opinión de una tercera persona, completad los huecos que os faltan en cada texto.

Textos del Estudiante A

PORTADA

Por qué Somos de Derechas

Votaron al PP en busca de una solución para el desempleo. El voto de estos 22 jóvenes fue una respuesta rebelde al desencanto y a la corrupción, una búsqueda de políticos nuevos que aporten entusiasmo, que sean prácticos y que trabajen por su futuro

JOSE HERRERA 25 años. Arquitecto en paro. Madrid. Militante de Nuevas Generaciones (PP)

MARIA JOSE ORTIZ, 23 años. Licenciada en Ciencias Políticas. Madrid. Militante de N.G. (PP)

«El PP es el partido que ofrece más soluciones y más posibilidades a los jóvenes. Le he votado porque estudié su programa municipal y me pareció el mejor. Estoy matriculada en el Instituto de Estudios Constitucionales, pues me gusta la política teórica y la historia reciente de España».

MIGUEL GARCIA MADRIGAL 27 años. Comercial en paro. Madrid. Militante de N.G. (PP)

«He trabajado desde muy joven mientras estudiaba. Voto al PP porque creo que este país está en un momento en que, conseguidas ya muchas de las libertades que había que ganar, lo que necesita ahora es buena gestión, para que salgan más puestos de trabajo».

CARLOS MARIA DE CERON 22 años. Estudiante de Derecho. Madrid. Militante de N.G. (PP)

MARTA LOPEZ DE AGUILAR 26 años. Farmacéutica en paro. Madrid. Militante de N.G. (PP)

«Hay que ver como está España, anquilosada y sin perspectivas de futuro. Yo sueño con un país que avance hacia adelante. Ya va siendo hora de empezar a trabajar para el futuro. Mi opinión es que el PP aporta un programa con soluciones y propuestas para sacar adelante a una sociedad desilusionada»

«Llevo buscando trabajo desde que terminé la carrera hace dos años. Si me tengo que definir ideológicamente, diría que soy de centro-derecha. Pero creo que a la gente joven la ideología le da igual, lo que quiere es encontrar trabajo y vivienda para poder independizarse, y por eso votan al PP».

AMALIA CASADO 19 años. Estudiante de Derecho y Políticas. Madrid. Militante de N.G. (PP)

NURIA GARCIA 22 años. Estudiante de Magisterio. Madrid. Militante de N.G. (PP)

«Cuando salgo de clase voy a un centro de acogida de Cáritas donde atendemos a niños marginados y con problemas, de los destinados al fracaso escolar. Me siento identificada con los jóvenes de mi edad. El partido que mas intenta ayudar a la juventud es el PP».

«Me encantaría dedicarme a la política. No estoy de acuerdo con esa teoría de que la juventud de hoy es pasota. Creo que hay bastante interés en los temas políticos y que somos muchos los jóvenes que queremos una alternancia: que no es cambiar unos políticos por otros, sino unas políticas por otras».

BELEN UREÑA, 20 años. Estudiante de Derecho Comunitario. Madrid. Militante de N.G. (PP)

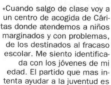

NOEL TABOADA, 21 años. Estudiante de Derecho. Madrid. No milita

"Yo diría que soy de centro-derecha. Pero a la gente joven la ideología le da igual, lo que quiere es encontrar trabajo y vivienda", resalta Marta López de Aguilar, 26 años y parada

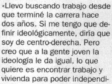

Y Por Qué Somos de Izquierdas

Para estos 21 jóvenes, ser de izquierdas es defender la solidaridad, la igualdad, la justicia, la libertad y un empleo y una vivienda dignos para todos. Ellos quieren cambiar el sistema y luchar por la cultura y la educación

ANGELES AGUADO PEREZ
22 años.
Estudiante de Derecho.
Santiago de Compostela.
No milita

AMANDA GIL ALCALDE
18 años.
Primero de Derecho.
Madrid. Milita en las Juventudes Socialistas

RUBEN PARRA GONZALEZ
19 años.
Estudia selectividad, Informática, Contabilidad e Inglés.
Madrid. Milita en las Juventudes Socialistas

«En la izquierda encuentro un valor de libertad, que te deja opción a opinar lo que quieres, expresar lo que sientes y lo que puedes hacer por mejorar la sociedad. Yo he vivido el ambiente de la derecha en un colegio privado: tienen unas ideas fijas y no salen de ellas, son como una secta».

JOSE M. MARTIN CARRETERO
22 años.
Estudiante de Ciencias Políticas.
Madrid.
Militante del PASOC

maquis. Y por un proceso de reflexión personal: hay cosas en el sistema que no entiendo y siento que tengo la obligación de cambiarlo».

ALICIA SAINZ CANDELA
19 años.
Estudiante de COU
Madrid.
Militante de Juventudes Comunistas

«IU es la única izquierda real: pretende cambiar esta sociedad. La emancipación de los jóvenes depende de un puesto de trabajo y una vivienda dignos. IU busca la reforma laboral y defiende una política de alquileres asequibles y créditos bajos».

ALEJANDRO LAMAS PEREZ
18 años.
Estudiante de Químicas.
Santiago de Compostela.
No milita

«No me considero radical de izquierdas, pero sí progresista. Voté por el Bloque Nacionalista Galego por la persona más bien. Soy de Corcubión (La Coruña) y allí la candidatura nacionalista me pareció la más adecuada».

MARTA GARCIA NOYA
19 años.
Estudiante de Psicología.
Santiago de Compostela.
No milita

«Me siento del Bloque Nacionalista Galego, y a ellos he votado en las pasadas elecciones. Ni PSOE ni PP. Yo creo que mi deber por este país es votar nacionalista».

MARISA LINARES MARTINEZ
18 años.
Estudia COU.
Madrid.
Milita en las Juventudes Socialistas

«Desde mi infancia he visto las esperanzas de mi familia puestas en el socialismo. Mi abuelo, en Jaén, vivió en sus carnes la tiranía de los señoritos. Sólo cuando han llegado los socialistas el pueblo andaluz ha empezado a crecer. Ellos no son perfectos, pero luchan por las igualdades y los derechos más fundamentales».

DAVID GUIJARRO SECO
24 años.
Estudiante de Psicología.
Madrid.
Militante del PCE

«Estoy en la izquierda por una tradición familiar fuerte: mi abuelo ha sido prisionero de los nazis en Matthausen y mis tíos han estado en la cárcel por luchar con los

MIGUEL ANGEL LOPEZ
22 años. Parado. Barcelona
No milita

Textos del Estudiante B

Por qué Somos de Derechas

Votaron al PP en busca de una solución para el desempleo. El voto de estos 22 jóvenes fue una respuesta rebelde al desencanto y a la corrupción, una búsqueda de políticos nuevos que aporten entusiasmo, que sean prácticos y que trabajen por su futuro

JOSE HERRERA
25 años.
Arquitecto en paro.
Madrid.
Militante de Nuevas Generaciones (PP)

«Para mí el PP representa la solución mas progresista, porque creo que el progreso es conseguir que este país vaya hacia adelante. Me preocupa el haber hecho una carrera en la que el 50 por ciento de los que terminan van al paro. Estoy indeciso entre hacer la *mili* o declararme objetor»

MARIA JOSE ORTIZ, 23 años. Licenciada en Ciencias Políticas. Madrid. Militante de N.G. (PP)

«El PP es el partido que ofrece más soluciones y más posibilidades a los jóvenes. Le he votado porque estudié su programa municipal y me pareció el mejor. Estoy matriculada en el Instituto de Estudios Constitucionales, pues me gusta la política teórica y la historia reciente de España».

MIGUEL GARCIA MADRIGAL
27 años.
Comercial en paro.
Madrid.
Militante de N.G. (PP)

«He trabajado desde muy joven mientras estudiaba. Voto al PP porque creo que este país está en un momento en que, conseguidas ya muchas de las libertades que había que ganar, lo que necesita ahora es buena gestión, para que salgan más puestos de trabajo».

CARLOS MARIA DE CERON
22 años.
Estudiante de Derecho.
Madrid.
Militante de N.G. (PP)

MARTA LOPEZ DE AGUILAR
26 años.
Farmacéutica en paro.
Madrid.
Militante de N.G. (PP)

NURIA GARCIA
22 años.
Estudiante de Magisterio.
Madrid.
Militante de N.G. (PP)

«Cuando salgo de clase voy a un centro de acogida de Cáritas donde atendemos a niños marginados y con problemas, de los destinados al fracaso escolar. Me siento identificada con los jóvenes de mi edad. El partido que mas intenta ayudar a la juventud es el PP».

?

?

AMALIA CASADO
19 años.
Estudiante de Derecho y Políticas.
Madrid.
Militante de N.G. (PP)

BELEN UREÑA, 20 años. Estudiante de Derecho Comunitario. Madrid. Militante de N.G. (PP)

«Voy por tercero de la carrera y trabajo: doy clases a niños y hago de azafata de congresos. Cuando acabe, me gustaría ser funcionaria europea. Me apunté al PP porque soy rebelde. En la crítica constructiva, si quieres que la cosa cambie, tienes que mojarte. Me gusta del PP la importancia que da a la mujer».

?

NOEL TABOADA, 21 años. Estudiante de Derecho. Madrid. No milita

«A mí me resulta más atractiva la ideología de izquierdas. Pero voto al PP porque me parece el partido que propone las soluciones mas prácticas y el que más me ilusiona en las perspectivas de un cambio. Los valores de izquierda que a mí me gustan no están representados en los partidos que se llaman de izquierdas».

"Yo diría que soy de centro-derecha. Pero a la gente joven la ideología le da igual, lo que quiere es encontrar trabajo y vivienda", resalta Marta López de Aguilar, 26 años y parada

Y Por Qué Somos de Izquierdas

Para estos 21 jóvenes, ser de izquierdas es defender la solidaridad, la igualdad, la justicia, la libertad y un empleo y una vivienda dignos para todos. Ellos quieren cambiar el sistema y luchar por la cultura y la educación

AMANDA GIL ALCALDE
18 años. Primero de Derecho. Madrid. Milita en las Juventudes Socialistas

«Soy de izquierdas porque me importan los demás y porque creo que no se puede vivir en una sociedad donde sólo te importes tú. La sociedad tiene que ser cada vez más justa y más igual y la derecha siempre va a agrandar las diferencias».

RUBEN PARRA GONZALEZ
19 años. Estudia selectividad, Informática, Contabilidad e Inglés. Madrid. Milita en las Juventudes Socialistas

MARISA LINARES MARTINEZ
18 años. Estudia COU. Madrid. Milita en las Juventudes Socialistas

JOSE M. MARTIN CARRETERO
22 años. Estudiante de Ciencias Políticas. Madrid. Militante del PASOC

«Llevaba mucho tiempo trabajando en movimientos sociales y en voluntariado y me planteé que tenía que hacer algo. Elegí un partido de izquierdas porque defienden los derechos de los que no tienen derechos. La cultura de la derecha propugna que cada uno tiene que buscarse la vida y la colectividad queda atrás».

DAVID GUIJARRO SECO
24 años. Estudiante de Psicología. Madrid. Militante del PCE

«Estoy en la izquierda por una tradición familiar fuerte: mi abuelo ha sido prisionero de los nazis en Matthausen y mis tíos han estado en la cárcel por luchar con los maquis. Y por un proceso de reflexión personal: hay cosas en el sistema que no entiendo y siento que tengo la obligación de cambiarlo».

ALICIA SAINZ CANDELA
19 años. Estudiante de COU Madrid. Militante de Juventudes Comunistas

ANGELES AGUADO PEREZ
22 años. Estudiante de Derecho. Santiago de Compostela. No milita

«Yo me defino más bien de izquierdas, tirando a nacionalista y voté por el Bloque Nacionalista Galego. Me gusta su gente, lo que hace y su programa. Yo soy de Noia (La Coruña)».

ALEJANDRO LAMAS PEREZ
18 años. Estudiante de Químicas. Santiago de Compostela. No milita

MARTA GARCIA NOYA
19 años. Estudiante de Psicología. Santiago de Compostela. No milita

«Me siento del Bloque Nacionalista Galego, y a ellos he votado en las pasadas elecciones. Ni PSOE ni PP. Yo creo que mi deber por este país es votar nacionalista».

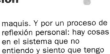

MIGUEL ANGEL LOPEZ
22 años. Parado. Barcelona No milita

«No lo tengo demasiado claro, aunque creo que soy de izquierdas. No me convencen para nada cómo están montados los partidos políticos, no respetan las ideologías y se han visto invadidos por los intereses económicos. Ni el PSOE es de izquierdas ni el PP de derechas, pero estas cosas que digo no las entienden mis amigos y dicen que soy muy raro».

CAMBIO16 · 19 JUNIO 1995 · Nº 1.230

CAPÍTULO 5

EL MEDIO AMBIENTE

Seccion A: Textos escritos

I. Incendiarios de cuello blanco

Hablábamos la semana pasada de cómo entre unos y otros, individuos de paella incontrolada y mercenarios de la caja de cerillas, siguen cargándose los pocos árboles que nos quedan. Ambos fulanos, el cretino de la paella y el judas de las cerillas, son capturables por la Guardia Civil y pagan poco, pero algo pagan. Existe, sin embargo, un
5   tercer tipo de asesino de árboles y de espacios verdes que actúa con impunidad y al que nadie nunca le mete mano. Es el incendiario sin llama. El deforestador de cuello blanco.

Ese tipo de alimaña verdicida suele anidar en concejalías de urbanismo, departamentos de obras públicas y guaridas por el estilo. No es que por instinto odie el color verde, porque en realidad le da lo mismo el verde que el fucsia. Sus móviles son la ambición,
10   por ejemplo, o el afán de pasar a la posteridad como los faraones, con obras imperecederas, y que los jefes le digan qué bueno lo tuyo, Manolo, te has olvidado los árboles pero el parque Juan Carlos I para la infancia y la juventud te ha quedado chachi, con sus bancos y sus columpios. También tienen que ver en el asunto, imagino, la falta de cultura general y de sensibilidad hacia el medio ambiente, o sea, el analfabetismo
15   ecológico. Y a veces un amigo arquitecto, un cuñado constructor y muy poca vergüenza.

No voy a citar casos concretos porque es agosto, tengo a mi abogada de vacaciones y en esta época las querellas me dan mucha pereza. Pero si echan ustedes un vistazo alrededor sabrán a qué me refiero. En las ciudades, por ejemplo, la desaparición de árboles so pretexto de modernización y renovación resulta tan habitual que a nadie
20   sorprende lo más minimo, y los ciudadanos terminan encogiéndose de hombros, resignados. Y procuran pensar en otra cosa.

Verbigracia. Imaginen una plaza de esas de toda la vida, vieja, cochambrosa incluso, pero con una docena de árboles centenarios y frondosos a cuya sombra se han sentado

generaciones de vecinos. De pronto llega un concejal de urbanismo, por ejemplo, y
25 decide acometer la reforma del asunto. Hasta ahí, vale. Se encargan unos proyectos y
unos planos estupendos, se publican en la prensa local y se anuncia a bombo y platillo
que la plaza Héroes de Suresnes va a ser remodelada y a convertirse en el asombro de
propios y extraños. Y qué pasa con los árboles, pregunta un periodista. Los árboles, se
responde con una sonrisa de suficiencia, están previstos. En una primera fase se
30 retirarán todos; algunos, demasiado viejos y atacados por la filoxera del sauce llorón,
serán sustituidos por araucarias brasileñas, que son la leche. Los otros, los sanos, serán
conservados en depósitos especiales y después vueltos a plantar con un sistema
estanco, buenísimo, revolucionario, japonés.

Y empiezan las obras. Los árboles se hacen astillas, la plaza se pone patas arriba, y de
35 pronto, cuando ya no hay remedio, alguien descubre, oh prodigio, que el aparcamiento
previsto bajo la plaza no permite, por razones técnicas de última hora, replantar los
árboles, porque éstos necesitan tierra para las raíces y, claro, puestos a elegir entre
tierra o automóviles, ya me irá usted a contar. Y además, los árboles y las raíces y la
tierra no producen beneficios, y las concesiones de aparcamientos, sí. Así que en vez de
40 árboles vamos a poner unas estructuras de cemento así, para que den sombra y la gente
pueda expresar en ellas sus inquietudes culturales pintando con spray y rotulador. Y en
mitad de la plaza vamos a poner un monumento a la Constitución, a ver si alguien tiene
huevos para protestar.

Eso, en cuanto a la cosa urbana. Sobre carreteras voy a ponerles sólo un ejemplo.
45 Desde toda la vida, el trayecto de Murcia a Cartagena discurrió por una recta avenida de
varias decenas de kilómetros flanqueada por una doble y hermosa línea continua de
árboles cuyas copas, a menudo, se tocaban sobre el asfalto. Hace tres o cuatro años, al
efectuarse las obras de modernización de la carretera, todos los árboles
–absolutamente todos, o sea, miles– fueron arrancados, y ni siquiera se respetaron los
50 que podían haber permanecido a lo largo del andén central de la nueva autovía. Más
tarde, tomando una copa informal con un capitoste –que lo sigue siendo– del Ministerio
de Obras Públicas, Transportes y Medio Ambiente, planteé la cuestión.

–Los árboles son peligrosos para los automóviles– dijo.

Y me miraba asombrado, como si aquello fuese evidente y yo un perfecto gilipollas.

Arturo Pérez Reverte, *El Semanal,* 14-8-94

Notas

1. **la semana pasada** (1)   El autor había escrito la semana anterior un artículo sobre el problema de los incendios forestales y las personas que los provocan.

2.	**algo pagan** (4)	El complemento directo se coloca delante del verbo para darle mayor énfasis.
3.	**nadie nunca le mete mano** (6) **a nadie sorprende** (19–20)	Cuando el pronombre o adverbio negativo antecede al verbo, no se utiliza el partículo **no**; ver Butt & Benjamin, 23.3.
4.	**Héroes de Suresnes** (27)	En Suresnes, cerca de París, el XIII Congreso del Partido Socialista Obrero Español, todavía ilegal en la España de 1974, confirmó el liderazgo de Felipe González, futuro Presidente del Gobierno.
5.	**se encargan** (25) **se publican** (26) **se anuncia** (26)	Observa las formas reflexivas, con sentido pasivo.
6.	**sobre** (47)	Aquí no sería posible utilizar **en** en vez de **sobre**.

Explotación del documento

1. Explica las siguientes expresiones mediante sinónimos, definiciones de diccionario, ejemplos, etc.: **cargándose** (2); **mete mano** (6); **cuello blanco** (6); **verdicida** (7); **urbanismo** (7); **guaridas** (8); **móviles** (9); **procuran** (21); **cochambrosa** (22); **vecinos** (24); **acometer** (25); **propios y extraños** (28); **suficiencia** (29); **copas** (47); **copa** (51).

2. **Gramática**

   a. ¿Por qué emplea el autor la forma en plural **hablábamos** (1)?

   b. Explica por qué se utiliza el subjuntivo **odie** en la línea 8.

   c. Explica la función del pronombre personal **te** en la línea 12 (**te ha quedado**).

   d. Hay en el texto varios ejemplos de expresiones pasivas con **ser**. ¿Por qué se utiliza **estar** en la línea 29 (**están previstos**)?

3. **Comprensión**

   a. ¿Por qué le enojan al autor los incendiarios de cuello blanco más que los otros incendiarios?

   b. ¿Qué es el analfabetismo ecológico?

   c. ¿Se queja el autor de la corrupción, o simplemente de la incompetencia?

4. **Traducción**

    a.   Traduce al inglés la líneas 34–43 ('**Y empiezan... para protestar**').

    b.   Traduce al español el siguiente texto:

Last year plans to modernize the main square were announced. The Planning Department had decided to replace many of the old trees with new ones, although they explained that any that were healthy would be re-planted. Beneath the square a new carpark was to be constructed, so that more people would be able to enjoy the shade of the revamped square just as their predecessors had done for many centuries. But when they carried out the modernization, they found that the trees could not be replanted because there was not enough soil for the roots.

5. **Estilo**

    El escritor utiliza varias expresiones coloquiales, tales como **chachi** (12), **la leche** (31), **tiene huevos** (42–43), **gilipollas** (54). ¿Te parece apropiado el uso de este tipo de expresión en el artículo? Justifica tu respuesta.

6. **Diálogo**

    Escribe un diálogo entre el periodista y el 'capitoste del Ministerio', en el que cada uno defiende con vigor su punto de vista (250–300 palabras).

7. **Tus opiniones**

    a.   En la parte final del artículo, ¿te identificas con el periodista o con el representante del Ministerio? Explica tus razones (100 palabras).

    b.   ¿Son compatibles el progreso y la protección del medio ambiente? (200 palabras)

2. **El oso pardo está al borde de la extinción**

Se pasea como un fantasma por los claros del monte. Camina sin hacer ruido y su corpachón se confunde con las hojas de los árboles. No le gusta dejarse ver, pero es capaz de recorrer distancias enormes en una sola jornada. Atraviesa valles y brañas buscando arándanos, castañas, avellanas... No conoce fronteras, y rara vez es agresivo

5   con sus vecinos. Pasa buena parte del invierno sumergido en la seguridad de una cueva. Es un peluche gigante y tranquilo. El último coloso de nuestros campos. Y son muchos los hombres que dicen haber cruzado miradas con este tímido señor de los bosques. Casi todos mienten. El oso pardo es demasiado raro como para ser sorprendido. Su presencia es tan escasa como para ser considerado una visión...

10 El oso pardo cantábrico vive un momento histórico. Sobreviven menos de noventa
ejemplares. Y están contra las cuerdas. Sólo el dinero aportado por el grupo El Último
de la Fila y la Unión Europea, unido a los esfuerzos de algunos conservacionistas,
pueden evitar su definitiva extinción. Es su última oportunidad. Su hogar, los bosques
autóctonos de la cordillera Cantábrica, están siendo destruidos. La especulación y los
15 incendios acaban con el hábitat de calidad. Además, las dos únicas poblaciones están
cada vez más aisladas. La construcción de carreteras, pantanos y pistas forestales limita
sus posibilidades de variedad genética. Los ejemplares que escapan a este cerco tienen
que esquivar a los matadores, los temibles cazadores furtivos.

En España, matar osos ya no es una hazaña. Juan Díaz Faes, *Xuanón de Cabañaquinta*, un
20 cazador famoso y admirado en la segunda mitad del siglo pasado por haber matado más
de treinta osos, sería hoy un proscrito. La imagen romántica del furtivo ya no existe.
Manuel Méndez García, más conocido como *Manolín el de Villaus*, fue condenado el
pasado 3 de marzo a cuatro meses de arresto y a pagar una indemnización de seis
millones de pesetas por dar muerte en 1990 a dos osos pardos, de forma "directa,
25 material y dolorosa" en el parque natural de Somiedo. Los días en que los tramperos
presumían de sus escabechinas y sus heroicidades corrían de boca en boca pertenecen
a la historia. El carácter totémico de este animal, pieza favorita de reyes y objeto de
culto para diferentes generaciones, sigue presente en muchas regiones de la cordillera
Cantábrica. Pero ya no existe esa vieja competencia entre el hombre primitivo y el
30 animal salvaje por las cuevas y los alimentos. El hombre ha impuesto su orden y ha
convertido al plantígrado en un fugitivo, en un símbolo de conservación.

Ya no se matan osos por venganza. Es raro que se paguen anualmente más de siete
millones de pesetas por los daños que causan a ganaderos y agricultores, una cantidad
ridícula, perfectamente asumible por cuatro comunidades autónomas. Las formas de
35 caza han cambiado. Ahora nadie practica la vieja y arriesgada técnica del abrazo, en la
que el cazador, sin armas de fuego, acorralaba al animal para obligarle a que le atacase.
Entonces apoyaba en su pecho el mango de un gran cuchillo. El oso le rodeaba con sus
zarpas en un abrazo terrorífico, y la afilada hoja se le hundía con toda la fuerza de su
propio impulso. Literatura trasnochada. El moderno matador de osos no duda en
40 emplear las técnicas más sofisticadas. Parece claro que disparar con un cartucho de
postas, esos plomos asesinos e ilegales, a una osa que descansa en la osera con crías
tiene poco de deportivo. Y que colocar un lazo de cable de freno de motocicleta entre
dos árboles sólo es poner una trampa silenciosa, asesina y cruel. El oso puede
arrancarse una pata, o debatirse hasta morir durante varios días. Matar osos es siempre
45 un acto cobarde. Ellos jamás atacan. Es, además, un grave atentado contra una de las
especies más emblemáticas y amenazadas de España. Un delito que se debe castigar con
dureza.

Son tan tímidos y huidizos, que hasta es difícil censarlos con precisión. Los expertos creen que la actual población de osos pardos en España está entre los 70 y los 90
50 ejemplares, los cuales se distribuyen en dos núcleos de la cordillera Cantábrica aparentemente incomunicados entre sí. Por el Pirineo deambulan unos pocos ejemplares solitarios, auténticos muertos vivientes. Algunos especialistas en genética piensan que estas cifras están por debajo del número de individuos viable para asegurar la especie, pero los conservacionstas que trabajan en el campo quieren ser optimistas.
55 La población se mantiene, y en los últimos años se ha logrado un índice de natalidad aceptable: entre seis y ocho hembras paren cada temporada. "El número de la parida es alto, en ocasiones de hasta tres oseznos, lo cual es un claro indicador de que la situación genética es aceptable", asegura el naturalista santanderino Guillermo Palomero, uno de los hombres *históricos* en la conservación del oso pardo.

El País, 27-3-94

Notas

1.	**corpachón** (2)	= 'cuerpo grande'. Para el uso del sufijo **-ón** (y otros sufijos aumentativos), ver Butt & Benjamin, 38.3.
2.	**brañas** (3)	= 'prado húmedo'; palabra típica del español de Cantabria y Asturias.
3.	**arándanos** (4)	= 'bilberries'.
4.	**peluche** (6)	Forma abreviada de **oso de peluche**, 'teddy bear'.
5.	**El Último de la Fila** (11–12)	Grupo musical español.
6.	**la cordillera Cantábrica** (14)	Cadena montañosa en el norte de España, que se extiende desde Euskadi hasta Galicia. Su punto más elevado es de 2.648 metros.
7.	**parque natural de Somiedo** (25)	Importante parque nacional, situado en Asturias.
8.	**plantígrado** (31)	Palabra técnica; se refiere a los animales que apoyan en el suelo toda la planta de los pies.
9.	**cuatro comunidades autónomas** (34)	Las más numerosas poblaciones de osos pardos están en Castilla y León, Asturias, Galicia, y Cantabria, en el norte y noroeste de España.
10.	**debatirse** (44)	= 'luchar'.

Explotación del documento

1. Explica las siguientes expresiones mediante sinónimos, definiciones de diccionario, ejemplos, etc.: **claros** (1); **aportado** (11); **conservacionistas** (12); **autóctonos** (14); **pantanos** (16); **cazadores furtivos** (18); **hazaña** (19); **tramperos** (25); **presumían de sus escabechinas** (26); **competencia** (29); **ganaderos** (33); **asumible** (34); **trasnochada** (39); **censarlos** (48); **incomunicados entre sí** (51); **oseznos** (57); **santanderino** (58).

2. **Datos básicos**

   a. Las **cuatro comunidades autónomas** (34) son Castilla y León, Galicia, Asturias, y Cantabria; da unos datos básicos sobre cada comunidad.

   b. En el artículo se mencionan dos cantidades de dinero: **seis millones de pesetas** (23–24) y **siete millones de pesetas** (32–33). ¿A cuánto equivalen estas dos cantidades en libras esterlinas?

3. **Gramática**

   a. Explica el uso de **por** en la línea 20.

   b. ¿Por qué se utiliza **más de** (20–21, 32), y no **más que**?

   c. Se utiliza **lo cual** en la línea 57; también sería posible **lo que**. Explica por qué no sería posible utilizar **que**.

4. **Comprensión**

   a. ¿Por qué es difícil ver osos pardos?

   b. ¿El artículo presenta una imagen positiva o negativa de los osos? Explica tus razones.

   c. ¿Qué significa 'Y están contra las cuerdas' (11)? ¿De dónde proviene la metáfora?

   d. ¿Cuáles son los principales problemas a los que se enfrentan los osos?

   e. 'La construcción de carreteras, pantanos y pistas forestales limita sus posibilidades de variedad genética' (16–17). ¿Qué entiendes por esta frase?

   f. ¿Cómo han cambiado las actitudes ante la caza de los osos?

   g. ¿Qué futuro tienen los osos del Pirineo?

   h. ¿Por qué hay diferencias de opinión entre los optimistas y los pesimistas?

5. **Traducción**

   Traduce al inglés las líneas 32–47 ('**Ya no se matan... con dureza**').

6. **Vocabulario**

a. **Los árboles y la fruta**

En la mayoría de los casos (pero no todos), los nombres de los árboles son masculinos, y los de las frutas, femeninos; p.ej. **avellano/avellana** (4), **castaño/castaña** (4). Da el nombre de las frutas producidas por los siguientes árboles:

el manzano	el naranjo
el almendro	el ciruelo
el cerezo	el peral
el granado	la higuera
el plátano	el limonero
el olivo	

b. **Las crías**

Las crías de los osos se llaman **oseznos** (57). Da los nombres de las crías de los siguientes animales:

vaca	gato
perro	gallina
oveja	cabra
león	caballo
pato	cerdo
conejo	

c. **acabar**

El verbo **acabar** tiene una variedad de funciones; ver, por ejemplo, la línea 15 ('los incendios **acaban con** el hábitat de calidad'). Traduce al español las siguientes frases, utilizando en cada caso el verbo **acabar**:

1. The European Union has just committed itself to the protection of bears in Spain.
2. Forest fires have destroyed their habitat.
3. Poachers will end up killing all the bears.
4. The authorities are trying to put an end to the destruction.
5. They have just banned hunting.
6. They ended up banning hunting.
7. We have just seen three bear-cubs.
8. We ended up seeing the three bear-cubs.
9. The group will soon run out of money.
10. We ran out of money.
11. We still have not finished studying the problem.
12. She finished with her boyfriend yesterday.

7. **Escritura guiada**

Imagina que acaba de prepararse una serie de televisión sobre los osos pardos de España. Escribe un artículo para la prensa explicando el contenido de la serie y los principales puntos de interés.

8. **Tus opiniones**

a. ¿Qué otros animales están en vías de extinción? ¿Te parece importante la conservación de tales especies? Explica tus criterios.

b. Escribe una redacción sobre el siguiente tema: 'Es inevitable que el progreso de la raza humana sea en perjuicio de otras especies. No existe otra posibilidad'.

3. El conflicto Perú–Ecuador y el daño ambiental

Los conflictos limítrofes constituyen una de las características de la historia política de América Latina. El ideal unificador de los próceres Simón Bolívar y José de San Martín, gestado en las postrimerías de la época de la independencia, no llegó a concretarse en la práctica. Hoy en día, en un mundo que tiende cada vez más a la globalización, resulta
5 difícil comprender la razón por la cual los litigios limítrofes puedan seguir siendo una constante en Latinoamérica.

Las razones que explican este anacronismo son múltiples; probablemente las principales causas haya que encontrarlas en la necesidad de alimentar un nacionalismo basado en una diferenciación artificial con vecinos muy similares y en la necesidad de justificar altos
10 presupuestos militares en una región que se caracteriza por un alto protagonismo político de las fuerzas armadas.

En relación con la primera de las apuntadas premisas, es claro que las fronteras en América Latina no se corresponden necesariamente con la identidad étnica y cultural de los pueblos. Para citar algún ejemplo, las provincias del norte argentino guardan una
15 mayor similitud con Bolivia y con los países andinos que con Buenos Aires; el Uruguay tiene una gran afinidad con la Pampa argentina como lo tiene parte de la Patagonia con Chile. Los estados del sur de México se asemejan más a Guatemala que al norte del país.

En cuanto al segundo de los motivos citados, sobrados son los ejemplos en los cuales los estados se han visto enfrentados en conflictos bélicos como así también aquellos en los
20 cuales los militares han hecho uso de un poder otorgado expresa o tácitamente por la ciudadanía para restablecer el orden, excediendo el marco de sus funciones. Pero, ¿cómo justificar ahora un abultado presupuesto militar cuando América Latina ha restablecido los valores democráticos en el contexto de los cuales lo militar sólo se entiende como sinónimo de defensa?

25 El conflicto limítrofe entre el Perú y el Ecuador es un claro exponente de lo que acabamos de precisar. Veamos por qué. En primer término: ¿cuál es la diferencia étnica y cultural que diferencia a los dos estados? Ambos forman parte de la rica tradición cultural andina, comparten una historia común y valores comunes. Si de por sí es difícil explicar la existencia de dos estados tan similares, con tantos elementos en común,
30 tanto o más dificultoso aún resulta determinar con exactitud las fronteras físicas entre ellos. La arbitrariedad es el único parámetro a considerar. El nacionalismo se revela como un componente necesario para alimentar el nacimiento de una cultura nacional inexistente, para marcar diferencias que en realidad no existen o son poco perceptibles. El nacionalismo alimenta al extendido mito de las pérdidas territoriales.

35 En segundo término: ¿qué papel asignarle a dos fuerzas armadas con roles protagónicos en el contexto de dos países con regímenes democráticos y, en el caso del Perú, con un movimiento terrorista al que había que combatir y que ahora se encuentra virtualmente desarticulado? ¿Cómo insertarlas en un nuevo contexto de democratización y regionalización?

40 No se trata de ver aquí quién tiene razón o si la disputada Cordillera del Cóndor le corresponde al Perú o al Ecuador. Nadie tiene razón en una guerra. Excepto los perjudicados. Y en este caso los perjudicados no son sólo los pueblos peruano y ecuatoriano en general (y la unidad de Latinoamérica que se ve resentida por este conflicto innecesario), sino principalmente los aborígenes y su medio. El escenario del
45 conflicto armado, la llamada Cordillera del Cóndor, es un sitio habitado por diversos grupos étnicos de origen amazónico: Shuar, Achuar, Siona, Secoya, Cofan, Shiwiar, y Quichua. Todas estas culturas forman parte de una misma nación que, con el trazado de la frontera entre las partes en el conflicto, se han visto separadas y enfrentadas. Y hoy por hoy, seriamente amenazadas.

50 Aun cuando todo hace pensar que la guerra entre los dos países ha terminado, el conflicto sigue latente. La delimitación definitiva de la frontera, supuesta garantía para la paz, no se ha realizado aún. La amenaza para los pueblos que habitan el lugar sigue vigente. Obligadas a participar en la lucha, las tribus se han visto diezmadas; cientos de kilómetros cuadrados de selva virgen han sido arrasados; los árboles y los sembradíos
55 han sido destruidos, los ríos contaminados con los cadáveres, los animales han huido. Las denuncias efectuadas en los foros internacionales han sido inútiles. Y ahora que las armas parecen haber callado, ¿quién va a hacerse cargo de reparar el daño ambiental?

Alejandro Iza, *Noticias Latin America*, junio de 1995

Notas

1.	**haya** (8)	Cuando el verbo modificado por **probablemente** se refiere al presente o al pasado, el uso del subjuntivo es opcional; ver Butt & Benjamin, 16.3.2.

2. **el Uruguay** (15)   Los escritores americanos utilizan el artículo definido con los nombres de varios países con mucha más frecuencia que los españoles; cf. **el Perú**, **el Ecuador** (41).

3. **asignarle** (35)   Es muy frecuente en el español contemporáneo utilizar **le** en vez de **les** cuando el uso del pronombre es redundante (aquí **le** anticipa el complemento indirecto **fuerzas armadas**). Según Butt & Benjamin, es mejor no imitar este uso en la lengua escrita formal (ver 11.16.3).

4. **regímenes** (36)   Hay cambio de acento entre el singular y el plural: régimen, pero regímenes. Cf. carácter, caracteres.

5. **movimiento terrorista** (37)   Se refiere al **Sendero Luminoso**.

Explotación del texto

1. Explica las siguientes expresiones mediante sinónimos, definiciones de diccionario, ejemplos, etc.: **conflictos limítrofes** (1); **postrimerías** (3); **concretarse** (3); **sobrados** (18); **abultado** (22); **trazado** (47); **sigue latente** (51); **sigue vigente** (52–53); **sembradíos** (54).

2. **Gramática**
    a. Explica la estructura gramatical de **expresa o tácitamente** (20).
    b. ¿Por qué se utilizan los adjetivos singulares **peruano/ecuatoriano** para modificar el sustantivo plural **pueblos** (42–43)?

3. **Datos básicos**
    Da algunos datos básicos sobre: **Simón Bolívar** (2); **la Pampa argentina** (16); **la Patagonia** (16); **la Cordillera del Cóndor** (40).

4. **Comprensión**
    a. Según el autor, ¿en qué consiste el daño ambiental?
    b. ¿Cuál ha sido la actitud de otros países ante el conflicto y el daño? ¿Han sido positivas sus intervenciones?
    c. ¿Cuál es la actitud del escritor ante el daño ambiental?

5. **Traducción**
    Traduce al inglés las líneas 25–34 ('**El conflicto... pérdidas territoriales**').

6. **Resumen**

Haz un resumen del texto *en inglés* (150 palabras).

7. **Tus opiniones**

a. 'Y ahora que las armas parecen haber callado, ¿quién va a hacerse cargo de reparar el daño ambiental?' (56–57). A tu juicio, ¿quién tiene la responsabilidad de hacer las reparaciones?

b. ¿Te parece válido hablar de la unidad de América Latina?

c. 'Nadie tiene razón en una guerra' (41). Escribe una breve redacción sobre este tema (máximo de 250 palabras).

d. Los tres textos de esta sección identifican varios factores que dañan el medio ambiente (p.ej. la urbanización; la caza; las guerras). Escribe una redacción sobre las causas más importantes del deterioro medioambiental (250 palabras).

Sección B: Ejercicios de gramática

1. En el texto *El conflicto Perú–Ecuador*, se utiliza la forma **pérdidas** (34); sin la tilde la palabra sería totalmente diferente (**perdidas**). Las palabras siguientes no llevan tilde, pero es posible crear nuevas palabras añadiendo la tilde (en algunos casos se pueden crear dos formas nuevas); indica todas las formas posibles, y explica las diferencias entre ellas:

perdidas (participio pasado)   >   pérdidas (sustantivo)

cante _____ > _____

viaje _____ > _____

se _____ > _____

continuo _____ > _____

estudio _____ > _____

te _____ > _____

celebre _____ > _____

practico _____ > _____

termino _____ > _____

titulo _____ > _____

ultimo _____ > _____

tramite _____ > _____

ingles _____ > _____

prospera _____ > _____

publico _____ > _____

2. **Expresiones de similitud/diferencia** (ver *El conflicto Perú–Ecuador*, 14–17, etc.)

Traduce al español:

a. Galicia is similar in many respects to northern Portugal.
b. Spain is different from most other European countries.
c. Culturally, Peru and Ecuador are very similar.
d. Nationalism often serves to distinguish one country from another.
e. He is just like his father.
f. The two sisters are remarkably similar.
g. Peru is very different from what I had expected.
h. In many respects Uruguay is the same as I had expected.

3. **La voz pasiva** (ver Butt & Benjamin, cap. 28)

Traduce al español las siguientes frases, utilizando el pronombre reflexivo 'se':

a. The environment must be protected.
b. Thousands of trees are cut down every year.
c. Many of the most popular beaches have been destroyed.
d. 'Green' political parties have been created to protect the environment.
e. Ministers have been strongly criticized for not having protected the environment.
f. The work to improve the road will be completed next week.

Traduce al español las siguientes frases, utilizando 'ser o 'estar':

g. The environment has been destroyed by excessive development.
h. The trees were cut down by some twenty workers.
i. Many of the best beaches are now destroyed.
j. 'Green' political parties have been created by people who wish to protect the environment.
k. Ministers have been strongly criticized by the press for not having protected the environment.
l. The work to improve the road is now completed.

4. **El subjuntivo (con expresiones impersonales)**

Lee el capítulo 16 de Butt & Benjamin, y estudia los siguientes ejemplos:

'**No es que** por instinto **odie** el color verde... ' (Texto 1, 8)

'**Es raro que se paguen**... más de siete millones de pesetas... ' (Texto 2, 32–33)

'... **es claro que** las fronteras... no **corresponden**... con la identidad étnica...' (Texto 3, 12–13)

En las frases siguientes, transforma el infinitivo en el modo y tiempo adecuados:

a.   Es natural que (ellos, pensar) ___piensen___ así.

b.   Es lógico que (ellos, preocuparse) _____ por el futuro.

c.   No es que los seres humanos (ser) ___sean___ capaces de solucionar el problema.

d.   Es evidente que el oso pardo (estar) ___esté___ en vías de extinción.

e.   Es raro que (pasar) ___pase___ por aquí un oso.

f.   Puede que los osos (desaparecer) ___desaparezcan___ de España este siglo.

g.   Es verdad que los conflictos limítrofes (constituir) ___constituyen___ una de las características de la historia americana.

h.   Es que los árboles no (producir) ___producen___ beneficios.

i.   No está bien que aún no (solucionarse) ___se solucione___ el problema.

j.   Es mejor que los (ellos, dejar) ___dejen___ en paz.

k.   Es curioso que (ellos, intentar) ___intenten___ justificar el abultado presupuesto militar.

l.   Es significante que el conflicto (seguir) ___siga___ latente.

5.   **La negación**

Estudia el capítulo 23 de Butt & Benjamin (especialmente el 23.3), y los siguientes ejemplos sacados de los textos de este capítulo:

   '**nadie nunca** le mete mano' (1, 6)
   'a **nadie** sorprende lo más mínimo' (1, 19–20)
   '**nadie** practica la vieja y arriesgada técnica' (2, 35)
   'Ellos **jamás** atacan' (2, 45)
   '**Nadie** tiene razón en una guerra' (3, 41)

Traduce al español las siguientes frases, dando en cada caso dos versiones españolas, variando la posición de los pronombres o adverbios negativos:

   Ejemplo: Nobody is right = Nadie tiene razón/No tiene razón nadie.

a.   Bears never attack human beings.

b.   Nobody ever accuses these arsonists.

c.   Nobody is surprised by this.

d.   They never pay anything.

e.   The hunters never admit that they are lying.

f.   Neither of them saw the bear; I didn't see it either.

g.   Nothing of the old square remains.

h.   I know of no one more suitable for this job.

i.   At no point did they think of the environmental consequences.

j.   No bears are ever aggressive.

Sección C: Traducción al español

Since 1973, the bear has been a protected species under Spanish law. This means that bear-hunting is prohibited, and that anyone found guilty can be fined as much as 50 million pesetas. However, many conservationists feel that rather than fining or jailing poachers, it would be more effective to educate them to ensure that their attitudes change. Contrary to popular opinion, bears do not represent a threat to humans, and under a programme funded by the European Union, farmers now receive compensation for any damage which bears inflict on livestock or beehives.

In effect, what the conservationists are doing is conducting a public relations exercise on behalf of the bear; until recently bears were killed regularly because they were seen as the enemy of man, but many people, especially the young, now see bears as a great asset. Bear-hunters, once considered heroic figures, have become villains almost overnight. The traditional industries of northern Spain – mining, livestock farming – have undergone a crisis in recent years, and the authorities are looking at ways of developing quality tourism, a tourist industry which would respect the natural resources precisely because the natural resources would be the main attraction for the tourist. It would be ironical if the bear, for so long the enemy of man, became the symbol of the area's regeneration.

Sección D: Documento sonoro

Los diez mandamientos verdes

Escucha la sección de la cinta que corresponde al Capítulo 5, y luego haz los ejercicios que se dan a continuación. Antes de escuchar la cinta, consulta el diccionario si no conoces las siguientes palabras: **derroche**; **goteos**; **desperdicios**; **desechos**; **rehusar**; **envases**; **almacenar**; **abrillantador**; **ambientador**; **lejía**; **inodoro**; **degradarse**; **basura**; **envoltorio**; **talar**; **carburante**; **todoterreno**; **nocivos**.

1. Busca las expresiones utilizadas por Laura y Fernando que corresponden a las siguientes expresiones inglesas: 'switch off the lights'; 'washing-machine'; 'do not switch on the dish-washer'; 'returnable glass bottle'; 'antifreeze for the car'; 'plastics are expensive to produce'; 'take your litter with you'.

2. **Comprensión**
   a. ¿Cuáles son los tres electrodomésticos más importantes?
   b. ¿Qué entiendes por la expresión 'Será bueno... para tu bolsillo' (primer consejo)?
   c. ¿Ahorras mucha agua si tomas una ducha en vez de bañarte?
   d. ¿Qué hay que hacer antes de poner en marcha el lavavajillas o la lavadora?
   e. Explica la ley de las tres **erres** (tercer consejo).
   f. ¿Qué es lo que se debería hacer con las pilas gastadas?
   g. ¿Cuáles son los problemas relacionados con los plásticos?
   h. ¿Es posible reutilizar las bolsas de plástico?
   i. ¿Qué es lo que podemos hacer para proteger los bosques?

  j. ¿Qué es lo que se nos recomienda para los trayectos cortos en las ciudades?

  k. ¿Qué tipo de coche recomienda Fernando?

  l. Explica en tus propias palabras el último consejo.

3. Busca cinco ejemplos de 'mandamientos' negativos, y cinco positivos. Explica la diferencia gramatical entre los dos tipos.

4. **Estilo indirecto**

  Expresa en estilo indirecto los ejemplos que diste en el ejercicio anterior.

   (**Ejemplo**: 'Ahorra energía en tu propia casa' > 'Laura recomienda que ahorremos energía en nuestras propias casas')

5. Escucha bien los acentos de Laura y Fernando. ¿De qué países piensas que provienen? Busca ejemplos de las diferencias de pronunciación entre los dos. (Si encuentras difícil este ejercicio, escucha la cinta con una persona de habla española, para que te señale algunas de las diferencias.)

6. **Ejercicios de pronunciación**

  a. Escucha la pronunciación de la **r** múltiple (por ejemplo en la última parte del tercer consejo: '**R**ehusa folletos gratuitos. **R**ecuerda la ley de las tres e**rr**es: **r**educir, **r**eutilizar y **r**eciclar'). Pronuncia los siguientes pares de palabras, distinguiendo entre la **r** simple y la múltiple:

      ahora/ahorra
      pero/perro
      caro/carro
      coro/corro
      moro/morro
      para/parra
      poro/porro
      pera/perra
      vara/barra
      cura/curra

  b. El sonido de la **-r-** simple es mucho más tenso en español que en inglés; escucha, por ejemplo, la pronunciación de la **-r-** en posición posconsonantal en las siguientes palabras sacadas del consejo número 9: **encontrado**; **primer**; **encuentres**; **práctica**; **motocross**; **destruyendo**.

   Ahora pronuncia las siguientes palabras: **tres**; **tráfico**; **encuentra**; **trozo**; **cuadro**; **tigre**; **trono**; **práctica**; **problema**; **tremendo**; **droga**; **drama**; **crédito**; **compra**; **contra**; **vidrio**; **brillo**.

7. **Un trabalenguas**

Practica la pronunciación de la **r** mediante la repetición de la primera parte del conocido trabalenguas:

> **Tres tristes tigres triscaban trigo en un trigal...**

(Nota: aun los hispanohablantes encuentran difícil la repetición de este trabalenguas...)

Sección E: Temas orales

Salvar la tierra

Consejos e instrucciones

Expresiones útiles para dar órdenes, consejos o recomendaciones:

Hace falta	Tienes que	Imperativos
Es necesario	Debes	Se debe/Se tiene que/Se puede
Se necesita	Hay que	No se permite/Se prohíbe
Está prohibido	Está permitido	Es preciso

- Recuerda que muchas de ellas, p.ej. *Es necesario, Está prohibido...,* pueden ir seguidas por infinitivo o por una oración subordinada introducida por *que* y el verbo en subjuntivo.

  (**Ejemplo**: Es necesario reciclar el papel. Es necesario que reciclemos el papel.)

- Entre todos los alumnos de la clase, intentad hacer una lista con los problemas que afectan al medio ambiente, desde la *desertización* hasta el *efecto invernadero*. Anotad todos los que se os ocurran. (Algunas ideas: energía, basuras, agua, contaminación, ozono, árboles...)

- Utilizando la información que habéis recopilado, haced una lista de recomendaciones utilizando las expresiones arriba mencionadas.

Actividad en parejas

A continuación tenéis una lista de ideas o consejos para contribuir a la conservación del medio ambiente. El estudiante A tiene determinada información que al estudiante B le falta y viceversa. La información correspondiente al estudiante B se encuentra en el Apéndice C, págs. 199–200. Inventad preguntas de acuerdo con el texto de cada consejo. Lee antes la frase para saber exactamente qué información necesitas y qué tipo de pregunta le tienes que hacer a tu pareja.

Ejemplo: Para la frase n°2, el estudiante A podría hacer la siguiente pregunta a su compañero B:

¿Qué puedo hacer en vez de bañarme para ahorrar agua? ¿Cuántos litros de agua se ahorran de esta manera?

Y el estudiante B le contestará:

Es mejor que te duches en vez de bañarte y de esta manera ahorrarás más de 100 litros de agua cada vez que te laves.

Ahora, completa la información que te falta en las siguientes frases:

Estudiante A

1. No utilices los desagües ni los ríos ni los mares como si se tratara de un cubo de basura.

2. Es mejor que _____, en vez de bañarte: de esta manera sencilla ahorrarás más de _____ litros de agua cada vez que te laves.

3. Cierra bien los grifos.

4. _____ y _____ productos de limpieza biodegradables.

5. _____ las papeleras y los contenedores de basura.

6. Es necesario reciclar el papel, el plástico, el metal y el vidrio.

7. _____ árboles.

8. No camines fuera de los senderos ni esquíes fuera de las pistas porque así ayudarás a conservar la vegetación y no molestarás a los animales.

9. _____ a la matanza de animales para confeccionar abrigos de piel.

10. No tires las pilas a la basura porque contienen mercurio y es peligroso. En vez de ello, deposítalas en contenedores especiales que encontrarás en muchas tiendas.

11. Para ahorrar energía _____ la luz cada vez que salgas de tu habitación y _____ la televisión encendida si no la estás viendo.

12. Protege todos los animales y ayuda a la conservación de las especies en peligro de extinción: son seres como tú.

13. _____ para evitar aglomeraciones y contaminar menos.

14. _____

15. Separa la basura: tira los residuos orgánicos al cubo de basura y el papel, vidrio, plástico, hojalata y las pilas a sus respectivos contenedores.

16. Para evitar el enorme consumo de papel de la publicidad, puedes _____, creada por la Unión de Consumidores y la Asociación de Márketing Directo.

17. Una colada necesita 200 litros de agua, por eso es aconsejable llenar la lavadora.

Temas de conversación

En parejas, grupos o entre toda la clase comentad las siguientes cuestiones:

1. *'Todos somos responsables de la conservación de la naturaleza'*. (Ideas a tener en cuenta: responsabilidad de gobiernos, ayuntamientos, grandes industrias, etc., la educación en el colegio y en la familia, la cooperación internacional, la responsabilidad individual...)

2. *'El ruido también contamina'*. ¿Qué opinas de esta afirmación? ¿Sabes si en tu país existen leyes que regulen los niveles de ruido excesivos? ¿Te molestaría vivir cerca de una discoteca, pub, o de una calle muy transitada? ¿Sabías que alrededor de una cuarta parte de los gastos medioambientales se destinan a indemnizaciones a trabajadores por problemas auditivos sufridos en su lugar de trabajo?

3. ¿Crees que las organizaciones ecologistas tipo *Greenpeace* son realmente útiles o por el contrario te parecen demasiado idealistas y poco preocupadas por otros problemas más importantes como, por ejemplo, la pobreza y miseria del Tercer Mundo o el tráfico de armas entre países?

4. La privatización de empresas dedicadas a la explotación de fuentes de energía (agua, gas natural, carbón, etc.) como las centrales hidroeléctricas o las térmicas es una medida positiva y rentable. ¿Qué opinas de esta afirmación?

5. Ventajas e inconvenientes del transporte público (con relación al medio ambiente).

6. Para hacer una tonelada de papel es necesario talar unas 5,3 hectáreas de bosque, por lo que una manera de ayudar a evitar esta tala excesiva es utilizar papel reciclado. Sin embargo el proceso de reciclaje de papel es a su vez muy contaminante debido a la cantidad de productos químicos que se usan para ello. ¿Cuál de los dos 'males' te parece menos pernicioso: esa tala excesiva que puede llevar a la deforestación o el aumento de los niveles de polución en el aire, ríos y mares?

CAPÍTULO 6

EL MUNDO DEL TRABAJO

Sección A: Textos escritos

1. Bautizo profesional de los estudiantes

Marta Román tiene 22 años y estudia cuarto curso de Ingeniería Industrial en la Universidad Politécnica de Cataluña (UPC). Cada martes desde hace unos cuantos meses toma el tren en su ciudad, Sabadell, y viaja a Barcelona, donde coge el metro en dirección a Badalona. Se apea en la última estación de la línea y camina más de un cuarto
5 de hora hasta llegar a su cita semanal con Isabelle Aitcin, una joven ingeniera industrial que dirige las obras de un nuevo centro comercial. Isabelle es la *madrina* de Marta. Aunque no la de bautismo, sino la profesional.

La misión de la ingeniera es desvelar a su *ahijada* los intríngulis del oficio y mostrarle cómo aplicar la teoría que ha aprendido en la carrera. Ambas participan en el programa
10 piloto de *apadrinamiento* de la UPC, que consiste en poner en contacto a estudiantes –como Marta– con profesionales –como Isabelle–. Un centenar de alumnos de cuarto de Ingeniería Industrial de la Politécnica de Cataluña participan en esta experiencia totalmente nueva en España, pero muy extendida en otros países.

Lo explica Isabel Puig, ingeniera industrial, responsable en Cataluña de los asuntos
15 comerciales de la constructora Fercaber –del grupo francés Bouygues–, para la que también trabaja Isabelle Aitcin, nacida hace 27 años en Sherbrooke (Canadá) y formada en la universidad de su ciudad. Puig estudió los últimos años de su carrera en la École Centrale de París (Francia), donde fue pupila de un ingeniero de Bouygues. La ayuda de su preceptor le fue de perlas. No sólo vivió de cerca la profesión, sino que acabó
20 consiguiendo un empleo en la empresa.

Ahora que la UPC ha puesto en marcha el programa, Puig se ha apuntado rápidamente a él, como también lo ha hecho su colega y compañera de trabajo Isabelle Aitcin. En total, una cincuentena de ingenieros industriales colaboran en el proyecto, algunos de

25 ellos con cargos de responsabilidad en importantes empresas. "La experiencia es genial para el alumno", opina Puig, "porque cuando estudias no tienes ni idea de qué es lo que hace un ingeniero". Además, se apresura a añadir, le sirve a la empresa, ya que "siempre hay una mayor predisposición a contratar a alguien que se conoce, se sabe cómo es y cómo trabaja".

30 Aitcin asiente y agrega que al profesional también le es útil la relación con el *ahijado*. "Es muy gratificante. Cuando viene Marta me relajo y dejo a un lado las preocupaciones", comenta. Para Marta, el contacto con el trabajo –en el sector de la construcción– ha sido todo un descubrimento: "He aprendido que una directora de obra tiene funciones que jamás hubiera imaginado, como coordinar, gestionar y, a veces, hacer de psicóloga. Ahí está la gracia, en la variedad de quehaceres, y también en lo libre que es esta 35 profesión".

El alumno Javier Bonet, de 22 años, pidió un *padrino* del sector educativo o bien que su ámbito fuera la robótica. Le correspondió el propio rector. El estudiante recuerda: "En un principio, pensé que el trabajo del rector sería muy aburrido. Pero no es así. Estuve toda una mañana con él y la verdad es que hizo muchas cosas y variadas. Solucionó 40 varios problemas. Tuvo una entrevista con una persona importante y hablaron de asuntos serios".

Entre los *padrinos*, hay ingenieros con cargos de dirección en importantes empresas. Como Josep Vila, director general de Aguas de Barcelona. Vila dice que, para él, la experiencia ha sido "muy interesante": "He podido comprobar que los estudiantes de 45 hoy tienen algunas inquietudes que ya sentíamos en mi época, como la preocupación por encontrar un empleo, si bien hoy es mayor, y la impresión de que la carrera es demasiado generalista. No comprenden aún que es una ventaja, porque una formación general se adapta a cualquier actividad y que la profesión no llega a conocerse bien hasta después de 20 o 30 años de trabajo".

50 Otro *padrino*, Josep María Giró Roca, director financiero de Danone, asegura que le habría gustado que un ingeniero le hubiera *apadrinado* cuando él estudiaba. "Creo poco en la transferencia de la experiencia, pero sí me siento capaz de ayudar a los jóvenes a entender la vida profesional", señala.

Isabel Puig ve más útil la participación en el proyecto de ingenieros jóvenes. "A los 55 alumnos les da más confianza, y los *padrinos* disponen de más horas para estar con ellos". También cree que lo mejor es que las alumnas sean *apadrinadas* por mujeres: "Tenemos que demostrar continuamente que valemos. Así es que si las estudiantes lo saben de antemano, mucho mejor".

Teresa Cendrós, *El País*, 20-6-95

Notas

1. **coge** (3) El verbo **coger** es una palabra tabú en América, donde se utiliza **tomar**.

2. **los intríngulis** (8) = 'los aspectos más difíciles'.

3. **estudias... tienes** (25) **se sabe** (27) Observa estas dos formas de expresar el sentido impersonal; ver Butt & Benjamin, 28.6–7.

4. **lo libre que es** (34) Esta construcción se explica en Butt & Benjamin, 7.2.2.

5. **pidió un padrino** (36) No se utiliza la **a** personal porque **padrino** aquí se refiere a una entidad genérica, no individual.

Explotación del documento

1. Explica las siguientes expresiones mediante sinónimos, definiciones de diccionario, ejemplos, etc.: **curso** (1); **se apea** (4); **centro comercial** (6); **desvelar** (8); **constructora** (15); **formada** (16); **carrera** (17); **le fue de perlas** (19); **contratar** (27); **asiente** (29); **Ahí está la gracia** (34); **comprobar** (44).

2. **Gramática**
   a. Expresa mediante otra construcción: **desde hace unos cuantos meses toma el tren** (2–3).
   b. ¿Por qué se utiliza **sino** (y no **pero**) en las líneas 7 y 19?
   c. Explica las formas **centenar** (11) y **cincuentena** (23). Da ejemplos de otras palabras de este tipo en español.
   d. ¿Por qué se utiliza **estuve** y no **estaba** en la línea 38?

3. **Metáfora**
   El programa de la Universidad Politécnica de Barcelona se describe de forma metafórica (**apadrinamiento**, etc.). Haz una lista de todas las palabras del texto relacionadas con esta metáfora, y explica las correspondencias entre el sentido literal y el metafórico.

4. **Comprensión**
   a. ¿Cuál es la principal función del programa de **apadrinamiento**?
   b. ¿Es este programa exclusivo a España?
   c. ¿Por qué fue positiva la experiencia de Isabel Puig?
   d. ¿Por qué están dispuestas las empresas a participar en el proyecto?
   e. Según Josep Vila, ¿cuáles son las semejanzas entre los estudiantes de hoy y los de antes?

5. **Resumen**

    Haz un resumen *en inglés* de este artículo (150 palabras).

6. **Traducción**

    Traduce al inglés las líneas 29–35 ('**Aitcin asiente... esta profesión**').

7. **Tus opiniones**

    a. En términos generales, ¿cuáles son los aspectos positivos y negativos de los programas de experiencia laboral?

    b. 'Una formación general se adapta a cualquier actividad' (47–48). ¿Te parece importante que los estudios universitarios preparen a los estudiantes para una profesión?

    c. 'Lo mejor es que las alumnas sean apadrinadas por mujeres' (56). ¿Te parece válido este punto de vista?

    d. Los estudiantes de español normalmente pasan un año académico en el extranjero. ¿Cuáles son las ventajas y desventajas de obtener un puesto de trabajo durante este período?

2. Invasión de 'canguros'

They come up/present hemselves,

Acuden a cientos. Una docena de empresas traen a nuestro país anualmente centenares de jóvenes de distintos países europeos interesadas en aprender español trabajando como *au pairs* (canguros). El interés de jóvenes nórdicas y francesas por aprender español se nota tanto en los últimos años que se puede decir que el mercado está

5   realmente en alza.

El de *au pair* es uno de los pocos empleos copados casi completamente por el sexo femenino en el que las francesas, alemanas, suecas, noruegas, e incluso las islandesas se llevan la palma de todo el mercado de chicas europeas que trabajan como canguros en España. En verano las visitas, que duran entre mes y medio y tres meses, se duplican.

10 Vienen a estudiar español al tiempo que enseñan otro idioma.

Position

Desde que España ratificara el acuerdo Europeo sobre la colocación *Au Pair* en 1988, firmado en Estrasburgo 20 años antes, muchas familias españolas se empezaron a animar a contratar chicas europeas para que cuidaran de los niños y repasaran con ellos el inglés, el francés o el alemán durante algunas horas al día. A cambio, las acogían como

15 un miembro más de la familia y les ayudaban a practicar el español.

Estas jóvenes se comprometen normalmente a ayudar un poco en tareas ligeras relacionadas con el cuidado de los niños como hacer sus camas o darles la comida, «pero la *au pair* no está para hacer nada más en la casa porque se trata de un

20 intercambio cultural y la idea de estos programas es que las chicas se integren en la vida familiar», señala Fernando Arredondo, director de Norton Brokers, una de las empresas con más tradición en el sector.

Pero de momento no existe ningún organismo oficial español que se dedique a controlar este tipo de colocación, «que no es ni de estudiante, ni de trabajador, pero participa a la vez de ambas categorías», tal y como señala el texto firmado en Estrasburgo. El vacío
25 legal preside en España el fenómeno de las *au pairs*. Cuando el Gobierno español ratificó el acuerdo europeo, se publicó en el Boletín Oficial del Estado que España designaría un organismo público que se encargara de todo lo relativo a la colocación *au pair* «en el momento en el que se pudieran adoptar las medidas prácticas para la aplicación del Convenio». Hasta la fecha.

30 Según el acuerdo europeo, el tiempo que dedican estas chicas a atender a los niños o enseñarles inglés no puede ser superior a cinco horas diarias. El resto de la jornada lo suelen dedicar a acudir a clase o salir. «El único problema que se plantea», señala el representante de otra de estas empresas, «es que se están trayendo chicas de países del Este para que trabajen, en teoría como *au pairs*, pero a la hora de la verdad se trata
35 muchas veces de un servicio doméstico encubierto y realmente barato. No existe ningún control ni registro de estos casos, aunque se sabe que ocurren».

«Las anglosajonas se siguen resistiendo a aprender nuestra lengua», explica Beatriz Santo Tomás, socia fundadora de la empresa Telebaby, que lleva cuatro años colocando *au pairs* en hogares españoles. Una excepción es el caso de la británica Rosy Lloyd
40 Smith. Tiene 19 años y, aunque no es la primera vez que visita España, se estrena este verano como canguro en nuestro país. Cuenta que le ha llamado la atención la amabilidad de sus vecinos y lo buena que está la comida. Ha venido con la idea de practicar español antes de empezar la carrera de Estudios Hispánicos el próximo año.

«La mejor manera de aprender el vocabulario coloquial es en una familia. Sale más
45 barato y no tiene nada que ver con lo que estudias en los libros», dice Rosy en un español bastante fluido, al que ya ha incorporado coletillas como «sabes» o expresiones como «muy chulo». «Me gustaría repetir el año que viene», afirma convencida, «porque además me ha gustado mucho el ambiente de las noches de Madrid, que no tiene nada que ver con las de Inglaterra».

50 «Las inglesas que vienen a España como *au pairs* no están dispuestas a hacer en las casas ni la mitad de lo que se les exige a muchas españolas por esos países, tareas como limpiar la casa o incluso hacer la comida», añade Santo Tomás. «Aquí tienen la ventaja, de la que las españolas carecen en el extranjero, de que las familias están muy interesadas en que enseñen inglés a los niños».

Susana Pérez de Pablos, *El País*, 6-8-95

Notas

1. **ratificara** (11)   En años recientes el español ha empezado a utilizar con frecuencia las formas **-ra/-se** con **después de que** y **desde que**, aun cuando se refieren al pasado; ver Butt & Benjamin, 14.10.3.

2. **contratar chicas** (13)   No se utiliza aquí la **a** personal porque el complemento directo **chicas** se refiere a una categoría general y no a individuos en concreto.

3. **lo buena que está la comida** (42)   Para esta construcción, ver Butt & Benjamin, 7.2.2.

Explotación del texto

1. Explica las siguientes expresiones mediante sinónimos, definiciones de diccionario, ejemplos, etc.: **canguros** (3); **nórdicas** (3); **el mercado está realmente en alza** (4–5); **se llevan la palma** (7–8); **de momento** (22); **a la vez** (23–24); **Boletín Oficial del Estado** (26); **Hasta la fecha** (29); **se estrena** (40); **la carrera** (43); **coletillas** (46).

2. **Gramática**

   a. Explica el uso del subjuntivo en las líneas 22 (**se dedique**) y 27 (**se encargara**).

   b. ¿Cuál es el género de **jóvenes** en la línea 2?

   c. Da la forma femenina de los siguientes adjetivos: **danés**; **galés**; **irlandés**; **escoceses**; **portugueses**; **holandeses**; **alemán**; **catalán**; **canadiense**; **marroquí**; **iraní**.

3. **Vocabulario**

   En muchos casos el inglés varía el significado de un verbo mediante el uso de preposiciones, mientras que en español hay que utilizar un verbo totalmente diferente (por ejemplo, **mirar** = 'look at', **cuidar** = 'look after').

   a. Traduce al español las siguientes frases:

      1. Julia is looking after her sister. cuidar
      2. Julia is looking for her sister. buscar
      3. Julia is looking at her sister. mirar
      4. Julia looks like her sister. semejar
      5. Julia looks down on her sister. mirar por encima del hombro a …
      6. Julia looks up to her sister. admirar

7. Julia looked in on her sister.
8. Julia is looking forward to her sister's arrival.
9. Julia is looking into her sister's problems.
10. Julia is looking after her sister's shop.
11. Julia is looking through her sister's essay.

   b. Basándote en otro verbo inglés, crea otro ejercicio de este tipo.

4. **Comprensión**

   a. ¿De qué países provienen la mayoría de las **au pairs**?

   b. ¿En qué consiste el trabajo de las **au pairs**? ¿Y en qué no debería consistir?

   c. Según el artículo, ¿se han comportado bien las autoridades españolas?

   d. ¿Por qué piensas que muchas chicas de países del Este van a España?

   e. ¿En qué sentido es una excepción Rosy Lloyd Smith (39–40)?

   f. ¿Ha sido positiva la reacción de Rosy? Explica por qué ha reaccionado así.

   g. Explica las diferencias entre las inglesas que trabajan en España como **au pairs**, y las españolas en Inglaterra (50–54).

5. **Escritura guiada**

   a. Como director(a) de una agencia **au pair**, redacta un anuncio para la prensa, animando a los jóvenes a trabajar como **au pairs** en España.

   b. Habiendo leído el anuncio, escribe una carta solicitando un puesto de **au pair** en España. (Hay cartas modelo en el diccionario *Oxford*, pág. 805, y en el diccionario *Collins*, pág. 854.)

   c. Incluye con la carta tu *currículum vitae*. Si no sabes preparar el *currículum*, el que damos a continuación en la página 112 puede servir de modelo.

6. **Tus opiniones**

   a. 'La mejor forma de aprender el vocabulario es en una familia. Sale más barato y no tiene nada que ver con lo que estudias en los libros' (44–45). Da tus opiniones sobre las mejores formas de aprender y de enseñar una lengua (lengua escrita/lengua hablada; lengua formal/lengua informal; la importancia de vivir en un país donde se habla la lengua que se estudia; la mejor forma de pasar un período en el extranjero; etc.).

   b. ¿Te parece positivo o negativo el sistema de **au pair**?

   c. El texto se refiere exclusivamente a las chicas como **au pairs**. ¿Es lógico excluir a los chicos?

Como hacer un currículum vitae

Datos Personales

Nombre y apellidos:

Fecha de nacimiento:

Lugar de nacimiento:

Estado civil:

Nacionalidad:

Domicilio:

Teléfono:

Formación Académica

1996–	Estudiante de _____ en la Universidad de _____ .
Junio 1996	A-levels (Equivalente al bachillerato superior español) en _____ , cursados en _____
Junio 1994	GCSEs (Certificado General de Enseñanza Secundaria) en _____ , realizados en _____

Otros Títulos

(En esta sección se pueden incluir otros certificados o títulos que no sean estrictamente académicos.)

Experiencia Profesional

(Se incluyen los trabajos realizados hasta el momento, del más reciente al más antiguo y explicando brevemente en qué consistían, lugar, fecha, empresa...)

Idiomas

Informática

Aficiones

Referencias

(El currículum debe estar fechado y firmado a mano, a no ser que vaya acompañado de una carta de presentación, en cuyo caso ésta llevará la fecha y la firma.)

3. Cuando mandan las mujeres

El trazo delicado de la nariz y el perfil gracioso de Any Ventura se destacan contra el fondo oscuro de la biblioteca mientras ella habla, con claridad, segura de sí misma, moviendo las manos expresivas, que acomodan el pelo oscuro, abundante y enrulado, o siguen el dibujo de la tela del sofá, persiguiendo en el aire las palabras exactas, expresadas con cierto énfasis. Any Ventura tiene mucho que decir. Socióloga y periodista activa, ha escrito tres libros anteriores sobre el tema y el cuarto, recién aparecido, *Las que mandan*, lleva un subtítulo algo inquietante: "El poder de las mujeres en la Argentina menemista". A Any, según confiesa, le interesa la política desde el fenómeno que se produce cuando se llega a tener poder.

—Porque —agrega— tanto hombres como mujeres cambian de personalidad y de hábitos.

—Pareciera que muchos cambian para peor.

—En general, al lograr poder la gente se confunde y pierde la noción de cómo llegó, y se convierte en otra cosa. Cree que este poder le corresponde o es genético, y no imagina que puedan sacárselo.

—Pierde la dimensión de la realidad. ¿Fue por eso que decidiste escribir este libro acerca de las mandonas?

—En la facultad, siendo estudiante, tenía un libro de cabecera, *Los que mandan*, de José Luis de Imaz, que era una radiografía de los sectores poderosos de la Argentina. Al proponerme Planeta hacer *Las que mandan*, me pareció que podía llevarlo adelante. Pedí la libertad necesaria para hacer lo que yo quería y me la dieron. Quería dar una mirada diferente, dar una vuelta de tuerca. Las mujeres poderosas son muy conocidas y a algunas, incluso, ya las había entrevistado. Pero el periodismo te da una cosa muy inmediata, muy coyuntural, y yo sentía, a medida que me fui convirtiendo en más profesional, que me faltaba una posibilidad de conceptualizar, una reflexión mayor sobre las cosas, una posibilidad de no ser tan obvia. Y en *Las que mandan* creo que lo logré.

—Veo que el libro está organizado en catorce capítulos, que llevan títulos llamativos. Por ejemplo: "Las confidentes", donde figuran mujeres de hombres importantes, como Sonia Cavallo; "Señoras de ley", dedicado a las juezas más notorias; "Viudas Vip" (ahí está, junto a otras, Amalita Fortabat), "Las dueñas de la calle", "Patricias argentinas", "Las sospechosas de siempre", "Las usurpadoras"... y todas son muy conocidas. ¿Con qué criterio las elegiste?

—Suele ocurrir que acerca de las mujeres y el poder haya una concepción básica y machista; es decir, cuando hablás del tema, los hombres te dicen: "Pero, bueno, todas mandan en la casa. La mía me tiene cortito". Yo quería mujeres cuyo poder fuera reconocible, no sólo que mandaran en su casa.

—¿Dirías que la ambición es el común denominador de esas mujeres?

—Sí, no tienen paz, no descansan. Y sí, tienen claro el objetivo de mandar, el sentido del poder y, esto es muy importante, son grandes negociadoras, atributo que, en general, las mujeres no tenemos. Por otra parte, no temen quedarse solas, cosa para la cual no nos educaron. Los hombres que llegan al poder lo hacen siempre acompañados de mujeres; en el caso de las mujeres, no, suelen llegar solas: los maridos quedan por el camino. Las mujeres que mandan en la Argentina se visten de traje sastre, se montan sobre las hombreras y los tacos altos, se peinan en la peluquería, usan *bijouterie* fina. No circulan de *blue jeans* o de pollera suelta. No es lo mismo: la ropa te afirma.

—*¿Entrevistaste a las cuarenta y seis mujeres que están en el libro?*

—A algunas. Investigué mucho y tenía información de todas.

—*¿Hay diferencia entre los hombres y las mujeres en el poder?*

—Sí, las mujeres no reflexionan sobre el poder ni alardean del placer ni de la certeza de tenerlo.

—*¿Qué problemas se te plantearon?*

—Elegirlas y diferenciarlas. Por ejemplo, dónde ubicar a María Estela Martínez de Perón y a María Kodama, que transforman el talento o el poder de sus maridos y lo usurpan. Las metí en el capítulo "Las usurpadoras". En el de "Las sospechosas de siempre" incluí a mujeres que, aun habiendo llegado al poder legítimamente, se convierten en sospechosas, como María Julia Alsogaray. Y, dato curioso, me di cuenta de que las mujeres son mucho más respetuosas de los pactos de silencio de los hombres que ellos mismos. Pensá en la diferencia entre el caso Cavallo y el caso Matilde Menéndez.

—*¿Por qué, en general, las mujeres jóvenes no llegan al poder?*

—Porque antes tienen que haber cumplido con los mandatos, lo digo en el libro: ocuparse de sus hijos, de la familia. Llegan al poder cuando han cumplido los cincuenta años y ya no se pueden distraer.

—*Vos sos redactora jefa de la revista Gente. ¿Sentís que tenés poder?*

—Sí. Tengo algo bueno: soy creíble, y esto me convierte en poderosa. Defendí un espacio, lo supe hacer, no soy corrupta y los muchos años de trabajo hacen que uno tenga un lugar preservado.

María Esther Vázquez, *La Nación* (Buenos Aires), 26-1-97

Notas

1. **trazo**, **perfil** (1)   = 'línea, silueta'.

2. **acomodan** (3) = 'arreglan'; uso típico de esta palabra en el español de América. Otros ejemplos de americanismos en este texto son: **enrulado** (3), = 'rizado'; **sacárselo** (14), = 'quitárselo'; **tacos** (42), = 'tacones'; **pollera** (43), = 'falda'.

3. **dibujo** (4) = 'estampado'.

4. **menemista** (8) Adjetivo derivado de **Menem**, apellido del Presidente argentino. El sufijo **-ista** sigue siendo muy productivo.

5. **se llega** (9) Uso impersonal; = 'uno llega, la gente llega'.

6. **Pareciera** (11) Americanismo sintáctico. En el español peninsular habría que utilizar **parecería**; ver Butt & Benjamin, 14.7.5.

7. **mandonas** (16) En muchos contextos, esta palabra es fuertemente despectiva; aquí no lo es.

8. **Planeta** (19) Nombre de una editorial.

9. **Sonia Cavallo** (27–28) Su esposo era ministro del gobierno argentino.

10. **las juezas** (28) Este neologismo todavía no ha reemplazado a la forma tradicional **las jueces**.

11. **Amalita Fortabat** (29) Empresaria argentina.

12. **hablás** (32) Ejemplo del **voseo**, típico del español argentino y uruguayo; ver Butt & Benjamin, 11.3.1. **(Vos) hablás** equivale a la forma **(tú) hablas** del español peninsular. Otros ejemplos del **voseo** en el texto son: **Vos sos** (61), **Sentís** (61), y **tenés** (61).

13. **me tiene cortito** (33) = 'no me permite mucha libertad'.

14. **se montan** (41) = 'se suben, crean la ilusión de ser más altas'.

15. **suelta** (43) = 'amplia, holgada'.

16. **ubicar** (50) = 'colocar, situar'.

17. **María Estela Martínez de Perón** (50) La tercera esposa del dictador argentino.

18. **María Kodama** (51) Secretaria y esposa del escritor Jorge Luis Borges.

19. **María Julia**   Empresaria.
    Alsogaray (54)

20. **Pensá** (56)   Como parte del sistema del **voseo**, hay formas distintivas
                             del singular del imperativo. **(Vos) pensá** = **(tú) piensa**.

Explotación del texto

1. Explica las siguientes expresiones mediante sinónimos, definiciones de
    diccionario, ejemplos, etc.: **gracioso** (1); **inquietante** (7); **se confunde** (12); **libro
    de cabecera** (17); **radiografía** (18); **llevarlo adelante** (19); **coyuntural** (23);
    llamativos (26); **patricias** (29); **circulan** (43); **alardean** (47).

2. **El voseo**

    En el español de Uruguay y de Argentina, es normal el uso del **voseo.** Damos
    breves explicaciones en las notas 12 y 20; también se puede consultar la lista de
    las formas verbales más importantes en la página 1.807 del diccionario *Oxford.*
    Estudia las formas del voseo, y luego:

    a. Llena los huecos en el cuadro siguiente:

España	Argentina/Uruguay
tú cantas	_____
tú sabes	_____
tú sales	_____
_____	vos llegás
_____	vos temés
_____	vos decís
tú tienes	_____
_____	vos sentís
_____	vos descansás
tú pides	_____
tú corres	_____
_____	vos mandás
_____	cantá
_____	pedí
habla (tú)	_____
_____	sentate
_____	movete
_____	vestite
levántate	_____
defiéndete	_____
duérmete	_____

b. Adapta las siguientes expresiones a las normas peninsulares:

    i. ¿Qué pensás vos? ¿Que estoy hablando de vos y de tu hermana?

    ii. Sentate aquí. No te preocupés.

    iii. Y vos, ¿a qué hora te acostás?

    iv. ¡Sentate! Dejate de dar vueltas y decime la verdad.

    v. Vos sabés mucho; te acordás de todo.

3. **La gramática (pronombres personales)**

Estudia la siguiente expresión: **Pedí la libertad... y me la dieron** (20).

Ahora, completa las expresiones a continuación, utilizando formas del pronombre personal apropiadas al contexto:

a. Pedí el dinero, y _____ _____ dieron.

b. Pedimos el dinero, y _____ _____ dieron.

c. Pidieron el dinero, y _____ _____ dieron.

d. Ella pidió el dinero, y _____ _____ dieron.

e. Pedí los libros, y _____ _____ dieron.

f. Pedimos los libros, y _____ _____ dieron.

g. Pidieron los libros, y _____ _____ dieron.

h. Ella pidió los libros, y _____ _____ dieron.

i. Pedí las cifras, y _____ _____ dieron.

j. Pedimos las cifras, y _____ _____ dieron.

k. Pidieron las cifras, y _____ _____ dieron.

l. Ella pidió las cifras, y _____ _____ dieron.

m. Pidieron 10.000 pesetas, y _____ _____ dieron.

n. Pedimos 500 dólares, y _____ _____ dieron.

o. Ella pidió 100.000 pesetas, y _____ _____ dieron.

p. Pidieron 700 dólares, y _____ _____ dieron.

4. **Comprensión**

a. ¿Cuál es el aspecto de la política que más le interesa a Any Ventura?

b. Según ella, ¿qué les pasa a las personas que alcanzan el poder?

c. Explica los referentes de los pronombres **se** y **lo** en la línea 14 (**sacárselo**).

d. ¿Por qué siente Any Ventura la necesidad de escribir ese libro?

e. Any Ventura utiliza varias palabras sacadas de otras lenguas (= préstamos). ¿Por qué te parece que utiliza **Vip** (28), **bijouterie** (42), y **blue jeans** (43)?

f. Explica en tus propias palabras la reacción de los hombres ante las mujeres que mandan (32–33).

g. Explica la importancia de la coma entre **no** y **suelen** (40).

h. ¿Qué entiendes por la expresión: 'los maridos quedan por el camino' (40–41)?

    i.   Haz una lista de las diferencias entre los hombres y las mujeres que ejercen el poder, según este artículo.

    j.   ¿Qué actitud adopta la periodista María Esther Vázquez hacia Any Ventura?

5. **Traducción**

Traduce al español el siguiente texto:

Young women are not the ones who hold power in Argentina; they normally have to look after their families. Only when they have fulfilled those responsibilities can they develop their careers, and the ambitious ones may reach positions of power in politics or in the work-place. But they must not be afraid of being alone, something which most women's up-bringing does not prepare them for. Men who reach positions of economic or political power generally have the support of a wife; women in power have usually left their husbands behind.

6. **Tus opiniones**

    a.   'La ropa te afirma' (43). ¿Te parece válida esa afirmación? ¿Te parece más importante para las mujeres que para los hombres? (Consulta también el **Texto 2** del segundo capítulo, *El velo*, en las páginas 26–27.)

    b.   ¿Te parece positiva la imagen de la mujer argentina que se da en este artículo? ¿Ves alguna diferencia entre la situación de la mujer en Argentina y las de España o de Gran Bretaña?

    c.   ¿Es posible alcanzar la plena igualdad entre los hombres y las mujeres en el mundo laboral?

Sección B: Ejercicios de gramática

1. **El subjuntivo en oraciones subordinadas relativas** (ver Butt & Benjamin, 16.14)

Estudia la estructura de las siguientes expresiones:

'... no existe **ningún organismo oficial español que se dedique** a controlar este tipo de colocación...' (Texto 2, 22–23)

'... España designaría **un organismo público que se encargara** de todo...' (Texto 2, 26–27)

Ahora traduce al español las siguientes frases:

    a.   There is no public organization which is responsible for everything concerning the placement of **au pairs**.

    b.   They promised to create a body which would be responsible for everything concerning the placement of **au pairs**.

    c.   He is living in a flat which costs 30,000 pesetas a month.

    d.   I am looking for a flat which costs less than 30,000 pesetas a month.

    e.   The agency had no flats which cost less than 30,000 pesetas a month.

f.   I know somebody who can translate that document for you.

g.   I was looking for somebody to translate this letter.

h.   This is a district which has a good night-life.

i.   I would prefer to live in a district which had a good night-life.

j.   It's best to have lunch wherever you are around half past one.

k.   There are no jobs for which he is qualified.

2.   **Hace/desde hace/llevar** (ver Butt & Benjamin, 32.3.1, 32.3.7; Texto 1, 2–3, y Texto 2, 38–39)

Para indicar un proceso que continúa en el presente, existen tres construcciones en español:

> Hace tres horas que le espero.
> Le espero desde hace tres horas.
> Llevo tres horas esperándole.

Hay algunas limitaciones expresivas en el caso de **llevar**. Las mismas construcciones se usan también en el pretérito imperfecto.

En cada una de las frases siguientes, busca otra forma de expresar el contenido:

a.   Hace dos meses que asiste a clase.

b.   Lleva cuatro años colocando **au pairs** en hogares españoles.

c.   Viven juntos desde hace cinco años.

d.   Hace años que no la veo.

e.   Nos conocemos desde hace muchos años.

f.   Lleva seis meses trabajando allí.

g.   Hacía dos meses que asistía a clase.

h.   Llevaba cuatro años colocando **au pairs** en hogares españoles.

i.   Vivían juntos desde hacía cinco años.

j.   Hacía años que no la veía.

k.   Nos conocíamos desde hacía años.

l.   Llevaba seis meses trabajando allí.

3.   **Verbo + preposición + infinitivo**

Utilizando los verbos **animar**, **apresurarse**, **ayudar**, **comprometerse**, **consistir**, **dedicar**, **resistirse**, y **venir**, traduce al español las siguientes frases, que están basadas libremente en frases sacadas de los textos:

a.   The programme consists of putting students in contact with professionals.

b.   He feels able to help young people understand the world of work.

c.   She hastened to add that the programme is useful for the company.

d.   They were encouraged to employ European girls to look after their children.

e.   They come to Spain to study Spanish.

f.   These youngsters undertake to help with the housework.

g.   They can devote the rest of the day to attending classes.

h.   The English are still reluctant to learn foreign languages.

4.   **Lo + adjetivo/adverbio**

Estudia Butt & Benjamin, capítulo 7, y también estos tres ejemplos sacados de los textos:

> **todo lo relativo a la colocación** (2, 27)
> **lo libre que es esta profesión** (1, 34-35)
> **lo buena que está la comida** (2, 42)

Traduce al español las siguientes frases, utilizando en cada caso la construcción **lo** + adjetivo/adverbio:

a.   He is responsible for everything concerning work-placements.

b.   They are surprised at how varied the work is.

c.   She was delighted at how delicious the food is.

d.   The good thing about the scheme is the contact between students and workers.

e.   The most important thing is that it gives you the opportunity to study the language.

f.   I don't know Spain well enough to go and live there.

g.   I had not realized how blue the sky is and how white the villages are in southern Spain.

h.   They were surprised at how well I spoke Spanish.

i.   She could not go to work because of how ill she was.

j.   It was the best thing in the long run.

Sección C: Traducción al español

Spain, like other European Union countries, ended all restrictions on the free circulation of EU workers on January 1, 1992. Technically, therefore, any EU citizen can settle in Spain to work and is entitled to receive the same treatment as a Spaniard. A work and residence card is still necessary and it is infinitely easier to obtain one than it used to be. But Spain's complex bureaucracy continues to put obstacles in the way of those who wish to move there, and although European professionals who want to obtain work are finding it easier to have their qualifications recognized, it does take time.

Working practices in Spain are different from those in northern Europe. The working day is longer, but punctuated by a coffee break in the morning, a two-hour, sit-down lunch from 2 p.m. to 4 or 5 p.m. when the whole country grinds to a halt, then a resumption of work which can continue until 8 or 9 p.m. If going out on the town is planned, be prepared to stay up late. It is hard to secure a dinner reservation before 9.30 p.m. After dinner, having drinks is common, as is ending up eating traditional churros at five in the morning.

Women considering making the move should be aware that although their role has changed fast, machismo still rules. Spanish women are fiercely competitive with others of their sex and have no qualms about using the short, tight skirt tactic to get ahead. Nevertheless, there is a mutual appreciation between the sexes, which can make a pleasant change from stilted exchanges dominated by political correctness.

Adela Gooch,
The Guardian, 17-2-96

Sección D: Documento sonoro

Problemas laborales

Patricia ha trabajado en dos empresas en España, y en la entrevista explica algunos de los problemas que ha tenido. Antes de escuchar la cinta, consulta el diccionario si tienes dudas sobre lo que significan las siguientes expresiones: **desengaño**; **contrato**; **empleado; sueldo; ordenador; juicio; despido improcedente; rondar por**; **magistratura; juzgado; empresario; movía muchos millones; sucursal; sindicato**; **delegado sindical; ética**.

Resumen

Prepara un resumen oral de lo que dice Patricia; organiza el material en cuatro secciones, según el esquema que damos a continuación (máximo de un minuto para cada sección):

- las diferencias entre las dos compañías en las que ha trabajado
- los problemas que tuvo en su primer trabajo
- el proceso legal
- la situación laboral de la mujer.

Sección E: Temas orales

Consejos para conseguir trabajo

Para encontrar trabajo es necesario mantener las formas y mostrar ante los demás una imagen favorable. Los siguientes son una serie de consejos en el largo camino hacia el mundo laboral.

Currículum Vitae (ver página 112)

1. Deberá estar bien estructurado, con encabezamientos, márgenes, espacios y bloques bien definidos. Destacar con letra negrilla lo más interesante.

2. Breve y conciso.

3.   Utilizar buena calidad de papel, tamaño DNI A-4. Nunca fotocopias.

4.   Evitar faltas de ortografía y sintaxis.

5.   Tiene que ser positivo, evitando alusiones a fracasos, suspensos o despidos.

Carta de solicitud

1.   Deberá ser clara y concisa.

2.   Personal, dirigida a la persona que ofrece el puesto de trabajo.

3.   Original y específica. El contenido dependerá del puesto de trabajo solicitado.

4.   No es conveniente que sea más larga que una página.

5.   Buena presentación y sin faltas de ortografía.

Entrevista de selección

1.   Es fundamental prepararse para la entrevista informándose sobre la empresa en aspectos tales como el sector al que pertenece, actividad que realiza, productos, facturación, número de empleados, puesto en el ranking de mercado...

2.   Es muy importante cuidar el aspecto personal, tanto de higiene como de vestuario. La indumentaria dependerá del puesto al que se quiera acceder.

3.   Lo mejor es llegar a la entrevista en el momento justo, ni mucho antes, pues daría sensación de ansiedad, ni mucho después, ya que haría esperar al entrevistador.

4.   Es conveniente llevar a mano el currículum vitae y los certificados de trabajo y estudios.

5.   Durante la entrevista es importante escuchar con atención, demostrando que se entienden las explicaciones. Y responder con claridad, precisión y seguridad.

Pruebas de selección

1.   Hay que acudir tranquilo y relajado.

2.   Escuchar o leer atentamente las instrucciones.

3.   Llegar puntual y vestido adecuadamente.

4.   En las pruebas psicotécnicas, de tiempo limitado, hay que empezar en cuanto se dé la señal.

Ejercicio 1

Entre toda la clase pensad más consejos que puedan ser útiles a la hora de buscar trabajo. Quizás ya hayáis trabajado y vuestra experiencia os servirá para dar más recomendaciones a vuestros compañeros. ¿Qué tipo de trabajo has ejercido: camarero en pubs o restaurantes, canguro, monitor de campamentos, profesor particular...?

Ejercicio 2: Entrevista de trabajo

TRAFALGAR IDIOMAS, S.A, reconocida empresa internacional, dedicada a la traducción e interpretación ha puesto el siguiente anuncio en la prensa española:

TRAFALGAR IDIOMAS, S.A.

Precisa

TRADUCTOR E INTÉRPRETE

SE REQUIERE:

- Conocimiento exhaustivo de inglés, francés y español
- Nivel cultural alto
- Edad entre 25–45 años
- Ambición y capacidad de síntesis
- Carnet de conducir preferible
- Se valorará experiencia

SE OFRECE:

- Sueldo entre 150.000-200.000ptas./mes
- Igualdad de oportunidades
- Horarios flexibles y posibilidades de viajar
- Incorporación inmediata

Interesados, enviar *currículum vitae* y carta de presentación a

TRAFALGAR IDIOMAS, S.A.
Apartado de correos 43.867, Madrid

Leed atentamente el anuncio de trabajo. A continuación dividíos en parejas. Uno de vosotros será un representante de la empresa TRAFALGAR IDIOMAS y el otro asumirá uno de los papeles que a continuación tenéis:

- Hombre casado con dos hijos
- 34 años
- Padres ingleses
- No tienes carnet de conducir
- Preferirías un horario fijo
- Trabajaste para una empresa rival durante 10 años, pero luego te despidieron. Razones poco claras
- Estancia de dos años en Francia

- Hombre divorciado con cuatro hijos. 40 años
- Madre francesa y padre español. Resides hace un año en Inglaterra pero estás dispuesto a volver a España
- Ninguna experiencia
- Tienes carnet de conducir
- Antecedentes penales pero de eso hace mucho tiempo
- Ambicioso y dispuesto a cualquier tipo de trabajo

- Mujer casada con un hijo
- 44 años. Tu hijo tiene 15 años
- Padres franceses
- No tienes intención de hacer horas extra
- Tienes carnet de conducir
- Hace 14 años que no trabajas fuera de casa

- Hombre soltero sin hijos
- 26 años
- Padres españoles
- No tienes carnet de conducir
- No has hecho la mili
- Poca experiencia
- Estudios de Filología Francesa
- Ambicioso, no te importa trabajar horas extras

- Mujer soltera sin hijos
- 30 años
- Padre inglés, madre francesa
- Sólo puedes trabajar por las mañanas
- El sueldo te parece un poco bajo
- Tienes carnet de conducir y estudios de secretariado
- Has pasado por muchos trabajos en poco tiempo

Después de que todas las parejas hayáis terminado las entrevistas, los 'entrevistadores' se reunirán para discutir cúal de los candidatos es el más apropiado para el trabajo y deberán comunicar su decisión a los 'entrevistados', explicando las razones por las cuales han sido o no elegidos.

- El ejercicio 5 del segundo texto ('*Invasión de canguros*') de este mismo capítulo consistía en la elaboración de vuestro CV, así que no es necesario que inventéis uno nuevo para esta actividad, pero recordad que, en una verdadera entrevista de trabajo, es conveniente llevar a mano el currículum vitae.

- Como actividad adicional podéis escribir también una **carta de presentación** en la que deberéis incluir: encabezamiento y despedida; como el anuncio ofrece incorporación inmediata, preguntad en qué fecha empezaríais a trabajar, también os interesa saber qué tipo de traducción se os va a pedir: técnica, jurídica, general...

Ejercicio 3

- En la **Guía del Estudiante** del periódico *La Nueva España* (ver págs. 126–27) podéis leer anuncios de estudiantes que se ofrecen para trabajar como *au pair* o para dar clases particulares. Fijaos en el tipo de lenguaje que se utiliza y, tomando estos anuncios como ejemplo, escribid **dos anuncios**, uno ofreciendo clases de inglés y el otro para trabajar de canguro.

- En la Sección E del capítulo 4, páginas 77–78, se incluye una carta de una chica española denunciando la situación laboral en España. También puede resultar útil que comentéis entre todos algunas de las cuestiones que se plantean en los ejercicios que acompañan a la carta, '*Estoy asustada*'.

Ejercicio 4

- Acabas de encontrar un trabajo temporal, durante los meses de verano, como vendedor/a en una tienda de ropa. Es un trabajo un poco cansado, especialmente en época de rebajas. Después de un día agotador sales de la tienda y te encuentras con un/a amigo/a, le invitas a tomar una copa y empezáis a hablar del trabajo. En parejas inventad un diálogo; uno será el que ha encontrado el trabajo y el compañero será el/la amigo/a.

Algunas expresiones útiles:

no vender ni una escoba	una ganga/ser un chollo/hacer descuentos
hacer horas extras	aguantar al jefe/a los pelmas de los clientes
fichar a la hora	estar agotado/hecho polvo
pillar a alguien robando	tener un horario flexible
hacer turnos	cobrar muy bien/una miseria
el jefe es un 'rata'/muy tacaño	el jefe es muy majo/generoso/amable
hay que tener paciencia	el cliente siempre tiene razón
estar de moda/pasado de moda	caro/barato/precios prohibitivos

Miércoles, 13 de marzo de 1996   LA NUEVA ESPAÑA **37**

GUIA DEL ESTUDIANTE   *La Nueva España*

Agenda

CAMPEONATO universitario de fútbol sala. Organiza: Aula Magna, E.U.E. Empresariales Oviedo. Teléfono 5103890. Fechas de juego: A partir del 15 de marzo. Premios: 1.º, 100.000 pesetas y trofeo; 2.º, 50.000 pesetas y trofeo, y 3.º, 25.000 pesetas y trofeo. Inscripción gratuita.

VIAJE a Amsterdam en Semana Santa, durante 8 días, del 30 de marzo al 6 de abril, alojamiento en el centro de la ciudad, visitaremos los museos y los lugares más emblemáticos del norte de Holanda y de paso estaremos toda una tarde en París. Todo esto a un precio muy asequible. Si te interesa contacta con la asociación Club 12, C/ Miguel Servet, 17, bajo, La Calzada (Gijón). Teléfono oficina: 5320674. Contacto: 5355438.

DEL 18 al 27 de marzo, curso práctico «Técnicas de búsqueda de empleo»; duración: 15 horas lectivas, horario: de 18 a 20 horas; lugar: aulario campus del Cristo Información e inscripciones: Defoem (Desarrollo y Fomento Empresarial). E.U.E. Empresariales, avenida del Cristo, s/n. Teléfono 5103890.

VIAJE a Candanchú, del 24 al 30 de marzo, viaje en autopullman de lujo, forfait 5 días, estancia en apartamentos 4 rex. Información Defoem. E.U.E. Empresariales, s/n. Teléfono 5103890.

VEN a la fiesta de enfermería que celebraremos el 8 de marzo en el Oasis de Gijón, te esperamos. Llama de 9 horas a 12,30 horas al 5794609, Sonia (Oviedo) o 5152516, Mónica (Gijón), No faltes.

BAQUEIRA Beret (del 24 al 30 de marzo), el precio incluye: Forfait de la estación Baqueira Beret, estancia en hotel, pensión completa, cursillo de 2 horas diarias con monitores, alquiler de material de esquí (botas, snow, esquís, palos), autopullman de lujo. Salidas desde Oviedo, Gijón y Avilés. Información: 909/817771, Guillermo; 5344091; Silvia: 5363835.

LA Asociación de Estudiantes de Logopedia, con el objetivo de realizar una nueva publicación sobre temas de lenguaje, habla, voz, comunicación... solicita todo tipo de colaboración, para más información escribid a: A. J. E. L., Facultad de Psicología, despacho 226, calle Aniceto Sela, s/n 33005 Oviedo.

NO te lo pierdas, presentación del CD «Concierto del siglo XVI al siglo XX», guitarra clásica, Moisés Arnaiz, en el Conservatorio de Oviedo. Día 8 de marzo, a las ocho de la tarde. Entrada libre.

II Operación «bocata», organizada por universitarios para la campaña contra el hambre, en colaboración con Manos Unidas. Reparto de bocadillos el jueves, 21 de marzo, en los campus del Milán, Cristo, Llamaquique e Instituto Alfonso II (previa compra de los billetes en las distintas facultades durante esa semana). El dinero recaudado irá a parar a un proyecto para la promoción de la mujer en Sudán. ¡Colabora!

REALIZO viaje a Madrid el día 29 de marzo en vehículo propio. Si quieres compartir gastos, llama, noches 5796181, David.

Alquiler Pisos

ALQUILO piso a estudiantes, amueblado, exterior, altura, electrodomésticos, servicios centrales, tres y salón, zona Campillín. 5253233, tardes.

SE alquila apartamento amueblado a estudiantes, dos (doble y sencilla) y salón, cocina independiente, garaje y trastero, exterior, silencioso, próximo hospitales, preferencia MIR. Teléfono 5231197, tardes.

SE alquila bonito apartamento amueblado, a estudiantes, en Muñoz Degrain. Teléfono 5368355.

SE alquila habitación a estudiantes extranjeros, en la calle Benjamín Ortiz. Teléfono 5293330.

ALQUILO piso amueblado, tres habitaciones, todo exterior. 5217977, tardes.

PISO amueblado, dos habitaciones, salón, cocina, terraza, Salesas. 5283099.

Canguros

ESTUDIANTE de 23 años cuidaría niños por las tardes, llamar al teléfono 5222600.

SE ofrece chica con experiencia para cuidar niños o realizar tareas domésticas por las mañanas. Teléfono 5283983, llamar de 2,30 a 4 o por la noche.

ESTUDIANTE universitaria se ofrece para cuidar cuidando niños por las noches, con experiencia, llamar al teléfono 5243027.

CHICA estudiante, veinte años, cuidaría niños toda la semana por la mañana y fines de semana, todo el día, llamar al número 5431738, preguntar por Blanca.

CHICA de 30 años, seria y con informes, trabajaría en Avilés mañanas, cuidando enfermos, ancianos, niños, disminuidos, limpieza, reparto propaganda, tienda promociones en supermercados. Llamar al 5564498, abstenerse ventas o similar.

SE ofrece auxiliar de enfermería con experiencia para cuidar niños y enfermos hospitalizados y a domicilio, día/noche. Teléfono 5674517.

SE ofrece chica para cuidar niños, tareas domésticas o trabajos de limpieza en Gijón, calle Baleares, 37, segundo, izquierda.

SE ofrece chica seria y responsable para cuidar niños con informes. 5112628.

SE ofrece estudiante universitaria responsable y con experiencia para cuidar niños por las noches o dar clases particulares de EGB y Dibujo Técnico a domicilio. Teléfono 5234237.

ESTUDIANTE se ofrece para cuidar niños o ayudar en labores domésticas. Teléfono 5220166. Llamar por las tardes, de 16,30 a 18,00 horas.

ESTUDIANTE auxiliar sanitario y de geriatría se ofrece para cuidar ancianos, en hospitales, casas, etcétera, amplia experiencia. Interesados llamar por las mañanas al teléfono 5237960, preguntar por Marián.

CHICA responsable cuidaría niños noches y festivos, en Oviedo. Teléfono 5493483.

JOVEN estudiante se ofrece como canguro y tareas domésticas, responsable y con experiencia. Teléfono 5460815.

CHICA estudiante responsable y con experiencia cuida niños los fines de semana. Teléfono 5218357.

Compras

COMPRARIA libro de Derecho Civil de la Persona, autor, Serrano. Llamar al teléfono 5217766, a partir de las 15,00, preguntar por Patricia.

COMPRO el libro «Sociología», de Salvador Giner. Interesados llamar al teléfono 5113508.

Enseñanza

ESTUDIANTE de Químicas da clases de EGB y de Física y Química a nivel de BUP. Teléfono 5284557, preguntar por Esther.

ESTUDIANTE Económicas, con experiencia en docencia, imparte clases de Matemáticas a niveles de BUP y COU. Teléfono 5274565.

ESTUDIANTE imparte clases de EGB, a domicilio. 5255004.

ESTUDIANTE de último curso de Filología Inglesa da clases particulares de Inglés, todos los niveles, con experiencia y buenos resultados, a domicilio. Interesados llamar al teléfono 5222520, noches.

ESTUDIANTE da clases de dibujo técnico, calle General Elorza, zona Milán. Teléfono 5110737.

ESTUDIANTE da clases de Derecho, todos los cursos. 5215292.

ESTUDIANTE da clases particulares a domicilio de EGB, preferible zona General Elorza. Teléfono 5796313.

ESTUDIANTE en Derecho da clases particulares, en Avilés, a alumnos de todos los cursos y planes, preparación intensiva de las asignaturas. Teléfono 5563772, Susana.

ESTUDIANTE de Oviedo da clases particulares de Inglés, experiencia con niños y adultos, precios asequibles, preguntar por Ramiro al teléfono 5342800, abonado 754083, dejar mensaje y teléfono.

ESTUDIANTE Química da clases particulares a domicilio o en casa de las siguientes materias: Matemáticas, Física, Química e Inglés, a niveles de: BUP, COU, FP, ESO, Universidad y acceso UNED, con más de cinco años de experiencia y excelentes resultados. Teléfono 5241990.

INFORMATICA, estudiante de Ingeniería Informática da clases particulares de: MS-Dos, Windows, 3.X, Windows 95, Word, Excel, Access, Word Perfect, Lotus, D-Base, etcétera. Programación Pascal, C. Multimedia: CD-ROM, Tarjeta de sonido, amplia experiencia, económico. Teléfono 5284152.

ESTUDIANTE de Filología da clases de EGB, todas las asignaturas y Latín, Lengua e Inglés, niveles BUP y COU, Cristina, 5299079.

INFORMATICA, estudiante da clases de MS-Dos, Windows, configuraciones de PC, instalación de programas, Word 6.0, Excel 5.0, Autocad U.12, QuattroPro, Paradox, C, etcétera, económico. Teléfono 5242186.

ESTUDIANTE de Minas y de Filología da clases de cualquier asignatura. Teléfono 5114255.

INFORMATICA, estudiante de Ingeniería Técnica Informática da clases de Windows, MS-Dos, Word, Word Perfect, Access, Pascal, Cobol, Metodología, Estructura, Instalación de periféricos, Introducción a la Informática, etcétera, amplia experiencia, económico, llamar al mediodía. 5242093, Javier.

ESTUDIANTE impartiría clases a domicilio de EGB, experiencia y precios económicos. Teléfono 5210166, Marta.

ESTUDIANTE da clases particulares: Latín, Lengua, Literatura, Comentarios de EGB, BUP y COU. Teléfono 5228734.

ESTUDIANTE de doctorado Psicología daría clases a niños con problemas de estudio. Interesados llamar de 20 a 21 horas al teléfono 5255293.

ESTUDIANTE de quinto curso de Inglés en la Escuela Oficial de Idiomas y licenciado en Económicas imparte clases de Inglés y Matemáticas a nivel de EGB, BUP, COU, interesados llamar al 5253506.

INGLES, estudiante da clases a todos los niveles: EGB, BUP, COU, ESO, FP, Escuela Oficial de Idiomas, mucha experiencia. Teléfono 5277044.

LATIN, Lengua, Inglés, Francés, Literatura, Filosofía, comentario de textos, impartido por estudiante en Filología y estudiante de cuarto de Francés, todos los niveles, mucha experiencia. Teléfono 5233794.

FRANCES, estudiante nativa, bilingüe perfecta, licenciada da clases en Oviedo, niños o adultos, todos los niveles, amplio horario, conversación, traducción, método exclusivo, experiencia y seriedad. Teléfono 5793670, llamar de 21-23 horas.

INGLES, estudiante universitaria da clases en Oviedo, especialista en niveles de EGB, BUP, FP, ESO, método exclusivo, experiencia y seriedad. Teléfono 5793670, llamar de 21-23 horas.

UNIVERSITARIA finalizando carrera da clases particulares de EGB, Primaria, primero y segundo de ESO, amplia experiencia, Menéndez Pelayo, 1, segundo izquierda.

ESTUDIANTE Económicas con máster en Derecho Financiero y Tributario da clases particulares de Matemáticas, Estadística, Economía, Derecho Financiero y Fiscal, también BUP, COU, FP, y ESO, amplia experiencia. Teléfono 5299697.

ESTUDIANTE I. T. Industrial da clases particulares de Matemáticas, Física y Química, zona Naranco, experiencia. Teléfono 5111807, Carmen.

Miércoles, 13 de marzo de 1996   LA NUEVA ESPAÑA **39**

GUIA DEL ESTUDIANTE

La Nueva España

ESTUDIANTE de Informática y Económicas da clases de Matemáticas a BUP, COU, FP y ESO, amplia experiencia, zona plaza de La Paz. Teléfono 5258164.

ESTUDIANTE con experiencia da clases para aprender a tocar la guitarra, precios más que razonables, preguntar por Eva al teléfono 5227113, noches.

ESTUDIANTE de Oviedo da clases particulares de Inglés, experiencia con niños y adultos, precios asequibles, preguntar por Ramiro al teléfono 5218002, 13-14 horas.

ESTUDIANTE universitaria se ofrece para dar clases particulares a domicilio de EGB (500) e Inglés y Matemáticas de BUP (650), para más información llamar al teléfono 5216317, 15,00-15,30 horas.

Hospedajes

Se comparte piso para chico estudiante, no fumador. Teléfono 5114255.

SE alquila habitación a chica estudiante, céntrica, centrales. Teléfono 5214870.

SE alquila habitación en piso estudiantes, céntrico, servicios centrales, todas comodidades. Teléfono 5275920.

ESTUDIANTE alquila habitación a chica estudiante, en apartamento en Matemático Pedrayes, número 11, segundo A, sin teléfono, pasar por el apartamento.

SE necesita chica estudiante para compartir piso. Teléfono 5273382, Oviedo.

SE alquila habitación individual a chica en piso de estudiantes, habitación amplia, exterior, tiene salón, TV, situado a 50 metros de facultades de Ciencias, Psicología, Magisterio, calle Félix Aramburu, número 11, primero, Oviedo, junto a plaza de La Gesta.

SE alquila habitación individual a chica estudiante en piso a compartir, buena zona, calefacción central, teléfono, TV. Teléfono 5238614.

ESTUDIANTE busca chico/chica para compartir piso, calefacción, teléfono, plaza Padre Miñor, 10, segundo, D. Teléfonos: 5244485 o 5230260.

SE busca chica estudiante española para compartir piso, muy céntrico. Teléfono 5211007.

SE alquila habitación a chica en apartamento de estudiante, calle Matemático Pedrayes, 11, segundo A. Teléfono 5820216.

SE alquila habitación individual o doble a estudiantes en Muñoz Degraín. Teléfono 5243647.

SE necesita chica para compartir piso de estudiantes, habitación individual, servicios centrales y teléfono. Llamar al teléfono 5276642.

EN González Besada, alquilo habitaciones, derecho cocina opcional, servicios centrales, estudiantes o que trabajen, en piso independiente. 5236134.

HABITACION individual para chica estudiante, en apartamento, sólo hasta mes de junio inclusive, cerca hospital. Teléfono 909/802907.

SE alquila habitación individual en piso de estudiantes, amplia, tranquila y soleada, informes Alejandro Casona 16, segundo, tardes.

ESTUDIANTE alquila habitación a estudiantes en piso compartido, interesados llamar al 5211717.

SE alquila habitación individual o compartida a estudiante con derecho a cocina, calle González Besada, teléfono 5225778.

Se alquila habitación individual a chica estudiante, habitación amplia, tiene salón, TV, situada a 50 metros de facultades de Psicología, Magisterio, Ciencias, calle Félix Aramburu, número 11, primero, junto a la plaza de la Gesta.

SE comparte piso céntrico, con chico estudiante, no fumador. Teléfono 5114255.

ESTUDIANTE de Minas da clases, todas las asignaturas. Teléfono 5114255.

SE necesita chico o chica estudiante para piso compartido, habitación individual, salón, TV, lavandera, cocina grande, calefacción, teléfono, céntrico, cerca del Milán, muy confortable. Teléfono 5299552, llamar sólo mañanas o tardes, disponible en abril.

SE alquilan habitaciones a estudiantes en casa compartida por estudiantes, en el mismo casco antiguo de Uviéu, calle Regla, 20, bajo, pasar mañanas o noches.

EN Oviedo se alquila habitación a chica estudiante en piso a compartir, individual, con electrodomésticos y calefacción, zona Santo Domingo. 5203820.

SE alquila habitación a estudiantes en piso de estudiantes, calefacción central y teléfono, muy céntrico, calle Quintana, 15.000 pesetas/mes. Teléfono 5221861, tardes.

Trabajo

UNIVERSITARIA francesa, hablando correctamente español (estudiante de Filología Hispánica), busca trabajo «Au pair» para el mes de julio. Teléfono-fax 0733142622860.

CHICA estudiante se ofrece como asistenta, dos o tres horas por las mañanas o días alternos. Teléfono 5280330, al mediodía.

SE pasan todo tipo de trabajos a ordenador, excelente calidad de impresión con posibilidad de color, experiencia, economía y rapidez. Teléfonos: 5694859 y 5691089.

ESTUDIANTE de 20 años se ofrece para trabajar mañanas o noches. Llamar al 5571577, Rubén.

ESTUDIANTE de Oviedo pasa trabajos a ordenador, precios especiales para estudiantes, experiencia, preguntar por Ramiro al teléfono 5342800, abonado 754083, dejar mensaje y teléfono.

UNIVERSITARIA pasa trabajos a ordenador en impresora láser, precio a convenir, rapidez y seriedad. Teléfono 5211366.

UNIVERSITARIA con titulación en tiempo libre se ofrece para diseñar y poner en práctica proyectos de animación sociocultural y tiempo libre. Teléfono 5211366.

TRADUCTOR y estudiante Inglés, Bilingüe, hace todo tipo de traducciones, inglés-español y español-inglés. Teléfono 5243981.

SE ofrece chica para trabajar en discobar o pub los fines de semana. Teléfono 5218357.

ESTUDIANTE de Oviedo pasa trabajos a ordenador, precios especiales para estudiantes, experiencia, preguntar por Ramiro al teléfono 5201336, 13-14 horas.

CHICA de 30 años, seria y con informes, trabajaría en Avilés por las mañanas cuidando niños, ancianos, enfermos, disminuidos, limpieza, reparto de propaganda, tienda, promociones en supermercados, llamar al 5564498, abstenerse ventas o similar.

SE redactan y confeccionan currículum y carta de presentación por ordenador, seriedad y experiencia. Teléfono 5113508, Oviedo.

SE pasa todo tipo de trabajos a ordenador, tesis, apuntes, proyectos, gráficos, diapositivas, impresora láser, copia del trabajo, rapidez y experiencia. Nuevo teléfono 5259974, llamar tardes.

UNIVERSITARIA finalizando la carrera de Empresariales se ofrece para realizar campañas de promoción y repartir propaganda, buena presencia. Teléfono 5366536, Nuria.

Varios

ESTUDIANTE consigue contactos para viajar fuera de España o para recibir estudiantes extranjeros en tu casa, todas las garantías. Teléfonos: 5113658, 5223597.

ESTUDIANTE nativa de EE UU le gustarían compañeros de conversación, también quiere ayudar a otros estudiantes con gramática o conversación en inglés, Anne. 5292405.

Ventas

SE vende excelente temario oposiciones Secundaria, Psicología y Pedagogía, precio económico. Teléfono 5227138.

ESTUDIANTE licenciada en Química compraría temario de oposiciones de Secundaria de Física y Química. Teléfono 5828155.

EMPRESARIALES, se venden apuntes de primero claros, ordenados y completos, año-94/95. Interesados llamar al teléfono 5291519, José.

SE venden libros de primero de Empresariales, curso de Derecho Civil, de Carlos Lasarte (original), Derecho Civil, de Enrique Ruiz Vadillo (fotocopiado). Interesados llamar al teléfono 5291519, noche.

VENDO temario de oposiciones Secundaria actualizado, completo (especialidad Psicología y Pedagogía), llamar de 5 a 7 al 5235119.

VENDO «Genética», serie Schaum, de W. D. Stansfield, teoría y 500 problemas resueltos, 1.500 pesetas. «Problemas de Física», de García Roger, volumen II (termodinámica, electricidad y óptica), 700 pesetas. «Química Orgánica» para estudiantes de Medicina y Biología, de G. A. Taylor, 700 pesetas. Llamar al 5352407, preguntar por Susana.

Noticias...
Avisos...
Comunicados...

Congreso sobre el discurso artístico

La Universidad de Oviedo organiza el tercer congreso nacional y primero internacional sobre «La interdisciplinariedad en el discurso artístico: ¿realidad o utopía?», que se celebrará los días 14, 15 y 16 de marzo en la Facultad de Filología. Participan profesores de prácticamente todas las universidades españolas.

Exposición monográfica

El jueves, 14 de marzo, a las siete de la tarde, en la sala de exposiciones y claustro alto del caserón de San Francisco, Oviedo, el vicerrector de Estudiantes y Extensión Universitaria, Julio Rodríguez, inaugurará una exposición de pintura de Carmen Mendoza. Las obras a exponer son cuatro series realizadas entre 1991 y 1996, y el número de cuadros es de 136. Carmen Mendoza es profesora de Microbiología de la Universidad de Oviedo y es conocida en ambientes artísticos

asturianos, dado que expone desde hace seis años con regularidad en galerías y centros culturales. Su estilo ha sido calificado por los críticos como abstracción geométrica.

Seminario sobre el agua

La Asociación Independiente de Minas, bajo la dirección técnica de José Antonio Martínez, catedrático de la Escuela de Minas, ha organizado para los días 22 al 29 de marzo el III Seminario sobre «Ciencia, tecnología y cultura del agua». Durante varios días se debatirá sobre la legislación de aguas marinas, la calidad de las aguas de baño, el aprovechamiento de los acuíferos costeros, saneamiento del litoral y la gestión del agua en Oviedo, Gijón y el Principado de Asturias.

Premio «Carlos V»

La Fundación Académica Europea de Yuste

convoca el premio «Carlos V», que será concedido a quien, con su esfuerzo y dedicación, haya contribuido al mayor conocimiento sobre el engrandecimiento de los valores culturales, científicos e históricos de la unificación de la Unión Europea. El procedimiento para la presentación de candidatos puede iniciarse directamente a propuesta del propio consejo fundacional o por alguna institución o entidad pública. El galardón está dotado con cincuenta millones de pesetas y la fecha límite para la presentación de candidatura concluye el 31 de marzo. Toda propuesta que se formule deberá recoger como mínimo los motivos por los que se presenta la candidatura y un currículum del candidato. Para más información dirigirse a la Academia Europea de Yuste, Consejería de Cultura y Patrimonio, calle Almendralejo, 14, Mérida, 06800, Badajoz.

Jóvenes investigadores

La Fundación Carolina Rodríguez establece los premios «Mariano Rodríguez» para trabajos científicos, de historia, cultura o investigación referentes a León y su provincia. Puede optar al galardón todos los jóvenes investigadores que acrediten haber finalizado sus estudios de licenciatura con posterioridad al 1 de enero de 1989. El jurado otorgará dos premios individuales de quinientas mil pesetas. El plazo para presentar los trabajos finaliza el 31 de diciembre de 1996.

Programa sobre el clima

La Secretaría de Estado de Universidades convoca ayudas destinadas a subvencionar programas nacionales de investigación sobre el clima. El objetivo de estas subvenciones es fomentar la actividad de investigación científica sobre el clima mediante ayudas financieras para realizar proyectos y acciones especiales. Pueden presentar solicitudes las personas físicas con capacidad investigadora encuadradas en entes españoles públicos o privados, sin finalidad de lucro. La convocatoria permanecerá abierta hasta el 1 de abril. Los interesados deben presentar las solicitudes en el registro general del plan nacional de investigación científica, calle Rosario Pino, números 14-16, planta séptima, Madrid 28020.

Certamen de poesía

El Ayuntamiento de Torrelavega convoca el premio de poesía «José Luis Hidalgo». Los originales habrán de ser inéditos y habrán de tener una extensión mínima de cien versos. Se concederá un único premio de trescientas mil pesetas. Los originales deben presentarse en el Ayuntamiento de Torrelavega, Cantabria, en tres ejemplares mecanografiados, indicando en el sobre para el «Premio de poesía "José Luis Hidalgo"». El plazo de presentación concluye el 30 de agosto.

CAPÍTULO 7

EL OCIO Y LA CULTURA

Sección A: Textos escritos

1a. La tele hace 40 años

Lee con cuidado el siguiente texto, y rellena los huecos con verbos apropiados:

Fue mi madre quien me _____1_____ la noticia. En Madrid, dijo, quien tuviera dinero ya _____2_____ comprarse un televisor. Estábamos en 1956, yo _____3_____ 13 años, intentaba aprender contabilidad en una academia nocturna y no _____4_____ del nuevo medio más que lo que mostraban algunas películas norteamericanas: una pequeña pantalla, metida en una caja bastante aparatosa, en la que se movían imágenes poco identificables. "_____5_____ como tener el cine en casa, y gratis", añadió mi madre. No se puede pedir otra definición que _____6_____ mejor la ingenua actitud de una persona humilde, en un barrio pobre —el Chino barcelonés; hoy conocido como el Raval–, en un país atrasado, en una época difícil. _____7_____ decir, lo que eran en aquellos años España, gran parte de sus barrios y la mayoría de su gente.

Para nosotros, la televisión _____8_____ tan inalcanzable como hoy lo es Internet para los habitantes del altiplano andino. Quizá por eso, porque éramos pobres y _____9_____ fantasear, cuando por fin _____10_____ a Barcelona, tres años después, cada sesión de televisión se _____11_____ en un episodio tan señalado en nuestras vidas como la retransmisión radiofónica del sorteo de la lotería de Navidad, y las horas que la procedían poseían algo de la magia de la fortuna planeando sobre nuestras cabezas. Como si _____12_____ que parte del glamour indiscutible del invento se nos contagiara por el solo hecho de permanecer un rato ante el televisor, aunque _____13_____ para admirar a Mariano Medina, el primer hombre del tiempo.

En mi vecindad, muy pocos _____14_____ permitirse la adquisición del inquietante artilugio, y los inquilinos de cada escalera, de cada bloque, se las arreglaron para hacerse con un privilegiado propietario que les _____15_____ a observar el fenómeno. Al principio se nos dejaba admirar el asunto a cualquier hora de emisión: para presumir, y también para que el pasmo ajeno sirviera como garante del prodigio. Convocados por los dueños de la casa, nos _____16_____ en torno al televisor como un grupo de devotos que _____17_____ la aparición de la Virgen de Fátima. _____18_____ otros tiempos, desde luego; tiempos duros e infinitamente más ingenuos. Poco a poco, como es natural, las visitas se redujeron y espaciaron, limitadas a los grandes acontecimientos.

Maruja Torres, *El País*, 27-10-96

Después de terminar este ejercicio, consulta el texto completo que se da en la página siguiente. Los verbos omitidos se dan en negrilla.

1a. La tele hace 40 años

Fue mi madre quien me **dio** la noticia. En Madrid, dijo, quien tuviera dinero ya **podía** comprarse un televisor. Estábamos en 1956, yo **tenía** 13 años, intentaba aprender contabilidad en una academia nocturna y no **sabía** del nuevo medio más que lo que mostraban algunas películas norteamericanas: una pequeña pantalla, metida en una caja

5　bastante aparatosa, en la que se movían imágenes poco identificables. "**Es** como tener el cine en casa, y gratis", añadió mi madre. No se puede pedir otra definición que **refleje** mejor la ingenua actitud de una persona humilde, en un barrio pobre –el Chino barcelonés; hoy conocido como el Raval–, en un país atrasado, en una época difícil. **Es** decir, lo que eran en aquellos años España, gran parte de sus barrios y la mayoría de su

10　gente.

Para nosotros, la televisión **resultaba** tan inalcanzable como hoy lo es Internet para los habitantes del altiplano andino. Quizá por eso, porque éramos pobres y **necesitábamos** fantasear, cuando por fin **llegó** a Barcelona, tres años después, cada sesión de televisión se **convirtió** en un episodio tan señalado en nuestras vidas como la

15　retransmisión radiofónica del sorteo de la lotería de Navidad, y las horas que la procedían poseían algo de la magia de la fortuna planeando sobre nuestras cabezas. Como si **esperáramos** que parte del *glamour* indiscutible del invento se nos contagiara por el solo hecho de permanecer un rato ante el televisor, aunque **fuera** para admirar a Mariano Medina, el primer hombre del tiempo.

20　En mi vecindad, muy pocos **pudieron** permitirse la adquisición del inquietante artilugio, y los inquilinos de cada escalera, de cada bloque, se las arreglaron para hacerse con un privilegiado propietario que les **invitara** a observar el fenómeno. Al principio se nos dejaba admirar el asunto a cualquier hora de emisión: para presumir, y también para que el pasmo ajeno sirviera como garante del prodigio. Convocados por los dueños de la

25　casa, nos **situábamos** en torno al televisor como un grupo de devotos que **esperaban** la aparición de la Virgen de Fátima. **Eran** otros tiempos, desde luego; tiempos duros e infinitamente más ingenuos. Poco a poco, como es natural, las visitas se redujeron y espaciaron, limitadas a los grandes acontecimientos.

Maruja Torres, *El País*, 27-10-96

1b. La tele en el año 2006

Los suscriptores tendrán la posibilidad de escoger entre unos 500 canales. El descodificador será, pues, un trasto tan necesario como la misma televisión. Habrá unas cuantas emisoras generalistas y el resto será una parrilla de canales especializados en todo. Los habrá dedicados al golf, al jazz, al cine de terror, a la información local, a las

5　recetas de cocina, al mundo *gay* y a los partes meteorológicos, entre otros. Tanta abundancia hará imposible el zapeo. Si uno quisiera tantear durante cinco segundos lo que hace cada una de las emisoras, estaría unos 45 minutos dándole al telecomando. Como ahora ocurre con Internet, el servidor suministrará un motor de búsqueda desde la propia pantalla. "¿Ponen alguna película de Bogart?", se preguntará al aparato, y éste dará los canales y las horas donde podrá encontrarse lo que se busca. Es más. Suministrando los datos personales sobre edad, gustos y desintereses, la misma televisión seleccionará los programas más apetecibles para el televidente. De modo que cada miembro de la familia se fichará a su manera para que la propia tele le busque lo más apropiado.

Curiosamente, la existencia de 500 canales no provoca la misma angustia de consumo que tener disponibles media docena. En este último caso se puede tener la pretensión de echar una miradita a todo lo que hay. En cambio, cuando algo es imposible no puede ser, y por tanto no vale la pena perder el tiempo intentándolo. De hecho, se ha comprobado que quienes ya nadan entre tanta lujuria audiovisual van cristalizando sus hábitos y apenas están pendientes de una veintena de canales. El resto, ni los ojea. Ya los ha desechado porque no interesa el tema, no accede al idioma o tienen una oferta redundante (habrá no sé cuántos de dibujos japoneses).

El televidente del 2006 será, pues, su propio programador. No tendrá que aguardar a que termine el telediario para saber si mañana lloverá. Podrá conectar cuando le apetezca el canal del tiempo y salir de dudas; eso sí, casi con la misma incertidumbre que ahora padece la ciencia meteorológica. Se trata, en definitiva, de un televidente más maduro porque su elección tiene más riesgo. [...]

Si algo define las posibilidades de la tele del 2006, es que el televidente la desaprovechará lamentablemente si sólo la enchufa para ver lo que echan. Ahora, mira lo que el otro (el realizador) le hace mirar. Es una mirada dirigida. Para entonces, en determinadas emisiones se le ofrecerán tantos planos como cámaras estén siguiendo el acontecimiento. Si no quiere, no estará tan sometido al criterio del realizador. Si desea seguir toda una carrera desde la moto del Crivillé de entonces, bastará con que seleccione la señal de aquella cámara. Tendrá más acceso a participar, desde casa, en los concursos, y habrá un previsible incremento de todo tipo de loterías y apuestos por televisión.

Una llamada, y la central suministrará al televisor casero el filme solicitado. El teletexto vivirá sus mejores días. No sólo dará noticias, sino que podrá utilizarse como buzón y mensajería. El cliente de un *pay per view* no será un desconocido para su proveedor telemático. Conocerá sus gustos —según qué películas y programas pida—, sabrá su edad e incluso su poder adquisitivo —si la tarjeta de crédito respalda sin problemas cada telecompra—. Por tanto, podrá ofrecerle servicios y anuncios a su medida. El cliente, por ejemplo, podrá optar por ver la película que pida sin anuncios, y a un precio, o con

45 anuncios, y a un precio más barato. En este caso, las empresas potentes tendrán un catálogo de *spots* pensado para los distintos *targets* de consumidores y afinarán al límite el impacto.

Tomás Delclós, *El País*, 27-10-96

Notas

1. **quien me dio...**
   quien tuviera (A1)

   En el primer caso, el pronombre relativo **quien** se refiere a una persona concreta, y por eso va seguido del indicativo; en el segundo caso, el referente es indefinido (= 'cualquier persona'), y por eso introduce el subjuntivo.

2. **Internet** (A11)

   Uno de los muchos anglicismos en el mundo de la tecnología; suele utilizarse sin artículo.

3. **la lotería de Navidad** (A15)

   En la época del franquismo, la lotería se hizo muy popular, sobre todo el sorteo extraordinario de Navidad.

4. **Los habrá** (B4)

   Si no se expresa el complemento del verbo **haber**, es obligatorio indicarlo mediante el pronombre; tal pronombre tiene que expresar el número y el género del complemento (aquí se refiere a **canales**).

5. **los partes meteorológicos** (B5)

   En la mayoría de los casos la palabra **parte** es femenina; la forma masculina tiene el sentido de 'informe'.

6. **el zapeo** (B6)

   El anglicismo crudo **zapping** se ha adaptado a las estructuras del castellano mediante el sufijo **-eo** y la simplificación del grupo consonántico **-pp-**.

7. **telecomando** (B7)

   El prefijo **tele-** es muy productivo en la lengua contemporánea; en este texto se usan (además de **televisión**) **televidente** (B12), **televisor** (A2), **teletexto** (B37), **telemático** (B40), **telecompra** (B42).

8. **tener disponibles media docena** (B16)
   El resto, ni los ojea (B20)

   En estos dos casos la concordancia no es rigurosa. **Disponibles** va en plural porque se sobreentiende **media docena de canales**; en el segundo ejemplo, se utiliza **los** en vez de **lo** porque se sobreentiende **El resto de los canales**.

Explotación del texto

1. Explica las siguientes expresiones mediante sinónimos, definiciones de diccionario, ejemplos, etc.: **gratis** (A6); **ingenua** (A7); **atrasado** (A8); **inalcanzable** (A11); **altiplano andino** (A12); **artilugio** (A20); **desintereses** (B11); **están pendientes** (B20); **los ha desechado** (B20–21); **planos** (B31); **solicitado** (B37); **su poder adquisitivo** (B41); **a su medida** (B42); **afinarán** (B45).

2. **Anglicismos**

   Los anglicismos son muy frecuentes en el español contemporáneo, especialmente en los textos especializados. Explica en tus propias palabras lo que significan los siguientes anglicismos: **Internet** (A11); **pay per view** (B39); **spots** (B45); **targets** (B45). Busca más ejemplos de anglicismos en el texto. ¿Qué problemas de ortografía y pronunciación conllevan?

3. **Gramática**

   a. Explica el uso de los tiempos verbales en el tercer párrafo del texto 1A (20–28).

   b. Explica el uso del subjuntivo en los siguientes casos: **refleje** (A6); **quisiera** (B6); **apetezca** (B25); **pida** (B40).

4. **Comprensión**

   a. ¿Dónde vivía Maruja Torres cuando era niña?

   b. ¿Cómo era la España de los años 50?

   c. ¿En qué año llegó la televisión a Barcelona?

   d. ¿Qué profesión ejercía Mariano Medina?

   e. ¿Por qué no compraron un televisor muchos de los vecinos de Maruja Torres?

   f. ¿Por qué creará menos tensión al televidente tener más canales?

   g. ¿De qué manera cambiarán las relaciones entre el realizador y el televidente?

   h. ¿Qué ventajas habrá en el futuro para los que quieren ver en la televisión un acontecimiento deportivo?

   i. ¿Qué ventajas habrá para las grandes empresas en la televisión del futuro?

5. **Traducción**

   Traduce al inglés el tercer *primero* párrafo del texto *A* (**En mi vecindad... grandes acontecimientos**).

6. **Diálogo**

   Es el año 2006. Escribe un diálogo imaginario entre Maruja Torres y su nieto/nieta sobre las diferencias entre la televisión del año 1956 y la de 2006.

7.   **Tus opiniones**

   a.   ¿Ves como positivo el desarrollo de la televisión descrito para el año 2006?

   b.   Escribe una redacción sobre el siguiente tema: 'La televisión es responsable de muchos de los males de la sociedad moderna'.

2. Amores difíciles

Lavapiés es el escenario natural de *Alma gitana*, el barrio de mayor riqueza interracial de Madrid. Sus calles son un museo vivo de tonalidades cutáneas, rasgos faciales, acentos y culturas. Las lenguas de los africanos recién llegados se cruzan con el acento de bohemios norteamericanos, alemanes o ingleses, o con la cadencia cálida del habla de la
5   América Latina. Ancianos, intelectuales, okupas, artistas, estudiantes, obreros y exiliados viven en pisos viejos o reformados, salteados por teatros alternativos, retaurantes en los que comer por menos de 500 pesetas, tabernas, bares nocturnos, rincones de flamenco puro y la Filmoteca Nacional. Todo se integra con los vecinos castizos de toda la vida, entre ellos los gitanos de clase media.

10   Sobre su vida cotidiana y sus relaciones con los payos versa esta película, un cruce cultural y social con el mundo gitano actual y urbano menos conocido. En palabras de Chus Gutiérrez, su directora, «es una patada al folclore y los estereotipos de navajas, peleas, chabolas o venta ambulante, con los que el cine y la sociedead han identificado al calé».

15   Lucía (Amara Carmona) es una joven gitana que estudia restauración de muebles y pretende independizarse de todos los códigos de conducta de su tribu. Busca alguien que la trate de forma diferente. Su vida se cruza con Antonio (Pedro Alonso), un ligón buscavidas, amante de las mujeres maduras, de las copas y de todo lo que se ponga delante. Antonio es bailaor en un tablao para guiris, y camarero en la cafetería de El
20   Senado. Cansado de su vida cotidiana y de su fijación por las mujeres mayores, busca una pibita fresca de la que enamorarse de verdad. Encuentra a Lucía y emerge el derroche sentimental.

Hoy, el rodaje es de interiores. En un piso del centro de la ciudad se acaba de desarrollar una historia de sexo y de celos entre Pedro, Lucía y una tercera mujer. Pero
25   la realizadora prefiere no desvelar la secuencia para mantener la intriga de la trama. El trabajo se ha alargado más de lo previsto y no se interrumpe hasta las cuatro y media de la tarde. Una hora para comer y reponer fuerzas.

En el descanso, Pedro Alonso, el protagonista masculino, está radiante. Debuta en el cine y lo hace por la puerta grande. Se enteró por casualidad del rodaje de *Alma gitana* y
30   se presentó. Nada más verle, la directora se enamoró de él. Era su personaje. Aun así, casi no consigue el trabajo por los pelos. Pedro apareció con la cabellera rapada al cero,

y aquello era incompatible con las exigencias del guión. Ahora sonríe al recordarlo: «No veas, empezaron a ponerme pelucas, y ¿te imaginas?, ¡la primera era pelirroja!». Pero tuvo suerte, a Pedro le creció su pelo natural y ahora tiene incluso patillas.

35 —Esto del rodaje es fuerte, un maratón. No descansas. Pero no me importa, como es mi primer trabajo alucino con todo, hasta con lo que pasa detrás de las cámaras.

La otra revelación de la película es Amara Carmona (Lucía), una gitana de 17 años, «muy bien plantá», con la vena artística de la saga de los Habichuela: hija de Luis Carmona y sobrina de Juan, Pepe y Carlos, todos ellos reconocidos guitarristas flamencos. Es

40 también el estreno de Amara en el cine. Según Chus Gutiérrez, cuenta con un don divino para actuar: «Es una actriz muy intuitiva, lo entiende todo a la primera». Amara es una de las 200 gitanas que se presentaron a la selección. Recuerda el momento de su entrada en el celuloide, en su última prueba:

—Cuando Chus me dijo «ya puedes descansar, que has sido elegida», empecé a saltar, a

45 gritar, y me entraron los nervios. Pero cuando llega el fin de semana, tengo ganas de que vuelva a ser lunes para seguir rodando.

La película cuenta con un presupuesto de 155 millones de pesetas y está basada en una idea del chicano Timo Lozano. Faltan dos semanas para que finalice el rodaje. *Alma gitana* puede ser una forma de poner en práctica el Año Internacional de la Tolerancia.

Gema Delgado, *Cambio 16*, 13-3-95

Notas

1. **Lavapiés** (1) — Barrio céntrico de Madrid, saliendo hacia el sur.

2. **gitana** (1) — Se cree que los gitanos llegaron a España en el siglo XV, desde Grecia y los Balcanes; en años recientes ha habido una ola de racismo contra los gitanos.

3. **El Senado** (19–20) — La Cámara alta del Parlamento español.

4. **más de lo previsto** (26) — **Más/menos de** (y no **que**) cuando la comparación se hace con un adjetivo o participio pasado; ver Butt & Benjamin, 5.6 (b).

5. **pelirroja** (33) — Existen varios adjetivos compuestos de sustantivo + adjetivo en los que la **o/a** final del sustantivo se convierte en **i**; cf. **boquiabierto, manirroto, ojinegro**.

6. **Los Habichuela** (38) — Observa que para indicar una familia se utiliza **los**, pero no se añade **-s/-es** al apellido.

Explotación del texto

1. Explica las siguientes expresiones mediante sinónimos, definiciones de diccionario, ejemplos, etc.: **ligón** (17); **buscavidas** (18); **derroche sentimental** (22); **realizadora** (25); **reponer fuerzas** (27); **Nada más verle** (30); **cabellera** (31); **guión** (32); **alucino con todo** (36); **saga** (38).

2. **Gramática**
    a. Explica el uso de la forma subjuntiva **trate** (17).
    b. Explica la diferencia entre el subjuntivo de la línea 18 (**lo que se ponga**) y el indicativo de la línea 36 (**lo que pasa**).
    c. ¿Por qué se utiliza la **a** personal en **Encuentra a Lucía** (21), pero no en **busca una pibita fresca** (20–21)?
    d. ¿Por qué se utiliza **está** (y no **es**) en la línea 28 (**está radiante**)?

3. **Datos básicos**

    ¿Cuánto valen en libras esterlinas **500 pesetas** (7) y **155 millones de pesetas** (47)?

4. **Expresiones coloquiales**

    Hay varias palabras coloquiales en el texto, empezando con **okupas** (5). Haz una lista de las palabras coloquiales (mínimo de 6). Explica lo que significan y por qué se utilizan en este artículo.

5. **Traducción**

    Traduce al inglés las líneas 1–14 ('**Lavapiés... calé**').

6. **Comprensión**
    a. En la película, ¿qué ambiciones tiene Lucía?
    b. ¿Te parece importante para la película que Antonio sea **bailaor**?
    c. ¿Por qué dice la autora que **lo hace por la puerta grande** (29)?
    d. Explica el juego de palabras con la expresión **por los pelos** (31).
    e. ¿Qué motivos tiene la directora para realizar la película?
    f. ¿Por qué escogió a los principales actores?
    g. ¿Qué opinión tienen los actores del trabajo?
    h. ¿De dónde proviene Timo Lozano?
    i. ¿Qué entiendes por la última frase del artículo (48–49)?

7. **Escritura guiada**

Basándote principalmente en los materiales del artículo, escribe:

a. un artículo publicitario, anunciando la nueva película;

b. una reseña positiva de la película;

c. una reseña negativa de la película.

Antes de hacer este ejercicio, sería útil consultar algunas reseñas auténticas.

8. **Tus opiniones**

a. ¿Cuáles son los aspectos positivos y negativos de Lavapiés? Si vivieras en Madrid, ¿te gustaría vivir en ese barrio?

b. Haz un análisis de una película que has visto recientemente (si es posible, de una película en lengua española).

3. El arte popular mexicano

México nace del encuentro de dos civilizaciones milenarias y el mestizaje se ve de una forma especialmente clara en el arte popular, que es el vínculo, el enlace permanente entre las diferentes etapas de su evolución histórica. Cada artista interpreta la realidad a su modo y le añade nuevos elementos. En el arte popular mexicano los colores no se
5 degradan ni están matizados, sino que contrastan dentro de una misma gama. Es un efecto de choque entre los colores. El principio formal del arte antiguo mexicano era la asimetría simétrica. La obra del arte popular nos habla de su artífice, creyente de tradiciones y misterios, milagros de lejanísimos tiempos. El artista del México prehispánico lo único que tenía que hacer era reflejar la experiencia común y ésta ha
10 llegado hasta hoy. Una de las características del arte popular es que el anominato de sus obras le da un sentido general, puesto que no se puede identificar a sus creadores, aunque en México haya una serie de artesanos muy conocidos. Otra es la ligazón del artífice a la comunidad de que forma parte para lo que establece una relación íntima entre la obra y el ser nacional cuyas raíces vienen de muy lejos.

15 A diferencia de otros países cuyo arte popular se encuentra a punto de desaparecer para convertirse en objeto de museo, en México desempeña todavía una función dinámica. Se conserva vivo y con toda la fuerza en los mil objetos de la vida diaria, lo lleva puesto en vestidos, sombreros, fajillas, bolsas y joyas.

Lo utiliza en sus casas y en el trabajo satisfaciendo la necesidad innata de vivir rodeado
20 de colores y arte en todas las manifestaciones de la vida y la muerte. Se ha dicho que como mejor se ve la idiosincrasia de un pueblo es viendo su arte popular; estudiándolo se puede valorizar con gran precisión las cualidades de su cultura. Lo que nos revelaría de México es una potentísima imaginación, un fuerte sentido decorativo, resistencia

física, espíritu metódico, paciencia, espíritu de asimilación y un individualismo que
25 transforma lo que ve, asimilándolo todo.

Dos temas: la muerte y el nacimiento

Mientras que para las personas del viejo continente la muerte es algo pavoroso que
angustia, para el pueblo mexicano no es una negación de la vida sino parte
complementaria de ella. Es una idea que tiene su base más profunda en los estratos
30 indígenas. Para la población pre-hispánica, la muerte era la transformación de lo eterno,
la vida de las personas en la tierra, una etapa del camino. Y así hay muertes articuladas
que se mueven tirando de un cordón, calaveras de azúcar para encandilar a los niños,
muertes parranderas que acompañan a llorar en los cementerios el día de los difuntos,
bebiendo pulque y comiendo mole junto a los muertitos familiares.

35 A través del nacimiento, el pueblo mexicano expresa el símbolo de la renovación; en el
México antiguo se hacía cada cincuenta años la renovación del fuego. El artesano y el
campesino, mestizo e indio, unen lo humano y lo divino esperando una vida mejor,
plasmándolo en figuras y colores que enlazan la alegría con la ternura.

México, el ombligo de la luna (Embajadas de España y México en Londres)

Notas

1.	**el arte** (2)	En el singular, **arte** es palabra masculina; pero en el plural es femenina (**bellas artes**, **artes plásticas**, etc.).
2.	**lo único** (9); **lo eterno** (30) **lo humano y lo divino** (37)	La estructura **lo** + adjetivo se utiliza mucho para convertir adjetivos en sustantivos; ver Butt & Benjamin, 7.2.
3.	**aunque... haya** (12)	Se utiliza el subjuntivo con **aunque** cuando la expresión se refiere a algo inesperado, que va en contra de un estereotipo; ver Butt & Benjamin, 16.12.8.
4.	**fajillas** (18)	= 'cinturones'.

Explotación del texto

1. Explica las siguientes expresiones mediante sinónimos, definiciones de
    diccionario, ejemplos, etc.: **milenarias** (1); **mestizaje** (1); **no se degradan ni están
    matizados** (4–5); **artífice** (7); **ligazón** (12); **desempeña todavía una función
    dinámica** (16–17); **valorizar** (22); **[el] viejo continente** (27); **angustia** (28);
    enlazan (38); **ternura** (38).

2. **Comprensión**

a. ¿Cuáles son las **dos civilizaciones milenarias** (1)?

b. ¿Cómo utilizan los colores los artífices mexicanos?

c. ¿Por qué es importante el anominato en el arte popular mexicano?

d. ¿Es lícito considerar que los artesanos contemporáneos son los herederos directos de los artistas antiguos? Explica tus criterios.

e. Por qué se dice que el arte popular mexicano es dinámico?

f. Expresa en tus propias palabras las principales cualidades de la cultura mexicana.

g. ¿Cuál es la actitud de los mexicanos ante la muerte? ¿De donde proviene tal actitud?

h. Según el artículo, ¿cuáles son las principales antítesis en las que se basa la cultura mexicana?

3. **Traducción**

Traduce al inglés las líneas 27–34 (**Mientras que... muertitos familiares**).

4. **Gramática**

a. **El gerundio**

En el texto hay 9 ejemplos del gerundio español. Estúdialos, y consulta también Butt & Benjamin, cap. 20, especialmente 20.4.1–4; luego traduce al español las siguientes frases:

1. They went back home singing and shouting.
2. By studying a language, you learn a lot about the people who speak it.
3. He worked hard in the hope of making his fortune.
4. By working hard, he made his fortune.
5. The only way of getting into the house was by breaking a window.
6. The way to learn about a people is by studying their culture.
7. While she was in Mexico, she learned a lot of Spanish.
8. The best way to learn a language is by speaking it.

b. **sino/pero**

Observa el uso en el texto de **sino** (28) y **sino que** (5), y consulta Butt & Benjamin, 37.1; luego completa las siguientes frases con **pero/sino/sino que**:

1. No es mexicano, _____ español.
2. No es mexicano, _____ sé que habla español.
3. No pedí vino, _____ me gusta.
4. No pedí vino, _____ cerveza.
5. No canta, _____ grita.
6. No canta, _____ le gusta la música.

7.   No rechazan el uso de los colores vivos, _____ saben que a muchos críticos no les gusta tal uso.

8.   No rechazan el uso de los colores vivos, _____ los utilizan en todas sus obras.

9.   No es la negación de la vida, _____ parte fundamental de ella.

10. No es la negación de la vida, _____ a muchos extranjeros les parece extraña esa actitud.

5.   **Tema de investigación**

Dos de los artistas mexicanos más famosos son Frida Kahlo y Diego Rivera. Busca algunos datos básicos sobre ellos, y sobre sus relaciones con la cultura popular mexicana.

6.   **Redacción**

'El arte popular es un arte inferior, de segunda clase.'

Sección B: Ejercicios de gramática

1.   **'Ser' y 'estar' con adjetivos y sustantivos** (ver Butt & Benjamin, cap. 29; y los ejemplos en los textos 1A.12, 27; 1B.17–18, 20; 2.28, 33, 35).

Completa las siguientes frases con las formas apropiadas de **ser** o **estar**:

a.   Mi hermana _____ estudiante de la Universidad de Málaga.

b.   Mis padres _____ muy conservadores.

c.   Casi todos sus aficionados _____ jóvenes.

d.   Se veía que les gustaba el tema, ya que todos _____ atentos.

e.   Se compró un televisor, aunque no _____ rico.

f.   No _____ natural pasar tantas horas ante el televisor.

g.   No _____ posible saber cómo serán los programas de televisión en el futuro.

h.   Como consecuencia de su enfermedad, todavía no _____ muy fuerte.

i.   Sus vecinos siempre _____ pendientes de lo que hace.

j.   El calor _____ muy fuerte este verano.

k.   Si me acuerdo bien, su hermana _____ rubia.

l.   Al verla vestida así, exclamó: '¡Qué guapa _____!'

m.   Casi todos los de mi vecindad _____ pobres.

n.   El estado de la carretera este año _____ malísimo.

o.   Aunque _____ cansada, quiere seguir trabajando.

p.   Me gusta enormemente este postre. ¡_____ riquísimo!

q.   Sacó notas muy altas en los exámenes; parece que _____ muy lista.

r.   Todos se quejaron de que la sopa _____ fría.

s.   ¿Aún no _____ lista para salir?

t.   Afortunadamente, _____ consciente de sus limitaciones.

2.   **El indicativo/subjuntivo en oraciones subordinadas relativas** (ver Butt & Benjamin, 16.14; y el **Ejercicio 1**, **Sección B**, del **Capítulo 6**, págs. 118–19).

En los textos de este capítulo, hay muchos ejemplos de oraciones subordinadas relativas. Estudia las oraciones que contienen las siguientes formas verbales: **refleje** (1A.6); **invitara** (1A.22); **pida** (1B.43); **trate** (2.17); **se presentaron** (2.42); **se encuentra** (3.15); **tiene** (3.30). Ahora completa las siguientes frases con una forma apropiada del verbo entre paréntesis:

a.   Esta es la definición que ____(**reflejar**)____ mejor su ingenua actitud.

b.   No hay definición que ____(**reflejar**)____ mejor su ingenua actitud.

c.   Me cae muy bien el vecino que nos ____(**invitar**)____ ayer a ver la tele.

d.   Es una lástima no tener vecinos que nos ____(**invitar**)____ a ver la tele.

e.   Sería estupendo tener algún vecino que nos ____(**invitar**)____ a ver la tele.

f.   Aún no hemos visto la película que ____(**pedir**)____ ayer.

g.   Es una innovación maravillosa – te ponen cualquier película que ____(**pedir**)____, y a la hora que tú ____(**preferir**)____

h.   Está muy contenta de vivir ahora con alguien que la ____(**tratar**)____ de forma diferente.

i.   No sabe dónde encontrar alguien que la ____(**tratar**)____ de forma diferente.

j.   Está desesperada. Está convencida de que nunca va a encontrar a nadie que la ____(**tratar**)____ de forma diferente.

k.   No hubo nadie que ____(**presentarse**)____ ayer a la selección.

l.   No me gustó ninguno de los que ____(**presentarse**)____ ayer a la selección.

m.   Amara no fue la única que ____(**presentarse**)____ ayer a la selección.

n.   Este país tiene una cultura cuyas raíces ____(**venir**)____ de muy lejos.

o.   Este no es un país cuyas raíces culturales ____(**venir**)____ de muy lejos.

p.   ¿Te parece posible que haya culturas cuyas raíces no ____(**venir**)____ de muy lejos?

q.   México es un país cuyo arte popular ____(**encontrarse**)____ a punto de desaparecer.

r.   México no es un país cuyo arte popular ____(**encontrarse**)____ a punto de desaparecer.

s.   Es una idea que ____(**tener**)____ su base más profunda en los estratos indígenas.

t.   No es una idea que ____(**tener**)____ su base más profunda en los estratos indígenas.

Sección C: Traducción al español

Spain's literati are inconsolable. News that John Cleese, the British comic actor, is to appear as Don Quixote in a Hollywood film of the Spanish classic, is provoking indignation in Madrid. The last Quixote was played by Fernando Rey, the late Oscar-winning Spanish actor. Mabel Karr, Rey's widow, was dubious about the choice of Cleese as the knight who charges windmills with his lance. 'My husband's performance was unsurpassable,' she said. 'With all due respect to this gentleman, I think Don Quixote has to be interpreted by a Spanish actor.'

Spanish film producers were equally sceptical. 'This is not just theatre or comedy,' said a spokesman for the Film Producers' Federation in Madrid. 'I think this Anglo-American interpretation of Don Quixote could very likely be a disaster. A lot will be lost in translation alone and it will be almost impossible for an English actor to play Don Quixote. You are talking about a great Spanish literary classic. If it is approached with respect for Spanish culture it could just be a good idea. But I doubt it.'

History is not on the side of foreigners playing lead roles in *Don Quixote of La Mancha*, the classic early 17th-century novel by Miguel de Cervantes about a knight whose love of chivalrous romance inspires him to embark on a series of pointless adventures. An official at the Ministry of Culture, which finances many Spanish films, recalled a Russian television treatment of the classic. 'They substituted windmills with petrol stations,' said Jose Maria Ortero, the Ministry's director of visual arts. 'That sort of treatment of what is the bible of classic works for us was just too much to take.'

Tim Brown,
Sunday Times, 19-1-97

Sección D: Documento sonoro

El cine en España y Latinoamérica

1. ¿Qué película ha visto Laura?

    Fresas y chocolate   *Fresa con chocolate*
    Fresas con chocolate   *Fresa y chocolate*

    ¿De qué nacionalidad es esta película?

2. El director es Gutiérrez Alea: ¿verdadero o falso? ¿Cómo se llama la película que Laura menciona, también dirigida por este director?

3. ¿Qué tienen en común ambas películas?

4. ¿Quiénes son los personajes principales de la película? Describe brevemente el carácter de ambos, según las explicaciones que da Laura.

5. ¿Por qué uno de los protagonistas, el más joven, es reacio a aceptar al otro?

6. ¿Hay una evolución en la actitud de éste (el personaje más joven) a lo largo de la película? ¿De qué forma termina?

7. La película que Nuria ha visto se llama *Días...*

8. ¿Es una película actual o no? ¿De dónde es el director? ¿Cómo se llama?

    Manuel Turibe   **Imanol Turibe**

    Emanuel Urtibe   **Imanol Uribe**

9. ¿De qué trata la película? Explica quién es el protagonista.

10. ¿Cuál es la actitud de Nuria hacia la película? ¿Qué significa que 'el personaje engancha'? ¿Y por qué le preocupa a Nuria esto? ¿Ha salido del cine de buen humor y tranquila?

11. ¿Qué opina Nuria del cine español actual? ¿Y de su presencia en Inglaterra?

12. Laura menciona a un famoso director español; ¿cuál es?

13. Nuria dice que ese director 'está hasta en la sopa'. ¿Qué significa esta expresión coloquial?

14. Señala en la siguiente lista las películas de este director que Laura y Nuria mencionan:

    Kika   *Mujeres al borde de un ataque de nervios*

    La ley del deseo   *Átame*

    Matador   *¿Qué he hecho yo para merecer esto?*

    Tacones lejanos   *La flor de mi secreto*

15. Une las siguientes películas con sus respectivos directores (parte de la información está al final de la grabación):

    Julio Medem   *La teta y la luna*

    Bigas Luna   *Muerte de un ciclista* (1955)

    Juan Antonio Bardem   *Jamón, jamón*

    Luis García Berlanga   *La ardilla roja* (1993)

    Pedro Almodóvar   *Bienvenido Mr Marshall* (1952)

                                Kika

16. ¿Dónde vio Laura *La ardilla roja*? ¿Tuvo buena acogida del público?

17. Escucha con detenimiento la descripción de *Como agua para chocolate* que da Laura, e intenta completar los huecos con las palabras que faltan (**sólo** las palabras de **Laura**):

    Otra película que _____ muy popular fue *Como agua para chocolate*, que está basada en una _____ con el mismo nombre de Laura Esquivel, que es una _____ mexicana y quien _____ la película es su marido que es un director de cine _____. _____ es una _____ de amor muy _____, muy dulce y tiene una bonita fotografía y a lo largo de la película se van mechando _____ de cocina _____ y además como que todo el tema de la cocina _____ es muy interesante, entonces, este, está muy bien todo lo de los _____ todos los _____, y entonces te _____ mucho la, la cocina mexicana.

18. ¿Qué película argentina menciona Laura? ¿Cómo se llaman los protagonistas, y de qué nacionalidad es cada uno? ¿Son famosos?

19. ¿Puedes repetir las palabras que usa Nuria para despedirse de Laura?

Sección E: Temas orales

1. Extranjeros: Las 10 preguntas que más inquietan

(Para hacer este ejercicio sugerimos la siguiente idea: El profesor fotocopia y recorta las preguntas y los textos de tal forma que haya 10 preguntas y 10 textos desordenados. A continuación se pide a los alumnos que intenten buscar la pregunta correspondiente a cada texto. Es una manera más dinámica de enfocar este tipo de ejercicio de comprensión escrita y así es más fácil que los alumnos trabajen en parejas o en grupos.)

Ejercicio 1

A continuación tienes **10** preguntas. Busca su correspondiente respuesta entre **A** y **J**.

1. **¿De dónde proviene el recelo hacia los extranjeros?**

2. **¿Por qué el auge de los partidos de extrema derecha?**

3. **¿Tenemos la obligación de acoger a todos los que buscan asilo?**

4. **¿Cómo reaccionan los extranjeros ante el rechazo?**

5. **¿Hasta qué punto se adaptan los extranjeros? ¿Sería una solución crear barrios sólo para ellos?**

6. **¿Crean los hijos de los inmigrantes problemas en los colegios?**

7. **¿Incrementan los extranjeros la delincuencia?**

8. **¿Cuánto nos cuestan los extranjeros? ¿Nos quitan puestos de trabajo?**

9. **¿Hacen los extranjeros que nuestros pobres sean más pobres?**

10. **¿Somos nosotros los culpables de su pobreza?**

A.

*Diego López Garrido, de la Asociación
Pro Derechos Humanos.*

La discusión sobre si somos o no culpables no lleva a ninguna parte porque es fácil deducir que si somos culpables hay que ayudar a esos países y que si no lo somos, que se las arreglen solos. Es cierto que existe una responsabilidad histórica que arranca de la época colonial. Las potencias se repartieron el mundo y sangraron las materias primas de los países pobres sin preocuparse de más. Debemos decir a la población de países desarrollados que vivimos en un mundo interdependiente: nuestro futuro depende de los países del sur y al revés.

Es inadmisible e inestable que en nuestro planeta 1.000 millones de personas vivan bien y 4.000 millones, muy mal, y que en el último decenio su nivel de vida haya descendido. No se puede tener a unos hermanos en esta situación. El debate hay que situarlo en los derechos humanos, sin despreciar las otras dimensiones. Hay que aumentar las ayudas a la cooperación. Hay que transformar unas relaciones desiguales en el comercio internacional y poner al servicio de los países más pobres nuestra capacidad tecnológica. No podemos seguir con mentalidad de rapiña. El sur tiene hambre y su respuesta son las oleadas de inmigrantes que llegan y seguirán llegando aunque sea a nado.

B.

Javier Puyol, vocal asesor del Ministerio del Interior.

No puede afirmarse que la delincuencia sea mucho mayor entre los extranjeros que entre españoles. Es cierto que en la población penal hay una 'sobrerrepresentación' de extranjeros en relación a su bajo porcentaje en la población española. Pero hay que matizar esto considerando que los inmigrantes no forman una población completa y equilibrada. Predominan los varones entre 16 y 40 años, un sector en que la incidencia de la delincuencia es mayor en cualquier sociedad del mundo. Esto, lógicamente, aumenta la tasa de delincuencia de los extranjeros en relación a los españoles. Lo que está claro es que, esencialmente, no son ni mejores ni peores, ni más o menos proclives a la delincuencia que los españoles. Por ello, una política decidida de integración es la mejor garantía para resolver los problemas transitorios de asimilación y adaptación de un colectivo que, en su inmensa mayoría, no tiene otra aspiración que la de mejorar su situación trabajando todo lo duro que haga falta en una tierra inicialmente extraña.

C.

Enrique Gil Calvo, profesor de sociología de la Universidad Complutense de Madrid.

De dos vertientes. La primera emana de nuestra memoria histórica. La xenofobia no es nueva en España. Basta con recordar que este año se cumple el quinto centenario del decreto de expulsión de los judíos. La segunda vertiente es económica, la llegada de numerosos emigrantes moviliza a una población que se considera, por ser autóctona, con derechos adquiridos frente a los otros, los extraños.

Las actitudes xenófobas se dan contra los que tienen un estigma visible que revela su pertenencia a otra etnia o cultura; es un problema de visibilidad y no se da necesariamente contra los extranjeros: con los gitanos siempre ha estado latente. La xenofobia es una cuestión de jerarquías, se utiliza como barrera de defensa de un estatus, por muy bajo que éste sea. Los que más odian a los extranjeros son los que viven a su lado, los blancos pobres, aquellos que tienen más problemas son los que se sienten más agredidos por su presencia. Piensan que si una gran cantidad de inmigrantes va a vivir a su barrio se va a devaluar el precio de la vivienda que tanto les ha costado comprar.

D.

Fernando Savater, filósofo.

El auge de la extrema derecha se basa en el miedo y la incertidumbre ante el futuro de la sociedad occidental. En Europa se ha producido un gran cambio con la caída de los regímenes comunistas del Este. La sociedad occidental estaba planeada en buena medida sobre ese equilibrio; ahora se teme una invasión de inmigrantes del Este que sumados a los africanos hacen temer a los occidentales por la pérdida de sus privilegios. Los partidos tradicionales están sacudidos por ese temor y buscan nuevas fórmulas. De este contexto se aprovecha la ultraderecha. Los problemas de la sociedad occidental son problemas estructurales muy complejos y ellos ofrecen soluciones muy simplistas. La ultraderecha se ha definido siempre por buscar chivos expiatorios étnicos y a mucha gente la pueden convencer señalando con caras, cuernos y rabo a unos falsos culpables.

E.

Kalifa Azaghouaj, dirigente de la Asociación de Trabajadores Marroquíes en España.

Con sorpresa, con preocupación y con dinamismo. El racismo y la xenofobia son fenómenos muy nuevos en España. Los inmigrantes debemos unirnos para desmontar los tópicos que nos hacen parecer como enemigos de los trabajadores españoles o como delincuentes y traficantes de drogas. No hemos venido a competir, la mayoría estamos aquí por motivos económicos y muchos colaboramos desde hace años en el progreso de España. Los españoles deben saber esto y también que los traficantes no son inmigrantes: son mafias. Nosotros nos levantamos a las seis de la mañana para ir a trabajar, no somos delincuentes. Hay que corregir este punto de vista distorsionado de la sociedad. Los racistas lo son por ignorancia. Deben comprender que si no hay trabajo es por una determinada política de empleo, no por nuestra culpa. Es duro tener que soportar una actitud de odio que muchas veces nos obliga a vivir con temor. Debemos luchar para reivindicar nuestros derechos, para ganarnos la simpatía de los españoles e integrarnos positivamente en la economía española.

F.

José Manuel Herrera, representante de Cáritas Española.

Lo que hacen los inmigrantes es que nuestros ricos sean cada vez más ricos. Realizan servicios baratos y en muchas ocasiones son explotados en trabajos de la economía sumergida.

Los inmigrantes no quitan el trabajo a los españoles, ocupan esos empleos que las oficinas del INEM se cansaban de ofrecer a nuestros parados y éstos los rechazaban sistemáticamente. Los inmigrantes no hacen más pobres a nuestros pobres, lo que empobrece es el desempleo y la falta de perspectivas. El país gana con la presencia de inmigrantes. Hoy Europa no podría vivir sin los 11 millones de inmigrantes. Además, no cuestan una peseta al Estado. Llegan adultos muchas veces con estudios y en plenitud de fuerzas, no ha habido que pagar el coste de sus nacimientos ni el de su educación y, normalmente, cuando acaban su época laboral, se marchan a su país, por lo que tampoco hay que desembolsar dinero para su tercera edad. Además, hay que tener en cuenta que muchos de ellos están muy preparados. Por ejemplo, las novedades que nos han traído los sudamericanos en odontología, psicología, programas de asistencia social e iniciativas artísticas son importantísimas.

G.

Françoise Bluzat y Ángeles Siemens, miembros del Alto Comisionado de las Naciones Unidas para los Refugiados.

El asilo o el refugio es un derecho. La obligación es admitir a trámite la solicitud, que es examinada por una comisión formada por representantes de los ministerios de Exteriores, Interior, Asuntos Sociales, Justicia, Trabajo y un representante de ANUR sin derecho a voto. Si la solicitud es rechazada puede haber una expulsión automática, pero no es frecuente. Si la solicitud es denegada y ANUR tiene dudas razonables de que hay persecución, se inicia un proceso de apelación o se solicita un permiso de residencia de acuerdo con la Ley de Extranjería. Las condiciones de asilo y refugio tienden a endurecerse en España y Europa. Durante los años ochenta hubo alto número de solicitudes abusivas promovidas por personas que no tenían motivaciones de persecución ideológica, sino causas económicas. Ahora es posible acudir a trámites acelerados para excluir a este grupo de personas.

La mayoría de los refugiados y asilados que llegan a España lo hacen desde el norte de África. Es el primer país al que pueden llegar. Unos se quedan y otros siguen a otros países europeos.

H.

Comité organizador de las jornadas 'El otro como problema'.

Habría que plantearse hasta qué punto tienen ellos acceso a la educación, vivienda y trabajo dignos, aspectos que permiten la integración. Lo deseable es una integración pluralista donde la adaptación a los usos de la cultura del país de acogida no implique perder sus rasgos de identidad. Los intentos de acabar con la cultura que ellos traen pueden ser vividos como una agresión y desembocar en una animadversión hacia la población de acogida. El miedo al mestizaje no siempre está justificado: nuestra historia nos enseña que la mezcla de culturas es enriquecedora. Y ahora puede serlo demográfica, cultural y laboralmente.

Los barrios sólo para extranjeros no son solución porque se convierten en *ghettos* y lugares de marginación, que los aíslan y dificultan la integración. No olvidemos que la extrema derecha europea defiende esta segregación. Se privaría al inmigrante de todo derecho fomentando una nueva esclavitud al reducirles a mera mano de obra barata.

I.

Raimundo Aragón Bombín, director general de migraciones.

Existe una vieja polémica sobre si los movimientos migratorios perjudican o benefician a los países de acogida. Los inmigrantes que llegan a España son básicamente trabajadores jóvenes en plena edad activa y no se caracterizan por demandar ni disfrutar de grandes ventajas o servicios sociales. No obstante, uno de los objetivos de la política inmigratoria es conseguir la integración de todos los inmigrantes.

Actualmente, la llegada de inmigrantes coincide con una situación de desempleo. Pero en líneas generales se puede decir que los inmigrantes ocupan los 'nichos' laborales que, por las condiciones, precariedad o naturaleza de la prestación, no son atractivos para los españoles. En este sentido, los inmigrantes no quitan puestos de trabajo a los trabajadores del país, aunque lógicamente compitan con ellos. Es tarea de la Administración regular los flujos para que el volumen de inmigrantes sea el adecuado y vigilar para que las condiciones laborales sean las legales y no se produzca *dumping* social a costa de los inmigrantes.

J.

Antonio Chazarra, catedrático del Instituto Covadonga.

No, aunque por ser un colectivo tan reducido los solemos convertir en el chivo expiatorio cada vez que surge un conflicto. Pero no podemos desconocer que vienen de otro medio y por eso sienten temor a enfrentarse con algo. Esto los deja en una situación de desventaja y por eso tienden a relacionarse entre ellos mismos y a rechazar al grupo que les ve como algo ajeno y extraño. Aquí juega un papel muy importante la aptitud de aquellos niños que son vistos como líderes, ya que pueden utilizar su condición para cohesionar al grupo o para señalar como enemigos a los extranjeros. Hay que matizar que muchos de los estudiantes actúan de acuerdo a los principios inculcados por sus padres. Un niño no puede entender que sea marginado por tener un color diferente o pertenecer a un grupo determinado. Insisto en que son los padres los primeros que deben aprender a convivir con las ideas de los demás y enseñar a los hijos la tolerancia. Igual responsabilidad tenemos los profesores. Nuestra actitud es fundamental y decisiva en el proceso de integración. Debemos promover el diálogo entre todos los alumnos para que haya una convivencia pacífica en la que nunca existan víctimas ni verdugos.

Ejercicio 2: Debate

Bien en grupos o entre toda la clase, discutid las siguientes cuestiones:

1. *'El miedo al mestizaje no siempre está justificado: nuestra historia nos enseña que la mezcla de culturas es enriquecedora.'* ¿Qué opinas tú de esta afirmación? Si estás de acuerdo, ¿de qué forma y por qué la mezcla de culturas enriquece?

2. ¿Por qué crees tú que los inmigrantes provocan hostilidad y rechazo en determinados sectores de la población?

3. La inmigración y la Unión Europea.

4. La situación de los gitanos en España. La marginación social por cuestiones raciales.

5. Racismo e incultura son términos inseparables.

6. Comentad la respuesta que da el famoso filósofo Fernando Savater a la pregunta *'¿Por qué el auge de los partidos de extrema derecha?'* ¿Qué entiendes por **chivo expiatorio**?

7. ¿Estás de acuerdo con la afirmación del profesor Enrique Gil Calvo de que *'los que más odian a los extranjeros son los que viven a su lado, los blancos pobres, aquellos que tienen más problemas son los que se sienten más agredidos por su presencia...'*?

8. ¿Crees que se puede considerar la existencia de diferentes tipos de racismo según hablemos de un país u otro? Más concretamente, ¿te parece que en Gran Bretaña existe racismo hacia determinadas razas, mientras que en España éste se dirige a otras etnias o razas distintas? Justifica tu respuesta.

9. Es difícil conseguir una verdadera integración de razas sin perder parte de las costumbres y tradiciones propias.

10. Los nacionalismos extremos no son nada más que sentimientos racistas disfrazados. ¿Estás de acuerdo con esta opinión?

2. Invitar y convencer

Ejercicio 1: Invitaciones y recados por teléfono

(Este ejercicio es conveniente hacerlo después de haber escuchado el documento sonoro correspondiente a esta unidad.)

Estudiante A

Llamas a tu amiga Marta por teléfono para proponerle que vaya al cine contigo a ver *Días contados*. No está en casa, así que tienes que dejar un mensaje en el contestador automático con los siguientes detalles:

- Día que quieres ir y qué película quieres ver, incluye un breve comentario sobre la misma.
- Hora a la que empieza la película y cuánto dura aproximadamente.
- Lugar y hora para quedar con ella.
- Dile que te llame para confirmar la cita.
- Explica que no vas a estar en casa entre las 9 de la mañana y las 5 de la tarde.
- Despídete.

Estudiante B

Eres Marta y acabas de escuchar el mensaje que te ha dejado Nuria invitándote a ir al cine con ella a ver una película de la que nunca has oído hablar, *Días contados*. Ella te explica más o menos de qué va, y la verdad es que no te interesa el tema del que trata y además no te apetece nada salir la noche que ella te propone.

Llamas por teléfono a su casa y ella no está, así que tienes que dejar un recado en el contestador con los siguientes detalles:

- Saluda y agradécele la invitación.
- Explícale que no te apetece ir y por qué (intenta dar razones convincentes, si no, parecerás una maleducada).

- Propón tú otra película o cualquier otra cosa (ir al teatro, quedar para tomar unas copas, ir a cenar juntas...).

- Dile que te llame si puede antes de las 7 de la tarde y despídete.

Ejercicio 2: Conversación

Por fin Marta y tú habéis quedado para tomar un café y discutir qué vais a hacer el sábado por la noche. Imagínate que estás con Marta (o con Nuria si eres Estudiante A) tomando ese café en una terraza de la Plaza Mayor de Madrid, un caluroso día de julio. A cada una de vosotras os apetece hacer algo distinto. Se trata, por lo tanto, de que intentes *convencer* a tu amiga de que tu propuesta es la mejor. Después, intentad llegar a un acuerdo entre las dos para pasar una noche de 'juerga' (o una noche tranquila si estáis cansadas...).

En las páginas 169–70 de la **Sección E** del Capítulo 8 (*La Salud*) hay una lista de expresiones útiles a la hora de discutir o expresar desacuerdo, acuerdo, etc. Ten en cuenta también, que aunque sea tu amiga y tengas mucha confianza, no debes olvidar la buena educación...

Ejercicio 3: Comentario de películas

Actividad en parejas o en grupos:

Recuerda alguna película que hayas visto (si es española o latinoamericana, mejor) y te haya gustado mucho o, al contrario, te haya parecido malísima. Intenta resumir brevemente el argumento, sin decir el título ni nombres propios, y también da tu opinión sobre la misma. Se trata de que tus compañeros averigüen de qué película se trata.

Algunas expresiones útiles, todas ellas bastante informales:

(Nota: algunas no son 'gramaticalmente' muy correctas, pero se utilizan muchísimo, especialmente entre gente joven, así que creemos que es interesante incluirlas aquí.)

- te partes de risa/te mueres de pena
- es un peliculón/alucinante! Qué pasada de peli!
- tiene escenas muy fuertes
- ¡es superguay!/mola mucho/es genial/preciosa
- es un rollo/un rollazo
- es horrible/pretenciosa/falsa/una americanada

- es aburrida/una tontería
- pasable/normalita/corriente/ni fu ni fa
- lacrimógena/tonta/no es para tanto/no es ninguna maravilla/ se sale de lo corriente
- subtitulada/doblada/histórica/de risa/de ciencia-ficción/de miedo/ dramón sentimental
- melodrama/comedia de enredo/un culebrón/un musical/un éxito/ un fracaso/un clásico
- director/realizador/productor/protagonista/actor/actriz/guión/ una adaptación
- la ambientación/la fotografía/el tema/el argumento/el decorado/la cámara/ la banda sonora/los efectos especiales/rodar/proyectar/poner–echar una película/el estreno/tener buena o mala crítica/hacer de/interpretar/el plató

Por último, utilizando estas expresiones y otras que se te ocurran, intenta convencer a tus compañeros para ir al cine contigo a ver la película que tú quieres.

3. Comentario de textos

Lee con atención los siguientes textos:

Ser más

"Hace unos años, cuando todavía era estudiante preocupado por aprobar el curso, el saber cosas y aprender no era para mí un motivo de especial satisfacción. Sólo buscaba contentar a mis padres y poder disfrutar a tope de las vacaciones de verano. Hoy, que soy un adulto joven, siento que cuanto mayor es mi avidez intelectual, mayor es mi satisfacción personal. ¿Cree usted que el gozo intelectual ayuda a ser más?"

El viejo Aristóteles distinguía dos clases de virtudes: Morales, que están radicadas en las costumbres, e intelectuales, que tienen su raíz en el pensamiento y en la razón. Son éstas las que nos perfeccionan en nuestra específica naturaleza de seres racionales. Por estar dotados de razón, los humanos nos sentimos impulsados en alas de un deseo insaciable de saber. Pero no sólo aspiramos a saber, sino que esa aspiración crece continuamente y cuanto más sabemos, más conscientes somos de nuestra infinita ignorancia.

El deseo de saber le hace al hombre trascenderse a sí mismo, lanzándole en pos de la verdad absoluta e inefable: Dios, sabiduría infinita. El deseo de saber se traduce además como capacidad de leer internamente el sentido de las cosas y el sentido del mundo que nos rodea.

Gracias a la conciencia del hombre, las cosas adquieren sentido y se transforman en mundo, en estructura ordenada. El hombre es capaz de interiorizar y comprender el mundo y las cosas que le acompañan como felices com-

pañeros de viaje en su existencia. Por eso, tanto más es el hombre cuanto más sabe, cuanto más llena de sentido su vida.

En la búsqueda del esclarecimiento de las cosas, de los hechos y del acontecer general en la tierra, la sensación de gozo que experimentamos los humanos, nos hace sentirnos espectadores privilegiados de la existencia y disfrutar la plenitud que se deriva de imponer el orden de la razón sobre las cosas.

Esa avidez intelectual con que el ser humano se sumerge en la corriente de la vida, se convierte, en último término, en el "deseo natural de ver a Dios", que, según Santo Tomás, acompaña de manera natural a los seres racionales.

Para el mundo clásico, el conocimiento verdadero era un saber universal, necesario e inmutable que arrastraba al alma a una contemplación amorosa; era la *episteme* o sabiduría. Para los hombres del Renacimiento, el conocimiento interesaba como un saber para dominar. El hombre estaba interesado en imponer el dominio de su razón a las fuerzas de la naturaleza. Para los hombres de nuestra época, el conocimiento se ha convertido en un saber creador. Empleamos el conocimiento para producir cosas.

Tal vez debamos volver hoy día a refugiarnos en el concepto de la sabiduría antigua: "Gozar intelectualmente de la verdad", considerar el saber como la posesión pacífica de esas gotas de verdad que la razón nos ayuda a descubrir.

La raíz etimológica de la palabra saber, la emparienta con la palabra saborear. *Sapere*, quiere decir saber; *sapire*, saborear. ¿Por qué no paladear y contemplar la verdad en sí misma, sin las preocupaciones científicas o tecnológicas que pueda tener? Probablemente no disfrutamos de nuestro conocimiento porque a veces lo prostituimos como medio para fines que no nos hacen felices.

¿Qué sería del mundo si la inteligencia humana no lo conociera, si la conciencia del hombre no apreciara su belleza? ¿Cómo podría el hombre instaurar su dominio sobre las cosas si no disfrutara de ellas, conociéndolas y amándolas? Digo amándolas porque nosotros sólo podemos conocer con todo nuestro ser y no con la abstracción de un conocimiento aislado de nuestras tendencias y afectos. Para descubrir la verdad hay que amarla y sentir el gozo de haberla conocido.

El gozo intelectual equivale a sentirse contentos por haber satisfecho las exigencias de sabiduría que acompañan al alma racional. Es una paz que se apodera del espíritu y lo libera de las tensiones que las aspiraciones no satisfechas producen al alma. Pero la tensión interna por la sabiduría nunca se calma, pues aspira a crecer y se convierte en tensión existencial con la esperanza de seguir construyéndose como persona. El sentido de la vida queda iluminado no como un objetivo o meta que se alcanza definitivamente, sino como un ideal que señala el camino a seguir.

Como vivimos en una época en que, aparte de teorías, uno quiere oír hablar de ventajas prácticas, si todo lo dicho no bastara para movernos en pro del deleite intelectual, sí podemos señalar algunos actos colaterales aparejados al gozo intelectual; múltiples investigaciones de los últimos años demuestran que la actividad intelectual y el placer que produce no sólo alarga la vida humana sino que la hace más plena, sosegada y placentera. No es simplemente la ventaja de vivir más años sino de vivirlos con mayor calidad de vida, de vivir mejor.

Bernabé Tierno,
El Semanal, 22-9-96

(¡Ten cuidado y no te dejes llevar demasiado por tus ansias de saber, porque te podría pasar lo que al personaje que protagoniza el siguiente cuento!)

Mosca lectora

Dícese de la mosca que, en su afán de nuevos conocimientos, muere aplastada entre las páginas de un libro: tanto le gustan las palabras, tanto le atraen, que no le queda más remedio que morir en ellas, manchar con su sangre el territorio de la página. De hecho, muchos afirman –no sin malicia– que esta mosca no es más que la reencarnación de un antiguo editor que, ansioso como siempre por meter baza en el libro, acaba por estropearlo. "Es algo superior a él, no puede evitarlo –añaden éstos–; ¿se ha fijado Ud. en cómo zumba en torno al lector, cómo revolotea sin más propósito que el de molestarlo, agotar su paciencia...?"

Jordi Doce, *Bestiario de Anad*

1. Antes de pasar a analizar más exhaustivamente ambos textos, ¿puedes establecer algún tipo de conexión entre ambos? ¿Con qué palabra o palabras clave definirías el tema de los mismos si es que ves alguna relación?

2. En el segundo, *Mosca lectora,* ¿qué tono crees que está utilizando el autor? ¿Qué significa **meter baza**?

3. En grupos, parejas o entre toda la clase, comentad las siguientes preguntas:

   a. ¿Entiendes la diferencia que establece Aristóteles entre virtudes 'morales' y virtudes 'intelectuales'? ¿Crees que es válida esa distinción?

   b. ¿Te parece que *todos* los seres humanos, según dice el autor del texto, '*nos sentimos impulsados en alas de un deseo insaciable de saber*'?

   c. '*Sólo sé que no sé nada*'. ¿Conoces al autor de esta famosa frase? ¿Qué te sugiere? ¿En qué párrafo del texto encuentras alguna referencia a esta cita?

   d. En el segundo párrafo, que empieza '*El deseo de saber le hace al hombre*', el autor dice que la verdad absoluta e inefable es Dios. ¿Cuál es tu opinión al respecto?

   e. ¿Por qué estás estudiando una carrera universitaria? ¿Coinciden algunos de tus motivos con ciertas ideas planteadas en este texto?

   f. También el autor menciona en el texto que se puede llegar a disfrutar una sensación de gozo y plenitud gracias a imponer el orden de la razón sobre las cosas. ¿Te parece demasiado 'racionalista' esta opinión? ¿Es necesario que impongamos siempre la razón sobre todas las cosas? ¿Qué te parece la siguiente cita: '*El corazón tiene razones que la razón no entiende*', de Blaise Pascal (1623–62)?

   g. ¿Qué era para el mundo clásico el conocimiento verdadero? ¿Y para qué les interesaba a los hombres del Renacimiento el saber? En nuestra época, según el autor, ¿en qué se ha convertido el conocimiento?

   h. El concepto de sabiduría antigua, '*el gozar intelectualmente de la verdad*', ¿qué significado tiene para ti? ¿Crees que se puede alcanzar alguna vez la 'verdad'?

   i. ¿Cómo define el autor 'el gozo intelectual'?

   j. ¿Qué ventajas prácticas, mencionadas en el texto, se derivan de este afán por saber más?

k.   En español existen bastantes expresiones con la palabra **razón**. ¿Podrías unir
      las siguientes locuciones con sus respectivas definiciones en la 2ª columna?

      tener razón   'no dejarse convencer'
      dar la razón a alguien   'volverse uno loco'
      perder la razón   'estar de acuerdo con alguien'
      meter en razón a alguien
           (**entrar en razón**)   'volver loco a alguien'
      no atender a razones   'obligar a alguien a ser razonable'
      hacer perder la razón   'ser verdadero lo que uno dice'

l.   Y una última cita, de Descartes: '*Pienso luego existo*'. ¿Qué os parece?

LA SALUD

Sección A: Textos escritos

1. El dolor

Hace poco coincidí en Soria con un grupo de científicos, todos gente estupenda y con esa capacidad metafórica y poética que encierra dentro de sí la buena ciencia. Uno de ellos, el biólogo Carlos Belmonte, me habló de una terrible enfermedad cuya existencia yo ignoraba, y que consiste en la imposibilidad de sentir el dolor. Hay niños que, por un
5   problema neurológico, nacen genéticamente insensibles al dolor físico. Todos mueren muy jóvenes, y no porque la enfermedad sea degenerativa o letal en sí misma, sino porque esa insensibilidad les coloca en un riesgo perpetuo. Son niños que se apoyan en radiadores hirvientes y se abrasan de ese modo sin darse cuenta; que padecen múltiples infecciones porque no advierten (ni curan) las heridas que se hacen. Y que sufren
10   constantes necrosis, porque al sentarse o tumbarse no notan que con esta postura están interrumpiendo de manera fatal la circulación de un brazo o una pierna. Al no experimentar dolor, los niños se maltratan a sí mismos hasta la muerte. Todos sabíamos que se podía morir de dolor, físico o psíquico, porque hay daños que son más grandes que nosotros mismos y que acaban con nuestras ganas de vivir. Pero morir por la falta de
15   dolor resulta de primeras algo chocante. Sobre todo en nuestra sociedad occidental, que ha hecho de la huida del sufrimiento una bandera. En épocas pasadas el dolor formaba parte sustancial de la existencia: era una poderosa manifestación de los enigmáticos designios de los dioses. Fue hace muy poco, apenas un par de siglos, cuando empezamos a pensar que quizá sufrir tanto no fuera obligatorio, ni moral, ni necesario. En 1847 se
20   descubrieron las propiedades anestésicas del éter, un avance científico que revolucionó el mundo de la cirugía (antes se abrían barrigas y amputaban piernas en vivo), pero que aún así fue recibido con notable polémica: los simples consuelos de la anestesia, esto es ahorrarle al paciente una tortura indescriptible, eran considerados por algunos un atrevimiento pecaminoso, una rebelión contra la voluntad divina.

25 Después empezaron a morirse los dioses y el sufrimiento extremo comenzó a ser visto
    como lo que es, un daño ciego y absurdo; y los humanos nos lanzamos a buscar
    antídotos, curas, aturdimientos. Aun así, en la reticencia que muchos médicos muestran
    todavía hoy de dar calmantes a los enfermos terminales o crónicos asoma la oreja ese
    prejuicio religioso ancestral, el viejo y cruel mito de que el dolor, todo dolor, tiene un
30 sentido, un lugar. Y no, no es cierto. Hay sufrimientos colosales que son tan espantosos
    como inútiles. Aprovechemos el desarrollo científico y evitemos el dolor físico siempre
    que sea posible.

    Pero al compás de esta búsqueda de remedios contra el daño del cuerpo nuestra
    sociedad ha ido también desarrollando una ansiedad neurótica por librar el ánimo de
35 toda zozobra y hasta de la inquietud más pequeñita. La publicidad, las comedias de
    televisión, la literatura y el cine de consumo nos ofrecen la visión de un mundo sin
    arrugas, sin inquietud ni deterioro. Como si la vida fuera sólo felicidad, compacta,
    continua, interminable, una eterna jarana. Cegados por el fulgor de los anuncios (y por
    su modelo de paraíso idiota), hoy le exigimos a la existencia lo imposible: ser dichosos
40 todos los días, todas las horas, todos los minutos; y no padecer ni el más mínimo dolor.
    Pero todas las vidas, hasta las más afortunadas, están llenas de sinsabores, de pérdidas,
    de pesares. El malestar forma una parte tan sustancial de la vida como la risa; y si no
    experimentas el primero, dudo que llegues de verdad a saber reírte.

    Pensando en todo esto, recuerdo ahora lo que me contaron Belmonte y los demás
45 biólogos en Soria, y me maravillo una vez más de la sabiduría del cuerpo, de las
    profundas metáforas de la carne. Esos niños insensibles al dolor terminan muriendo
    porque no saben protegerse. En ciertas dosis, el dolor nos enseña, nos educa, nos
    informa de lo que funciona dentro de nosotros y de lo que hay que cuidar. El dolor nos
    despierta y nos hace movernos para que nuestras piernas no se pudran (ni nuestras
50 ideas, ni nuestros sentimientos), porque hay quietudes fatales que conducen a la
    necrosis (y a las distintas variedades de muerte). Sí, siempre que se pueda hay que evitar
    el daño, que es el dolor desordenado, el que carece de un lugar en nuestra cabeza, el
    dolor inútil y perverso, tanto de la carne como del corazón. Pero también hay que vivir
    sabiendo que el sufrimiento existe y que nos completa y nos corresponde.

55 El niño que padece esa insensibilidad genética es una criatura incapaz de cumplir la
    función fundamental de todo ser vivo, que consiste justamente en cuidar de sí mismo y
    en procurar sobrevivir. En esto ese niño es un ser incompleto: sin dolor no está entero,
    no es persona. Y hasta tal punto no es, que muere pronto. Su carencia le enferma y le
    aniquila; por no sentir dolor, ese niño es terriblemente desgraciado. De lo que se
60 deduce que, paradójicamente, el dolor nos puede hacer felices. Conviene recordarlo en
    los ratos sombríos.

                                                   Rosa Montero, *El País*, agosto de 1995

Notas

1. **y no porque la**
    enfermedad
    sea degenerativa (6)

    Se utiliza el subjuntivo porque se trata de una oración causal, introducida por el adverbio **porque** precedido de la negación **no**; véase Butt & Benjamin, 16.12.3. La oración conlleva la idea: 'No digo que la enfermedad sea degenerativa, sino...' Observa el uso de **porque** + indicativo en las líneas 7, 9, 47 y 50.

2. **se descubrieron...**
    se abrían...
    fue recibido... (19–22)

    Observa la mezcla de las formas reflexivas con **se** y la voz pasiva, mezcla típica del estilo narrativo español.

Explotación del texto

1. Explica las siguientes expresiones mediante sinónimos, definiciones de diccionario, ejemplos, etc.: **hirvientes** (8); **necrosis** (10); **de primeras** (15); **indescriptible** (23); **nos lanzamos a buscar antídotos** (26–27); **asoma la oreja** (28); **zozobra** (35); **una eterna jarana** (38); **sinsabores, pesares** (41–42); **se pudran** (49); **procurar sobrevivir** (57).

2. **Metáforas y otros recursos estilísticos**

    Explica lo más exhaustivamente posible las siguientes expresiones:

    a. **con esa capacidad metafórica y poética que encierra dentro de sí la buena ciencia** (1–2)

    b. **Sobre todo en nuestra sociedad occidental que ha hecho de la huida del sufrimiento una bandera** (15–16)

    c. **En épocas pasadas el dolor formaba parte sustancial de la existencia: era una poderosa manifestación de los designios de los dioses** (16–18)

    d. **Después empezaron a morirse los dioses** (25)

    e. **El dolor nos despierta y nos hace movernos para que nuestras piernas no se pudran (ni nuestras ideas, ni nuestros sentimientos)** (48–50)

    f. **me maravillo una vez más de la sabiduría del cuerpo, de las profundas metáforas de la carne** (45–46)

3. **Gramática**

    a. Explica el uso de los tiempos verbales (pretérito imperfecto vs. pretérito indefinido) en las líneas 16–24 (**En épocas pasadas... la voluntad divina**). En caso de duda, ver Butt & Benjamin, 14.4–5.

    b. Explica el uso de la preposición **por** en las líneas 4, 14 y 59.

    c. Explica el uso del subjuntivo en las líneas 31–32 (**siempre que sea posible**).

4.   **Comprensión**

a.   Intenta buscar en el texto todas las palabras relacionadas con el dolor (campo semántico de la palabra **dolor**).

b.   ¿Por qué causa, según este artículo, hay niños que nacen con una insensibilidad al dolor?

c.   ¿Qué les puede llegar a ocurrir a estos niños que no pueden experimentar el dolor físico?

d.   ¿Es cierto, según Rosa Montero, que en el pasado la anestesia era algo visto incluso como pecaminoso? Explica tu respuesta.

e.   **Y hasta tal punto no es, que muere pronto** (58). Explica lo que entiendes por esta frase.

f.   ¿Qué es una paradoja? Explica lo paradójico del último párrafo.

5.   **Resumen**

Haz un esquema del texto (una lista de las ideas principales), y a continuación, basándote en esas ideas, intenta resumir el artículo en no más de 150 palabras.

6.   **Tus opiniones**

a.   'El malestar forma una parte tan sustancial de la vida como la risa, y si no experimentas el primero, dudo que llegues de verdad a saber reírte' (42–43). ¿Estás de acuerdo con esta afirmación de la autora?

b.   Rosa Montero concluye el artículo así: '… paradójicamente, el dolor nos puede hacer felices. Conviene recordarlo en los ratos sombríos' (60–61). ¿Te parece que el argumento que desarrolla en el artículo justifica tal conclusión?

2. Los baños solares sin protección son la causa principal de cáncer cutáneo

¡Quién le iba a decir a Coco Chanel que la moda del bronceado, impuesta por esta diseñadora francesa en los años cuarenta, iba a acarrear tantos riesgos para la piel! Los especialistas advierten que en los últimos 50 años el melanoma maligno, el peor cáncer cutáneo, ha aumentado un 500%. Y, a pesar de que ha descendido últimamente esa

5   especie de heliofagia, que obligaba a permanecer horas y horas al sol para dorar la piel, los dermatólogos no cesan de alertar sobre los peligros de los baños solares, ya que éstos siguen siendo la primera causa del cáncer cutáneo, y aconsejan el uso adecuado de cremas o filtros protectores, que son el mejor aliado de la piel ante el astro rey.

Las cremas solares no son un invento caprichoso de la moderna farmacosmética.

10   Tienen un fin específico y muy importante, ya que protegen el tejido cutáneo de los efectos perjudiciales del sol, actuando como un verdadero filtro o barrera de los rayos

ultravioleta, responsables del daño de la piel. Estos filtros solares están compuestos generalmente de sustancias químicas (algunos, también de sustancias físicas), que absorben determinadas longitudes de onda de los rayos ultravioleta.

15 Según el doctor Angel Simón Merchán, vicepresidente de la Academia Española de Dermatología, una buena crema solar debe proteger ante los rayos ultravioleta B (UVB) y A (UVA). Insiste en que, aunque estos últimos poseen una longitud de onda más larga y son menos dañinos que los B, también representan un riesgo nada despreciable para la piel.

"Las cremas solares", explica este dermatólogo, "deben poseer filtro solar o factor de
20 protección. Actualmente, existe en el mercado una amplísima gama de filtros, que llega hasta el 60. Hay una auténtica guerra de factores de protección entre las casas comerciales, pero se están empezando a unificar criterios para determinar más concretamente esos factores de protección. Aunque a la hora de elegir una buena crema hay que tener en cuenta varios aspectos, según las características de cada
25 persona y de en qué situación va a tomar el sol, podemos afirmar que los españoles estarán protegidos con cremas cuyos filtros oscilen del 15 al 20".

Simón Merchán añade que, además, las cremas deben poseer una composición inalterable y lo más resistente posible al agua. Dependiendo de las características de la piel y de las preferencias personales, una misma crema puede valer para toda la
30 superficie cutánea, o se puede elegir una para el cuerpo y otra para el rostro. También hay presentaciones especiales, en forma de barritas, que sirven para proteger ciertas zonas más vulnerables, como una cicatriz, una herida o los labios, en el caso de personas propensas al herpes labial recurrente.

Para que cumplan lo más eficazmente su función protectora, es conveniente aplicar la
35 crema unos 30 minutos antes de exponerse al sol, con el fin de que la piel la absorba debidamente. El dermatólogo también aconseja nuevas aplicaciones cada dos horas y después de cada baño en el agua.

Los modernos filtros, que se suelen presentar en loción, leche o crema, se pueden adquirir en farmacias, perfumerías, supermercados, tiendas para turistas... Sus precios y
40 marcas son muy variados. "No necesariamente son mejores las cremas más caras", objeta Simón Merchán, "puesto que un filtro de precio asequible puede ser tan protector como otro perteneciente a una firma de alta cosmética. Como la oferta del mercado es muy amplia, a veces no es fácil la elección. Yo, como dermatólogo, aconsejo a mis pacientes que compren sus cremas en la farmacia, ya que están respaldadas por la investigación".

45 Para este experto, una buena crema debe proteger la piel de los daños agudos o inmediatos del sol, como las quemaduras y las pecas, así como de los efectos tardíos, como manchas, envejecimiento precoz y cáncer. "Las llamadas cremas bronceadoras no protegen la piel. Simplemente, le dan un color que simula el del bronceado".

Mayka Sánchez, *El País*, 17-7-95

Notas

1. **el melanoma** (3);   Hay que tener cuidado con el género de las palabras
    las cremas (9)   que terminan en **-ma**; hay listas útiles de tales palabras
    una... gama (20)   en Butt & Benjamin, 1.4.3 y 1.4.6.

2. **heliofagia** (5)   Neologismo; significa 'devorar el sol'.

3. **los rayos**   Muchos adjetivos de color (p.ej. **naranja**, **rosa**, **violeta**),
    ultravioleta (11–12)   sobre todo los menos corrientes, son normalmente
                                  invariables; ver Butt & Benjamin, 4.2.4–4.3.

Explotación del texto

1. Explica las siguientes expresiones mediante sinónimos, definiciones de diccionario, ejemplos, etc.: **diseñadora** (2); **acarrear** (2); **advierten** (3); **cutáneo** (4); **dorar** (5); **el astro rey** (8); **perjudiciales** (11); **nada despreciable** (18); **dermatólogo** (19); **gama** (20); **oscilen** (26); **asequible** (41); **la oferta del mercado es muy amplia** (42–43); **envejecimiento precoz** (47); **simula** (48).

2. **Comprensión**
    a. ¿Cómo han cambiado las actitudes ante los baños solares?
    b. ¿Por qué son importantes las cremas solares?
    c. ¿Cuánto peligro suponen los rayos UVB y UVA?
    d. El cliente que quiere comprar una crema solar, ¿tiene toda la información que necesita?
    e. ¿Por qué piensas que hay que aplicar la crema solar después de cada baño en el agua?
    f. ¿Hay uniformidad de precio entre las distintas cremas solares?
    g. ¿Cuál es la ventaja de comprar las cremas en una farmacia?
    h. ¿Qué entiendes por **daños agudos** (45) y **efectos tardíos** (46)?
    i. ¿Cuál es la desventaja de las cremas bronceadoras?

3. **Traducción**
    Traduce al inglés las líneas 27–37 (**Simón Merchán... en el agua**).

4. **Gramática**
    a. **El subjuntivo**
        Busca en el texto todos los ejemplos del subjuntivo (4 en total), y explica brevemente su uso en cada caso.

b.	**-ísimo**

El sufijo **-ísimo** se utiliza mucho como intensificador, aunque en algunos casos su forma es irregular (p.ej. **amplísimo** (20) [<**amplio**], y no ****ampliísimo**). Lee Butt & Benjamin, 4.9, y busca las formas en **-ísimo** que corresponden a los siguientes adjetivos: **limpio**; **sucio**; **frío**; **rico**; **poco**; **vago**; **largo**; **feroz**; **grave**; **amable**; **antiguo**; **joven**; **pobre**; **bueno**; **fuerte**.

5.	**Escritura libre**

a.	Escribe una breve hoja informativa, explicando al comprador la forma correcta de utilizar la crema solar que acaba de comprar.

b.	Escribe un diálogo entre un dermatólogo y un paciente que va a ir de vacaciones a la costa mediterránea.

c.	Prepara un folleto informativo del Ministerio de Sanidad sobre los peligros de tomar el sol.

## 3.	La comida chatarra

Bombardeada por un promedio de 10,000 comerciales al año, la población menor de edad (aproximadamente 18 millones de entre 5 y 18 años de edad) constituye el principal mercado de los productos de bajo valor nutritivo. Refrescos, mayonesas, embutidos, frituras, pastelitos, dulces y polvos artificiales de jugos y bebidas

5	refrescantes son consumidos por los niños que, además de no alimentarse adecuadamente, financian con su consumo no sólo a esas industrias: también producen jugosísimas ganancias a las agencias de publicidad y a los medios masivos que presentan sus anuncios, ya que, como se sabe, todos los costos de publicidad se cargan al precio de los productos.

10	La mayoría de estos productos es mezcla de saborizantes, colorantes, antioxidantes, estabilizadores, homogenizadores, conservadores y cada vez más sustitutos de leche, azúcar, crema y chocolate, es decir, el número de componentes naturales es cada vez menor. En 1976, el Instituto Nacional de la Nutrición (INN) encontró 17 diferentes sustancias químicas artificiales en estos productos. El creciente consumo de comida

15	"chatarra" está produciendo lo que los especialistas llaman una "desnutrición moderada colectiva", que da por resultado generaciones de personas de segunda clase: trabajan y viven, pero su rendimiento en todas las áreas es cada vez más limitado. La Secretaría de Salud (SS) pretende introducir modificaciones en el Reglamento de Control Sanitario de la Publicidad y enfrenta en estos días la resistencia de empresarios y publicistas, únicos

20	grupos a los que consultó, sin tomar en cuenta la opinión de los consumidores.

En el último número de la revista *Apertura* –publicación que circula exclusivamente entre ejecutivos de mercadotecnia y publicidad, editada por el capítulo México de la

International Advertising Association (IAA)–, su presidente, Luis Carlos Mendiola, destacados publicistas y empresarios afectados por las reformas en cuestión, expresan
25 sus opiniones, las cuales se oponen a los puntos de vista de expertos en nutrición.

Luis Carlos Mendiola considera que las nuevas restricciones a la publicidad de tabacos, alcohol y productos de bajo valor nutritivo "atentan contra la libertad de expresión, consagrada en nuestra Constitución". En cambio, el doctor Adolfo Chávez, director de Nutrición de la Comunidad, opina que "es muy importante la regulación de estos
30 productos, sobre todo en su publicidad, pues debe considerarse que el ideal industrial es vender lo menos por lo más, para obtener la mayor utilidad, y eso se contrapone con el ideal social que pretende dar a la gente la mayor cantidad de nutrimentos por el menor costo. Entonces, son dos puntos de vista opuestos que hacen necesaria la intervención del gobierno para llegar a un justo medio".

35 Los industriales de la comida "chatarra" se oponen, por ejemplo, a la obligación de hacer más extensos en tiempo (para radio y TV), más visibles y audibles los mensajes que advierten el bajo nivel nutricional de los productos, para que el consumidor equilibre su dieta con otros alimentos. Según Guillermo Cordera, vicepresidente ejecutivo de Bacardí y presidente de la Casa Vergel, "no es el papel del industrial educar
40 a la gente con letreritos y leyendas. Es la responsabilidad del gobierno". El doctor Chávez afirma que "toda la sociedad, incluidos los industriales, debe tomar parte en esa tarea; estos últimos tienen la obligación de ofrecer productos de buena calidad nutricional e higiénica".

Sergio Montalvo, director de mercado de la Organización Bimbo, dice en el último
45 número de la revista *Apertura* "No podemos evitar que los chicos sigan comprando dulces o papas. Estamos tratando de llegar a un acuerdo con las autoridades. Nosotros pensamos que cuando un hijo llega a la Primaria, más o menos a los 6 años de edad, de alguna manera entra también en la economía, porque todos los papás les damos a nuestros hijos el domingo o algo así. Es entonces cuando ellos empiezan a decidir lo que
50 van a hacer con su dinero y a qué lo van a dedicar, qué se van a comprar, y poco a poco van conociendo el valor del dinero y van aprendiendo a usarlo. Por ello creemos que el reglamento no nos debe impedir dirigirnos a esos niños y que la edad límite (para explotar su imagen en publicidad) tiene que situarse entre los 5 y 6 años. Si no nos autorizan a hacer esto, tendremos que buscar fórmulas para llegar a ellos, porque para
55 ellos son nuestros productos".

"Si los alimentos pacotilla, que es como nosotros los llamamos –dice el doctor Adolfo Chávez–, se usaran como postre, no sería tan grave; el problema en México es que estos productos se usan como alimento, se consumen en vez de comer. Son de muy bajo valor nutritivo y, además, resultan muy caros, pero lo que ocurre es que tienen la
60 ventaja de que ahorran mucho tiempo, especialmente a las mujeres que prefieren disponer de ese tiempo para trabajar o lavar ajeno. Desde luego, –agrega– influye

muchísimo el hecho de que la mayoría de sus consumidores carece de una educación nutricional; la gente cree que es necesario comer sólo para quitarse el hambre, para llenarse la barriga. Si las familias supieran que la nutrición determina la salud, el
65 crecimiento y el desarrollo, probablemente sí invertirían el tiempo que se necesita para preparar las tortillas, los frijoles o el guisado. Pero como no lo saben, la facilidad y la rapidez que ofrece el consumo de estos productos ganan la preferencia de la gente, aunado al sistema de publicidad y distribución que prácticamente se los ponen en las manos.

70 "La publicidad va muy dirigida a las mujeres y a los niños, y si uno se fija encuentra que mediante esos mensajes no sólo se vende el producto, sino todo un paquete de cosas que lo acompañan: se le asocia con música moderna, con elementos de prestigio, de modernidad, con colores y actitudes. Se está vendiendo un modelo de placer, un modo de vida moderno ligado al consumo de esos productos, y la gente, especialmente los
75 niños, cae redonda. Pero los alimentos pacotilla plantean un problema muy grave para el futuro, porque lo que se está haciendo es meter a la población en una especie de callejón sin salida, y será difícil volver atrás".

Andrea Bárcena, *Proceso* (México), 31-8-92

Notas

1.	**10,000** (1)	Igual que en los países de habla inglesa, en México se escribe **10,000** con coma; en casi todo el resto del mundo hispano se escribe **10.000**, con punto. Ver Butt & Benjamin, 10.1.
2.	**comerciales** (1)	**comercial** (= 'anuncio') es un uso americano. Otras expresiones típicamente americanas (en algunos casos mexicanas) son: **comida chatarra** (14–15) (= 'comida basura'); **utilidad** (31) (= 'ganancias'); **papas** (46); **domingo** (49) (= 'dinero que se da a los niños'); **alimentos pacotilla** (56); **frijoles** (66).
3.	**refrescos** (3)	Observa que **refrescos** no es sinónimo de la palabra inglesa **refreshments**.
4.	**nutricional** (37, 42, 63)	El adjetivo **nutritivo** (59) tiene mayor arraigo histórico. En la lengua contemporánea, hay varios ejemplos de nuevos adjetivos formados con el sufijo -**al** que compiten con adjetivos tradicionales (**educacional**/ **educativo**, **opcional**/**optativo**, etc.).
5.	**letreritos** (40)	La forma diminutiva puede tener un valor estilístico ligeramente irónico.

Explotación del texto

1. Explica las siguientes expresiones mediante sinónimos, definiciones de diccionario, ejemplos, etc.: **se cargan** (8); **mercadotecnia** (22); **capítulo** (22); **destacados** (24); **atentan** (27); **alimentos** (38); **agrega** (61); **invertirían** (65); **aunado** (68); **cae redonda** (75); **plantean** (75).

2. **Comprensión**

    a. Explica el juego de palabras en el primer párrafo (**jugos** [4]/**jugosísimas** [7]).

    b. ¿Te parece que la lista de términos técnicos (10–11) tiene intencionalidad negativa o positiva?

    c. Explica en tus propias palabras 'desnutrición moderada colectiva' (15–16).

    d. Explica en tus propias palabras las consecuencias de la "desnutrición moderada colectiva".

    e. Explica en tus propias palabras la diferencia entre **el ideal industrial** (30) y **el ideal social** (32).

    f. Según el doctor Chávez, ¿cuál es el papel del gobierno? (33–34)

    g. Explica la diferencia entre **papas** (46) y **papás** (48).

    h. Según Sergio Montalvo, ¿cómo aprenden los niños a usar bien el dinero?

    i. Según el doctor Chávez, ¿por qué es importante la educación nutricional?

    j. ¿Por qué va dirigida la publicidad a las mujeres y a los niños?

3. **Traducción**

    Traduce al inglés las líneas 1–20 del texto ('**Bombardeada… los consumidores**'). ¿Cuáles son los aspectos más difíciles de este texto para los traductores?

4. **Cada vez**

    Estudia el uso de la expresión adverbial **cada vez** en el texto (11, 12, 17). Traduce al español las siguientes frases, utilizando en cada caso **cada vez**:

    a. There are fewer and fewer natural ingredients in food.

    b. Young people are eating more and more junk food.

    c. Their performance at work is worse and worse.

    d. They produce ever greater profits for advertising agencies.

    e. The poor are suffering more and more from malnutrition.

    f. The ideal is to sell more and more products.

    g. In the last 10 years they have sold more and more junk food.

    h. Every year, junk food gets dearer and dearer.

    i. By buying these products, housewives save more and more time.

    j. Advertising has been increasingly directed at women and children.

5. **La polémica**

   Haz una lista de las opiniones expresadas en el artículo en contra de las modificaciones propuestas para el Reglamento de Control Sanitario de la Publicidad, y otra de las opiniones a favor. ¿Qué opiniones te parecen más válidas? Explica tus criterios.

6. **Escritura guiada**

   Escribe dos cartas a la prensa (máx. de 125 palabras), una a favor y otra en contra de las modificaciones propuestas.

7. **Tus opiniones**

   a. '... los industriales... tienen la obligación de ofrecer productos de buena calidad nutricional e higiénica' (41–43). ¿Te parece que los industriales asumen esta responsabilidad en el mundo moderno?

   b. ¿Te parece inevitable que los países más pobres del mundo abandonen la comida tradicional para adaptarse a las normas internacionales? ¿Cuáles son las consecuencias de tales cambios?

   c. 'Las autoridades deberían promocionar los alimentos orgánicos o naturales.' Basándote en la cuestión de la sanidad pública, ¿te parece justificada tal declaración?

Sección B: Ejercicios de gramática

1. **Por/para** (ver Butt & Benjamin, 34.14)

   En cada una de las siguientes frases, todas sacadas de los textos de la **Sección A**, falta la preposición **por** o **para**. Pon la preposición apropiada, e intenta dar en cada caso una breve explicación de tus criterios. Después del último ejemplo, indicamos dónde se pueden encontrar las versiones originales.

   a. Hay niños que, [**por/para**] un problema neurológico, nacen genéticamente insensibles al dolor.

   b. Refrescos, mayonesas, embutidos, frituras, pastelitos, dulces y polvos artificiales de jugos y bebidas refrescantes son consumidos [**por/para**] los niños...

   c. ... hacen necesaria la intervención del gobierno [**por/para**] llegar a un justo medio.

   d. ... el ideal industrial es vender lo menos [**por/para**] lo más, [**por/para**] obtener la mayor utilidad...

   e. Dependiendo de las características de la piel y de las preferencias personales, una misma crema puede valer [**por/para**] toda la superficie cutánea...

f. ... los simples consuelos de la anestesia... eran considerados [**por/para**] algunos un atrevimiento pecaminoso...

g. ... también representan un riesgo nada despreciable [**por/para**] la piel.

h. ... la gente cree que es necesario comer sólo [**por/para**] quitarse el hambre, [**por/para**] llenarse la barriga.

i. Pero morir [**por/para**] la falta de dolor resulta de primeras algo chocante.

j. ... aconsejo a mis pacientes que compren sus cremas en la farmacia, ya que están respaldadas [**por/para**] la investigación.

k. [**Por/Para**] este experto, una buena crema debe proteger la piel de los daños agudos...

l. ... se pueden adquirir en farmacias, perfumerías, supermercados, tiendas [**por/para**] turistas...

m. ... se están empezando a unificar criterios [**por/para**] determinar más concretamente esos factores de protección.

n. ... eso se contrapone con el ideal social que pretende dar a la gente la mayor cantidad de nutrimentos [**por/para**] el menor costo.

o. Su carencia le enferma y le aniquila; [**por/para**] no sentir dolor, ese niño es terriblemente desgraciado.

Clave: (a) 1.4; (b) 3.5; (c) 3.34; (d) 3.32; (e) 2.29; (f) 1.23; (g) 2.18; (h) 3.63–64; (i) 1.14; (j) 2.44; (k) 2.45; (l) 2.39; (m) 2.22; (n) 3.32; (o) 1.59.

2. **Las preposiciones**

Completa las frases siguientes usando preposiciones apropiadas (todas están basadas en los textos de este capítulo):

a. La enfermedad consiste _____ la imposibilidad de sentir el dolor.

b. Son niños que se apoyan _____ radiadores y se abrasan sin darse cuenta _____ lo que hacen.

c. Hace un par de siglos empezamos _____ pensar que quizá sufrir tanto no fuera obligatorio.

d. El sufrimiento extremo comenzó _____ ser visto como lo que es.

e. Los humanos nos lanzamos _____ buscar antídotos.

f. Si no experimentas el malestar, nunca llegarás _____ saber reírte.

g. Pensando _____ todo esto, recuerdo ahora lo que me contaron los médicos.

h. Los dermatólogos no cesan _____ alertar sobre los peligros de los baños solares.

i. Los rayos ultravioleta son responsables _____ daño de la piel.

j. Los rayos ultravioleta representan un riesgo nada despreciable _____ la piel.

k. Todo esto depende _____ las características de la piel.

l.   Una misma crema puede valer _____ toda la superficie cutánea.

m.   Las cremas sirven _____ proteger las zonas más vulnerables.

n.   _____ este experto, una buena crema debe proteger la piel _____ los daños agudos del sol.

o.   Estamos tratando _____ llegar a un acuerdo _____ las autoridades.

p.   Poco a poco van conociendo el valor del dinero y van aprendiendo _____ usarlo.

q.   La mayoría de los consumidores carece _____ una educación nutricional.

Sección C: Traducción al español

There can be little doubt that medical advances over the last century and a half have greatly improved the quality of life for the majority of people in the western world. It is difficult for us to imagine life without easy access to the doctor or the chemist and all the pills and ointments they regularly supply us with; and it makes us shudder to think of patients being operated on without being given an anaesthetic first. There was a sudden and dramatic improvement in the quality of life, and doctors came to replace priests as the most respected group in society. But recently things have changed yet again; doctors are no longer respected as they were until some twenty years ago. They have played such a key role in alleviating pain and increasing our life expectancy that we blame them for their failures when we suffer pain or the loss of a loved one. And any doctor who cannot guarantee us eternal life is deemed a failure.

Sección D: Documento sonoro

Dos dietas: la española y la mexicana

Oirás en la cinta comentarios sobre dos tipos de dieta; primero, la dieta española, y luego, la mexicana. Si no conoces las siguientes palabras, consulta el diccionario antes de escuchar la cinta: **ajo**; **grasa**; **estreñimiento**; **hidratos de carbono**; **alubias**; **res**; **autóctonas**; **hortalizas**; **picante**; **manjares**.

1.   **Platos típicos**

     Al escuchar la cinta, indica de qué país son típicos los siguientes alimentos: **los pucheros**; **las tortillas de harina de maíz**; **los frijoles**; **el cocido**; **los guisos de legumbres y de carne**; **los totopos**; **los potajes**; **los ceviches**; **el guacamole**.

2.   **Las dietas y la salud**

     Haz una lista de los aspectos más sanos de las dos dietas. Según los dos locutores, ¿tienen algún defecto?

3.   **Rellena los huecos**

A continuación hemos transcrito la última parte de los dos comentarios, pero sin incluir algunas palabras; escucha otra vez la cinta para completar los textos:

a.   **Texto español**

Desgraciadamente, en España no se _____ una dieta estrictamente mediterránea, porque desde _____ ya unos años, han _____ con fuerza los _____ procesados como las hamburguesas o las pizzas. Aunque es cierto que el _____ de 'comida _____' es bastante _____, también es importante _____ que España es el país europeo con una mayor _____ de vitamina _____. Y los expertos en _____ han establecido como _____ de calidad nutricional precisamente la dieta mediterránea.

b.   **Texto mexicano**

Los platos _____ a base de pescado y _____, como los ceviches, son muy ligeros y _____ poca cantidad de grasas saturadas, al contrario que los hechos con _____, como los tacos, que son muy _____, o los totopos, cestas con _____ de tortilla de maíz _____ que ponen en muchos restaurantes y que además de grasa _____ mucha sal. Otro de los alimentos _____ de la dieta mexicana es el chile, que es muy rico en _____ C y minerales. Contiene capsaicina, una _____ que _____ la circulación de la sangre _____ de estimular y _____ la digestión. Y por si _____ poco, también es un excelente descongestivo.

4.   **Resumen**

Prepara un resumen *en inglés* de los dos textos, para leer a tus compañeros de clase (un máximo de un minuto para cada resumen).

5.   **El buen gusto**

Comenta con tus compañeros tus actitudes ante estas dietas; por ejemplo, ¿te gustaría comer los 'auténticos manjares' mencionados en el texto mexicano?

6.   **El español peninsular y el de México**

¿Te parece que hay muchas diferencias entre la pronunciación de los dos locutores? Haz una lista de todas las diferencias que puedas distinguir.

Sección E: Temas orales

Pros y Contras

1. ¿Es aconsejable una copa de vino al día?

Actividad en parejas

Uno de vosotros es Estudiante A, el otro, Estudiante B. Esta actividad también se puede hacer en dos grupos.

- A continuación el estudiante A (o el grupo A) va a leer la opinión **A FAVOR** de un experto respecto a la pregunta planteada: **¿es o no aconsejable beber una copa de vino al día?** (Ver la página 171.)

- Por su parte el estudiante B (o el grupo B) leerá la opinión **EN CONTRA** de otro experto en relación a la misma cuestión (texto del estudiante B, en el Apéndice D, pág. 201).

¡Es importante que cada estudiante lea sola y únicamente su texto!

Después de que cada uno de vosotros haya leído su correspondiente texto:

a. buscad en el mismo las razones por las cuales el experto está a favor o en contra, y subrayadlas.

b. pensad en más razones que apoyen el argumento de cada uno y anotadlas.

c. a continuación cada uno asumirá el papel del experto cuyo texto le ha sido asignado (a favor/en contra) y hará una breve exposición intentando convencer al otro de las ventajas de beber o no beber una copa de vino al día.

d. cuando cada 'experto' haya hecho su pequeño discurso, se iniciará un debate entre ambos. Se trata, como ya se ha mencionado, de que cada uno intente convencer al otro (aunque es muy difícil ceder cuando alguien está muy convencido de una cosa, es interesante escuchar los diferentes puntos de vista).

Recuerda que en el Capítulo 3 ya vimos **expresiones** útiles en un **debate**. Aquí tienes algunas más:

1. Cómo **interrumpir**: Perdone/Perdone, pero... Perdone que le interrumpa Quisiera/Me gustaría añadir algo al respecto	2. Cómo **expresar una opinión**: (No)Yo creo que.../Pienso que... A mí me parece que/Opino que... Soy de la opinión de que... No cabe duda de que... A mi modo de ver.../Para mí...

3. Cómo **hacer una aclaración**:

Lo que quiero/quería decir es que...
Creo que me he expresado mal
Creo que ha habido un malentendido

4. Cómo **organizar el discurso**:

En primer lugar.../Primero...
Antes que nada.../Ante todo...
Para empezar
Después/Luego/A continuación...
Finalmente/Por último/En último
lugar/Para terminar/Para concluir

5. Cómo **añadir algo**:

Además.../Y también...
Y encima
Y por si fuera poco
No sólo eso, sino que también...
Y no olvidemos que...

6. Cómo **expresar acuerdo**:

Estoy (totalmente) de acuerdo
con usted, con eso...
Sí/Claro/Claro que sí/Desde luego
Yo también lo veo así
Sí, de acuerdo/por supuesto
Comparto su opinión
¡Ya lo creo!

7. Cómo **expresar desacuerdo**:

Yo no lo veo así
Claro que no/Desde luego que no
Me parece absurdo/ilógico que...
Me parece una tontería lo que usted dice
En absoluto/¡Qué va!/¡Ni hablar!
Estoy (totalmente) en contra de ...
No comparto esa opinión
No estoy de acuerdo (en absoluto) con usted...
Lo que está diciendo es una tontería/es absurdo/no tiene fundamento...
Puede que tenga algo de razón, pero (sin embargo...)

Como 'calentamiento' para esta actividad, dividíos en grupos de 2 ó 3 y elaborad una lista con razones a favor y en contra de los siguientes temas:

- Fumar en lugares públicos
- La legalización de las drogas
- Casarse o 'vivir en pareja'
- Tener animales en casa
- Leyes más flexibles para la entrada en Europa de ciudadanos no comunitarios
- Mayor descentralización del poder del Estado
- Sexo con amor o sin amor
- Adopción de niños por matrimonios homosexuales
- Vivir en el hogar familiar hasta los 30 años
- Prohibición del uso del teléfono móvil en determinadas lugares y circunstancias

Estudiante A: A favor

¿Es aconsejable una copa de vino al día? *Sí.*

La evidencia de que beber con moderación aumenta la media de vida es contundente, como muestran numerosos estudios publicados durante los últimos años. En un proyecto se investigó la tasa de mortalidad durante 23 años en individuos de 40 o más años de edad. Los bebedores de tres o cuatro vasos por semana experimentaron una reducción del 9 por 100 en su tasa de mortalidad, comparada con la de los no bebedores. A los bebedores que consumían dos o tres vasos al día, les fue aún mejor: su tasa de mortalidad se redujo el 24 por 100.

Las cosas cambian cuando se bebe en exceso. Un análisis de datos acumulados en hospitales de San Francisco muestra un aumento del 60 por 100 en la tasa de mortalidad de quienes beben seis o más copas al día.

Debe hacerse una aclaración sobre la edad. El estudio de San Francisco indica que la mortalidad de las personas de menos de 39 años de edad que beben entre uno y dos vasos al día aumenta el 50 por 100 comparada con la de los que no beben mientras que la de las personas de más de 40 años disminuye entre el 10 y el 20 por ciento.

Los efectos relacionados con la edad se deben a dos causas. Una es el aumento de la mortalidad debida a accidentes automovilísticos. Aunque la mortalidad de adultos menores de 40 años es muy baja, los accidentes de coche la elevan de manera significativa. Muchos accidentes automovilísticos se deben a conductores embriagados.

La otra cara de la moneda son los beneficios fisiológicos del vino, que se deben principalmente a la reducción de los infartos de miocardio y de las enfermedades cardiovasculares, cuya importancia aumenta con la edad. Los beneficios del vino son por ello más notables cuanto mayores sean las personas que lo consumen.

Otra aclaración que hay que hacer es que el vino bebido con moderación beneficia más a los hombres que a las mujeres. Tanta es la diferencia, que durante años se pensó que a las mujeres no les beneficiaba en absoluto. Sin embargo, recientes estudios dejan poco lugar a la duda, aunque los beneficios son más limitados. Así, el estudio al que me referí al principio muestra que, para los bebedores moderados, la reducción de mortalidad es del 29 por 100 si son hombres, y del 15 por 100 si son mujeres.

Como dice el proverbio, el agua para los bueyes; el vino para los reyes.

Francisco J. Ayala,
Muy interesante, agosto 1995.

Francisco J. Ayala es madrileño de 61 años, se doctoró en biología por la Universidad de Columbia y hoy preside la Asociación Americana para el Avance de la Ciencia. Además, es asesor científico de Bill Clinton (1996).

2. ¿Se debe prohibir fumar en todos los lugares públicos?

A continuación encontrarás tres respuestas diferentes para esta pregunta. Tienes sólo un minuto para leer los textos; en este breve tiempo intenta retener la mayor cantidad de información posible que creas pueda ser relevante. ¡No intentes recordar todos los detalles!

1. "Supongo que mi opinión será similar a la de otros fumadores. Defiendo al fumador y sus derechos, pero también respeto al que no quiere serlo pasivamente. En lugares públicos como cines, teatros, institutos o autobuses, me parece correcta la prohibición, pero en un bar, pub, o discoteca no lo apruebo ya que son lugares de distensión, donde siempre se ha acompañado la consumición con el cigarrillo de rigor."

María Teresa Ibáñez.

2. "Por supuesto que debe prohibirse. No se pueden diferenciar dos zonas en los autobuses de 50 plazas (fumadores y no fumadores), como se hace ahora. Eso es completamente ridículo. Unos no deben pagar con su salud los vicios y la falta de respeto de los demás. Aunque quizá no sea tanto una cuestión de prohibir como de reeducar a las personas que fuman delante de sus hijos pequeños, a las mujeres que lo hacen durante el embarazo..."

J. Antonio Miranda.

3. "Debería prohibirse fumar completamente, y eso te lo dice un fumador de un paquete diario. Yo no fumo en casa, pues sabido es el mal que nos causamos a nosotros mismos y a los no fumadores, que no tienen por qué aguantar el humo de los demás. A mí también me molesta el humo de otros cuando me lo están echando en las narices."

Alberto Arroyo.

Ahora, por parejas o en equipos, intenta contestar a las siguientes preguntas. (¡Sin mirar de nuevo los textos!). Cuando hayas/hayáis contestado a todas, comprobad cuántas has/habéis acertado:

- ¿Cuál/es de ellas es un '**SÍ**', cuál/es un '**NO**'?

- n°1 y n°2 (*Teresa y Antonio*) son fumadores. ¿Verdadero o falso?

- n°1 (*Teresa*) cree que no debe prohibirse fumar en los bares. ¿Verdadero o falso?

- n°3 (*Alberto*) fuma tres paquetes al día.

- n°2 (*Antonio*) piensa que es peligroso que las mujeres embarazadas fumen.

- A n°3 (*Alberto*) le parece desagradable que le echen el humo en la cara.

3. Aprender a comer

Empezar los estudios universitarios y mal comer es todo uno. Y, sin embargo, una dieta adecuada mejora el rendimiento.

Han dicho adiós al colegio y al comedor escolar. Muchos, han dicho también adiós al hogar familiar. Y es que empezar el primer curso en la universidad introduce tremendos cambios en la vida de un joven. Entre otros, y no menos importante, es el alimenticio. La comida pasa a ser improvisada y se toma fuera del círculo habitual.

A pesar de estar preocupados, ellos y ellas, por su aspecto físico y el miedo a ganar peso –el 73 por ciento de las jóvenes y el 41 por ciento de los chicos que se inician en los campus confiesan que su palmito les preocupa–, incurren en nocivos hábitos alimenticios. Además, un alto porcentaje se encuentra gordo aunque les digan que no lo están –el 57 por ciento de ellas y el veinte de ellos– pero no sustituyen las bebidas azucaradas ni los dulces de la mañana, tarde y noche por un zumo natural. Resulta por lo tanto casi imposible que tomen una ensalada o un buen plato de verduras (consumen alrededor de 180 gramos de verdura por persona y día cuando son necesarios trescientos).

A continuación tienes una lista con 10 consejos que te ayudarán a mejorar tu dieta, abandonar las comidas hipocalóricas y desequilibradas y así aprenderás a alimentarte correctamente. Intenta buscar la continuación de estos consejos entre los textos **A** y **J**. Esta actividad puede hacerse en parejas: uno de vosotros lee un consejo y el otro busca su pareja entre los textos dados, y así alternativamente.

¿Qué modo verbal se utiliza normalmente para dar consejos, órdenes o instrucciones? ¿Y de qué manera se construye la forma negativa de este modo verbal?

1. **No hay que saltarse el desayuno.**
2. **Procura incluir cereales en el desayuno ya que...**
3. **Toma leche y derivados.**
4. **Conviene tomar un tentempié...**
5. **Pasa de las patatas fritas...**

6. **Ten cuidado con las ensaladas de los restaurantes y las salsas...**

7. **Evita la hamburguesa con queso porque...**

8. **No conviene atracarse por la noche.**

9. **No evites los hidratos de carbono...**

10. **No creas que el azúcar es nocivo.**

A. ... sano a media mañana para evitar, sobre todo entre el sexo femenino, las frecuentes hipoglucemias.

B. ... que se encuentran en arroces, pastas, patatas y pan. Son los que aportan energía para llegar física y mentalmente en forma al final del día.

C. ... ya que por culpa de éstas en vez de comer de forma ligera, a veces se ingieren más calorías que con una hamburguesa.

D. El desayuno debe constituir una verdadera comida que aporte el empuje necesario durante la mañana. Imprescindible: lácteos y zumos o frutas. Desterrar el producto de repostería mientras se corre al autobús.

E. A pesar de tener dieciocho años, la mayoría de la población joven aún se encuentra en periodo de crecimiento, por lo que es imprescindible tomar leche y derivados. Dado que las necesidades diarias para una mujer menor de veinticinco años son de 1.500 mg/día, la mayoría suele padecer insuficiencia de calcio. También la falta o escasez de fibra es una constante en la alimentación a esta edad.

F. ... cortezas, conos o tiras de maíz hechos con grasas que contienen alrededor de quinientas calorías cada cien gramos. Un buen plato de lentejas alimenta el triple, es fuente de hierro y engorda lo mismo. Si gusta el maíz, optar por una mazorca hervida (90 calorías).

G. Sólo si se ingiere en grandes dosis aumenta las calorías de la dieta y los niveles de glucosa en sangre.

H. ... éstos son alimentos ricos en vitamina B5, que favorece las defensas. Los integrales, además, contienen vitaminas B1 y B6.

I. Además, altera las horas de sueño. El metabolismo necesita, desde las seis de la tarde, muy pocas calorías para funcionar, entre cuatrocientas y quinientas.

J. ... ésta contiene unas seiscientas kilocalorías y muy poco alimento. Mejor las carnes más nutritivas como las de ternera y pollo, aproximadamente con cien kilocalorías por cada cien gramos. La más energética es la de buey (260 kilocalorías por cada cien gramos).

Temas de conversación:

1.   ¿Tú sigues estos consejos?

2.   ¿Te parecen útiles o interesantes para ayudarte a mejorar tu dieta?

3.   ¿Crees que cuando uno es joven no necesita preocuparse tanto por su alimentación ya que el cuerpo 'lo aguanta todo'?

4.   Según tu opinión, ¿es fácil dejarse llevar por la comodidad de la comida preparada, tipo hamburguesas, *take-away* chino, indio, etc., y no seguir una dieta apropiada que incluya los nutrientes necesarios?

5.   ¿Comes para vivir, vives para comer o más bien te sitúas en un término medio?

6.   'Comer es un placer y cocinar bien, un arte.' ¿Estás de acuerdo con esta afirmación?

4. En el médico

1.   ¿Sabes qué tipo de documentación médica tienes que llevar cuando vayas a pasar tu tercer curso en España u otro país latinoamericano?

2.   Averigua el significado de los siguientes términos:

INSALUD	médico de cabecera
Ambulatorio	tarjeta de la seguridad social
pasar consulta	baja por enfermedad
ingresar por urgencias	sala de espera
diagnóstico	síntomas/tratamiento
quirófano	hospital
rehabilitación	horario de visitas (en el hospital)
clínica	primeros auxilios
MUFACE, Mutuas	Farmacia

3.   Si tienes un accidente de tráfico irás a (o te llevarán a):

   (a) un pediatra   (b) un traumatólogo   (c) urgencias.

Si te encuentras mal, tu primera visita al médico será:

   (a) otorrino   (b) planificación familiar   (c) médico de cabecera.

Si quieres que te receten la píldora anticonceptiva irás a:

   (a) un cardiólogo   (b) un oncólogo   (c) planificación familiar.

Si sufres de migrañas o jaquecas tomarás:

    (a) pomada   (b) jarabe   (c) analgésicos.

Si te duelen las muelas visitarás a:

    (a) un dentista   (b) un traumatólogo   (c) un pediatra.

Si te mareas cuando viajas en coche, sentirás:

    (a) picor de cabeza   (b) quemaduras   (c) náuseas y ascos.

Si estás 10 horas al sol puedes sufrir:

    (a) una insolación   (b) dolor de estómago   (c) torcedura de tobillo.

Si tienes una infección en una muela tomarás:

    (a) analgésicos   (b) antibióticos   (c) antihistamínicos.

4.   Explica los síntomas que tienes y como te sientes cuando:

tienes gripe	tienes una caries
te has roto una pierna	tienes asma
estás deprimido	tienes alergia al polen
te has intoxicado con algún alimento	sufres quemaduras de sol
sufres insomnio	te ha picado una abeja
te has torcido un tobillo	tienes resaca

5.   En parejas, uno de vosotros es un paciente y el otro el médico. Inventad diálogos y representadlos imaginando que estáis en la consulta de un médico.

- **Situación 1:**

Acabas de llegar de una excursión por la montaña. Ha hecho mucho sol y has bebido agua quizás no potable. Te encuentras bastante mal y probablemente el agua o la comida te han hecho daño, así que vas al médico y le explicas cómo te sientes, qué te duele, etc. El médico te hará preguntas, te hará algunas recomendaciones y te recetará algo para que mejores. Te pedirá que vuelvas al cabo de un tiempo.

- **Situación 2:**

Estás en época de exámenes, durmiendo poco, comiendo mal, muy nervioso y por si fuera poco llevas varios días con un dolor de cabeza horrible que no se te pasa ni con paracetamol ni con aspirinas. No sabes qué hacer así que vas al médico para que te recete algo. Explícale cómo te encuentras, etc.

- **Situación 3:**

Ya ha llegado el invierno, y con él, virus, catarros, gripe... Tú llevas una semana muy cansado y con malestar general. Crees que es la gripe, así que visitas a tu médico de cabecera y le cuentas lo que te pasa. El te hará preguntas y te dará algunos consejos.

- **Situación 4:**

  La muela te está dando la lata de nuevo, y el dolor ya empieza a ser bastante intenso. No te queda más remedio que ir al dentista, por mucho miedo que te dé. El dentista no es tan 'ogro', cuéntale qué te pasa y él te dirá lo que debes hacer.

- **Situación 5:**

  En el entrenamiento de fútbol un compañero te ha hecho la zancadilla (sin querer, claro) y te has dado un golpe muy fuerte. La rodilla empieza a hincharse, estas sangrando por la nariz y tienes raspaduras por toda la pierna. Tus amigos te llevan a urgencias y allí les explicas a las enfermeras lo que te ha pasado, cómo, dónde, qué te duele etc...

Aquí tienes algunas expresiones útiles:

doler, hacer daño, sentirse mal, tener mareos y náuseas, tener dolor de cabeza, de estómago, de muelas, de oídos, de garganta, tener tos, tener catarro, estar congestionado, estar estreñido, tener diarrea, sentir picores (te pica...), escocer, toser, estornudar, darle a uno vueltas la cabeza, sentir un dolor agudo, ¡No aguanto más!, estar muy nervioso, tener palpitaciones, sudores fríos, corte de digestión, hinchazón, hipertensión, alergia, estar como un roble, estar en los huesos, tener buen aspecto, estar hecho polvo, encontrarse fatal, tener una resaca bestial, cortarse con..., (poner) una inyección, supositorio, pomada, jarabe, colirio, agua oxigenada, tiritas, pinzas, comprimido, la píldora, aerosol, pastillas.

CAPÍTULO 9

LA VIVIENDA Y EL TRANSPORTE

Sección A: Textos escritos

1. La dignidad desde el infierno

Me pide que no publique su nombre "porque podría ser objeto de represalias con graves consecuencias". Así es que, para entendernos, vamos a llamarle MM. Pues bien, MM me envía la copia de una carta que mandó al presidente del Consejo General del Poder Judicial hace unos meses. Son seis folios escritos a mano, con una letra
5 meticulosa, cuidada y diminuta. Tal primor caligráfico debe de suponer un enorme trabajo, pero es que MM no tiene en su casa un computador con el que despachar la correspondencia, ni una máquina de escribir, por vieja que sea. A decir verdad, lo que no tiene es casa, y las demás carencias se dan por añadidura. MM es un *homeless*, según el término anglosajón tan en boga últimamente; un vagabundo, dicho en un castellano
10 recio y antiguo. Un indigente, como él mismo se autodenomina con seca dignidad.

MM estaba una noche en una estación de tren de Zaragoza "con intención de viajar, aunque no inmediatamente, y sin realizar ningún acto que pudiera considerarse ni siquiera incorrecto" cuando hacia la medianoche se le acercaron dos vigilantes jurados y le exigieron que les mostrara el billete o que abandonara la estación. MM argumentó
15 que para estar en una estación no hace falta billete, lo cual es evidente: uno puede ir allí a despedir o a buscar a alguien, por ejemplo. Entonces los vigilantes le pidieron el DNI, que él se negó a dar a unos guardas privados. Así es que le detuvieron y le llevaron a la comisaría. Allí MM sí se identificó, pero los policías dijeron que, en efecto, tenía que irse de la estación. Cosa que hizo, qué remedio, tras presentar una reclamación.

20 Unos días después presentó también una denuncia en el juzgado. Me la imagino tan bien argumentada como esta carta al presidente del Consejo, con esa fría claridad expositiva, con el dolor y la indignación que laten por debajo; muy abajo, porque MM no se deja llevar por la pasión. Quizá no puede permitírselo, quizá la pasión sea un lujo más, un sentimiento que pertenece a la órbita emocional de aquellos que tenemos casa y

25   tarjetas de crédito y un lugar en el mundo, ya sea grande o chico. Quiero decir que es
      probable que la carta de MM no me hubiera impactado tanto si hubiese sido más
      gritona. Tal vez no estaría escribiendo este artículo si MM, aun relatando exactamente la
      misma historia, se hubiera expresado, sin embargo, con más violencia. ¿Un vagabundo
      que chilla, que se queja? Algo habrá hecho, nos decimos; y adjudicamos a sus protestas
30   toda la desconfianza que nos produce el mundo marginal. Sí, me temo que, para ser
      oído, MM está obligado a ofrecer un discurso impecable.

      El caso es que presentó una denuncia: consideraba que los empleados de una empresa
      privada no tenían derecho a detenerle y, además, les acusaba de trato discriminatorio "y,
      a mi modo de ver, claramente anti-constitucional", ya que los vigilantes sólo pedían el
35   billete a aquellas personas que tenían aspecto "de ser indigentes o parados". Pero la
      denuncia fue desestimada. Dice MM en su carta que casos como éste suceden todos los
      días; son "las arbitrariedades, abusos, vejámenes y agresiones que sufren quienes tienen
      la desgracia de quedar en la indigencia". Y resalta una obviedad en la que nadie piensa:
      que si careces de domicilio fijo no puedes empadronarte, de manera que quedas
40   excluido del censo electoral. Dejas de ser un votante, un ciudadano. Desapareces.

      Tres meses después de esta escaramuza, MM pasó otra vez por la estación y se repitió
      la misma historia. Los vigilantes le volvieron a echar, sólo que esta vez, explica MM, le
      dedicaron además unas cuantas lindezas, de las cuales la frase "con la reclamación que
      pusiste nos hemos limpiado el culo" es la más delicada de cuantas vienen en la carta. En
45   esta ocasión MM no hizo ninguna reclamación ni puso ninguna denuncia ("¿para qué?",
      dice él), pero le escribió estos folios al presidente del Consejo y luego me envió una
      copia a mí y, posiblemente, a otros periodistas. Quiero decir que no se rindió.

      No sé nada de la vida de MM (él nada cuenta de su propia historia; ya digo que es una
      carta púdica y serena), pero me parece portentoso que alguien sea capaz de mantener
50   una medida tan clara de sí mismo desde ese infierno de marginación que hoy es la
      pobreza. MM carece de domicilio fijo, pero no del sentido de la justicia y del respeto. A
      decir verdad, que alguien consiga mantener ese nivel de dignidad aun en tan penosas
      circunstancias es más que conmovedor: resulta esperanzador, porque es la parte mejor
      del ser humano.

Rosa Montero, *El País*, 31-7-94

Notas

1.	**debe de** (5)	La distinción entre **deber** + infinitivo (obligación) y **deber de** + infinitivo (probabilidad) es una distinción útil, aunque no se respeta siempre; ver Butt & Benjamin, 21.3.1–2.
2.	**computador** (6)	En España la forma más corriente es **ordenador** (m); en América, **computadora** (f).

3. **por vieja que sea** (7)   Para la distinción entre el indicativo y el subjuntivo con esta construcción, ver Butt & Benjamin, 16.13.2.

4. **lo cual es evidente** (15)   Hay que utilizar **lo cual** (o **lo que**) aquí porque el antecedente del pronombre relativo no es el sustantivo **billete**, sino el concepto **para estar en una estación no hace falta billete**; ver Butt & Benjamin, 35.6.

5. **DNI** (16)   El **Documento Nacional de Identidad** es un documento obligatorio para todo ciudadano español.

Explotación del texto

1. Explica las siguientes expresiones mediante sinónimos, definiciones de diccionario, ejemplos, etc.: **folios** (4); **primor** (5); **las demás carencias** (8); **se autodenomina** (10); **qué remedio** (19); **fue desestimada** (36); **quedar en la indigencia** (38); **censo electoral** (40); **escaramuza** (41); **unas cuantas lindezas** (43); **no se rindió** (47).

2. **Comprensión**

    a. La escritora del artículo llama al protagonista MM. Explica por qué.
    b. ¿Por qué no tiene MM ordenador?
    c. ¿Por qué abandonó la estación (19)?
    d. ¿Por qué piensa MM que le han discriminado?
    e. ¿Qué derecho pierden los que no tienen domicilio fijo?
    f. ¿Los vigilantes tomaron en serio la reclamación de MM?
    g. ¿Por qué no hizo ninguna reclamación después del segundo incidente?
    h. ¿Por qué saca Rosa Montero ciertas conclusiones positivas?

3. **Cuestiones de estilo**

    a. Explica las diferencias de estilo entre **homeless** (8), **vagabundo** (9), e **indigente** (10).
    b. Escribe dos versiones del primer incidente en la estación de Zaragoza:
        i.   la reclamación formal preparada por MM;
        ii. una explicación oral informal de MM a un amigo suyo.

4. **Gramática**

    a. **Policías** (18) y **periodistas** (47) se utilizan aquí como palabras masculinas; explica las diferencias entre **los/las policías/periodistas**.
    b. **Gritona** (27) es la forma femenina del adjetivo **gritón**. Da las formas femeninas de los siguientes adjetivos: **mandón**; **chillón**; **hablador**;

inglesa francesa

encantador; **mejor**; **peor**; **fácil**; **difícil**; **corriente**; **abundante**; **inglés**; **francés**;
cortés.

5. **Traducción**

Traduce al inglés las líneas 20–31 (**Unos días... discurso impecable**).

6. **Tus opiniones**

   a.   ¿Compartes las opiniones positivas expresadas en el último párrafo?
   b.   ¿Te parece que las quejas de MM son justas? Explica tus criterios.
   c.   Escribe una redacción sobre la responsabilidad de los gobiernos en
        solucionar el problema de la falta de vivienda (máximo de 300 palabras).

2. El congreso pedalea

Las bicis las dejaron en casa y como no llevaban el *maillot* ni el culote puesto, la
presencia de un pequeño pelotón de ciclistas en el Congreso pasó ayer inadvertida,
salvo para los policías y ujieres de la Cámara.

Trajeados, con la piel curtida y sin un gramo de grasa, viejas glorias del ciclismo nacional
5   como Julio Jiménez, José Manuel Fuente, José Luis Laguía, Eduardo Chozas o Perico
Delgado desfilaron ante sus señorías para darles cuenta de la incompatibilidad de
pedalear en medio de una selva de peatones y vehículos mecanizados. Antes, los
ciclistas se limitaban a correr por equipos en pruebas de más o menos pompa con un
calendario limitado y protegidos por las autoridades de tráfico. Las cosas han cambiado
10   desde que las competiciones se han convertido en un gran espectáculo y las bicicletas
con supercambios se venden en las grandes superficies. Sólo en el año 1992 se
vendieron dos millones de unidades.

La emulación de las estrellas y el abaratamiento de las bicis han vomitado a millares de
aficionados sobre las carreteras, donde su convivencia con el tráfico rodado mecanizado
15   empeora año tras año. En el periodo 1990–1994 perdieron la vida 600 ciclistas en
11.000 accidentes, según Javier Martín del Burgo, relator de la Ponencia del Congreso
encargada de estudiar el fenómeno de la práctica del ciclismo, los accidentes de ciclistas
y cómo prevenirlos.

established

Desde el 21 de febrero de este año, en que se constituyó la Ponencia, no han dejado de
20   desfilar por el Congreso decenas de personajes vinculados de una u otra manera con los
appearance
artefactos de dos ruedas. En el desfile de ayer, sin la caravana multicolor que adorna
tanto las competiciones, correspondió a los protagonistas de este deporte contar *las
verdades del barquero*.

Perico Delgado, triunfador del Tour de Francia y la Vuelta a España, dijo que los

25 aficionados conocen peor que los profesionales los riesgos de la carretera y no saben esquivar los peligros que encierra la práctica de este deporte. Su compañero Eduardo Chozas, miembro como él de la Asociación Nacional de Profesionales de Ciclismo, es partidario de fomentar la divulgación de la práctica correcta del pedaleo y su convivencia con los automóviles. La proliferación de carriles bici en algunas ciudades y
30 comunidades autónomas es unánimamente aplaudida. Sin embargo, todos se quejaron de que los peatones se adueñan de estos itinerarios y acaban expulsando a los ciclistas, temerosos de llevarse a alguno por delante. Prefieren que cada usuario tenga su carril, incluso en paralelo a las carreteras.

Del casco, todos son partidarios, aunque nadie se atreve a su implantación obligatoria.
35 Se limitan a recomendarlo. Tampoco postulan ampliar la distancia que deben mantener los vehículos cuando adelantan a un ciclista. Está muy bien el metro y medio, dicen, pero se quejan de que nadie la respeta, de modo que, cuando circula un grupo de ciclistas por una carretera, proponen hacerlo en paralelo, ocupando la calzada, en vez de en fila india, para forzar el cumplimiento de la norma y garantizar su seguridad.

40 Se lamentan los profesionales del mal estado de los arcenes, de las zarzas, pedruscos y demás obstáculos que impiden el pedaleo y obligan a los ciclistas a ocupar la calzada de los vehículos mecanizados. En algunos sitios los mantienen limpios. Son los menos. "En España somos muy pobres y estamos como estamos", decía resignado Perico Delgado tras exponer a sus señorías el respeto que tienen a los carriles sólo-bici países tan
45 distantes como Japón, Suecia o Austria. El los conoce de primera mano, pero el relator, Martín del Burgo, no se debe fiar de tan veterano testimonio y propuso girar visitas a La Coruña, Palma de Mallorca, Barcelona, Madrid, San Sebastián, Sevilla, Valencia, Ciudad Real y Oviedo. Y por si no era suficiente, desplazarse a Francia, Italia, Holanda, Alemania y Suiza. La Comisión de Educación y Cultura dijo sí a la vuelta a España de sus señorías,
50 pero el giro europeo tenía suficiente con Niza (Francia), Milán (Italia) y Amsterdam (Holanda). En noviembre harán públicas sus conclusiones.

Inmaculada G. Mardones, *El País*, 26-9-95

Notas

1.	**el ciclismo**	El ciclismo es uno de los deportes más populares de la España actual; los mejores ciclistas son conocidos por toda España. Este artículo contiene varias palabras relacionadas con el deporte profesional: **maillot** (1), **culote** (1), **pelotón** (2), etc.
2.	**el Congreso** (2)	Las Cortes Españolas, situadas en Madrid.
3.	**sus señorías** (6)	Tratamiento honorífico dado a los diputados españoles.

4. **las grandes**   = 'los hipermercados'.
    superficies (11)

5. **la Ponencia** (16)   Comisión oficial nombrada para investigar un
                                 problema importante.

Explotación del texto

1. Explica las siguientes expresiones mediante sinónimos, definiciones de
    diccionario, ejemplos, etc.: **trajeados** (4); **peatones** (7); **abaratamiento** (13);
    convivencia (14); **prevenirlos** (18); **vinculados** (20); **caravana** (21); **contar las
    verdades del barquero** (22–23); **aficionados** (25) **carriles bici** (29); **postulan** (35);
    de primera mano (45); **desplazarse** (48).

2. **Comprensión**

    a. ¿Por qué pasó inadvertida la presencia de los ciclistas en el Congreso?
    b. ¿Por qué tendrán los ciclistas la piel curtida (4)?
    c. Explica en tus propias palabras lo que entiendes por **La emulación de las
        estrellas** (13).
    d. ¿Por qué ha empeorado el problema de los ciclistas en años recientes?
    e. ¿El adjetivo **temerosos** (32) se refiere a **peatones** o a **ciclistas**? Explica tus
        criterios.
    f. ¿Por qué van los ciclistas en paralelo en vez de en fila india (36–40)?
    g. ¿Por qué es un problema el mal estado de los arcenes?
    h. ¿Por qué piensas que la Comisión de Educación y Cultura no aceptó en su
        totalidad la propuesta de Martín del Burgo (46–51)?
    i. Explica la ironía de la expresión **la vuelta a España** en la línea 49.

3. **Gramática**

    Observa la concordancia verbal (**se venden**; **se vendieron**) en las líneas 11–12.
    Traduce al español las siguientes frases, utilizando en cada caso la forma reflexiva
    del verbo:

    a. The last bike was sold an hour ago.
    b. The last bikes were sold an hour ago.
    c. On Mondays they usually sell one bike an hour.
    d. On Saturdays they usually sell ten bikes an hour.
    e. 100,000 helmets were sold last year.
    f. Cycle-lanes are not respected in Spain.
    g. More bicycles are sold than cars.

4. **La formación de palabras**

Observa los siguientes sustantivos, creados para indicar la acción de un verbo:

> **abaratar** . . . . **el abaratamiento** (13)
> **cumplir** . . . . **el cumplimiento** (39)
> **desfilar** . . . . **el desfile** (21)
> **emular** . . . . **la emulación** (13)
> **proliferar** . . . . . . **la proliferación** (29)
> **pedalear** . . . . **el pedaleo** (28)

Busca los sustantivos que se refieren a la acción de los siguientes verbos: **presentar; recomendar; practicar; empeorar; mejorar; comprar; estudiar; desplazarse; divulgar; quejarse; mantener; boicotear; desarmar; sacar; reparar; modificar; despachar; abandonar; despedir; buscar; reclamar**.

5. **Traducción al inglés**

Traduce al inglés las líneas 19–33 (**Desde el 21... las carreteras**).

6. **Diálogo**

Basándote principalmente en los datos contenidos en el texto, escribe un diálogo entre el relator de la Ponencia y Perico Delgado (máximo de 300 palabras).

7. **Escritura guiada**

Escribe una carta a la prensa a favor de **o** en contra de la introducción de más carriles bici en las ciudades.

8. **Tus opiniones**

a. 'Del casco, todos son partidarios, aunque nadie se atreve a su implantación obligatoria' (34). Escribe una redacción de 300 palabras sobre este tema.

b. ¿Te parecen inevitables los conflictos entre ciclistas y automovilistas?

c. ¿Te parece válido que las autoridades intenten fomentar el uso de las bicicletas?

3. Vehículos importados asfixian a San José

Principal ciudad de Costa Rica y refugio de un millón de habitantes, San José agoniza, día a día, enferma de congestionamiento vehicular, contaminación ambiental, desplanificación urbana y desaparición de manantiales naturales.

Doscientos furgones diarios que atraviesan la ciudad, hacia o procedentes de los dos
5   principales puertos nacionales, no sólo han maltratado las principales vías asfálticas, sino

que han aumentado el congestionamiento de la metrópoli. Datos en poder de
instituciones estatales, como el instituto de ferrocarriles de Costa Rica y la refinadora
costarricense de petróleo (RECOPE), revelaron la punta de un iceberg que amenaza a
San José con problemas idénticos a los que viven urbes como el Distrito Federal

10 mexicano.

Nadie sabe a ciencia cierta cuántos vehículos nuevos y usados se importan anualmente
en el país –reflejo de la gigantesca desplanificación vial reinante en sucesivos gobiernos–
pero todos coinciden en que son más de 250 los automotores que ingresan diariamente
al casco metropolitano. "Carecemos de datos recientes porque hasta ahora no

15 comenzamos la contabilidad de los automóviles que ingresan diariamente a Costa Rica",
reconoció Patricia del Bo, representante del Departamento de Aduanas. Para el alcalde
josefino, Johnny Araya, la cifra de automóviles que circulan por la capital supera los 250
mil automotores.

Como si ello fuera poco, el 35 por ciento de la flotilla autobusera de transporte escolar

20 circuló a la libre y sin mayores controles fiscales durante todo el ciclo de 1995. Calles y
avenidas angostas, elevado tráfico vehicular y desaciertos marcados a la hora de abordar
el problema, contribuyen al caos capitalino, difícil de solventar en las próximas dos
décadas, con enormes pérdidas económicas proyectadas para todos los ciudadanos.

En 1995 hubo un aumento del 4,5 por ciento de la demanda petrolera y un

25 acrecentamiento del 8,6 por ciento de los egresos nacionales, por pago de derivados del
petróleo con respecto a 1994. Ello significó un reembolso de 234 millones de dólares en
1995 y un acrecentamiento de las enfermedades respiratorias infecciosas, de las alergias
y daños en la epidermis, confirmaron médicos del hospital Rafael Angel Calderón
Guardia.

30 El mercado norteamericano es el principal proveedor de automóviles de segunda clase
a Costa Rica, sin que las autoridades gubernamentales sepan aún dónde depositarán, en
un plazo de 10 años, la cantidad de carros convertidos en chatarra estadounidense. A la
vez, la compra desmedida de autos en el exterior elevó el congestionamiento en la
capital y los problemas relacionados con la destrucción de árboles, fuentes naturales de

35 agua y la contaminación por bióxido de carbono.

Mientras la importación de autos aumentó por el proceso de liberalización comercial, el
Ministerio de Planificación nacional prácticamente carece de soluciones a corto plazo.
En un informe donde aborda el problema, la entidad se limita a prometer, en los
próximos años, mejorar la calidad del servicio de transporte público.

40 Pero el congestionamiento de la capital costarricense requiere menos retórica y más
obras que salven al millón de pobladores atrapados ya en nubes de humo que todas las
mañanas superan las crestas de algunas montañas que rodean a San José. Volver al

tranvía, servicio abandonado a mediados de siglo, a los trolebuses, son alternativas que baraja el Gobierno costarricense acosado por la crisis vial y sabedor de que la
45 recuperación del ambiente requiere de décadas de esfuerzo.

Rafael Ugalde, *Noticias Latin America*, mayo de 1996

Notas

1. **congestionamiento** (2)   El sufijo -**miento** es muy común; aquí forma parte del estilo formal periodístico, ya que no hay diferencia entre **congestión** y **congestionamiento**.

2. **Distrito Federal mexicano** (9–10)   Eso es, la Ciudad de México.

3. **automotores** (13)   Palabra típica del español de América. Otros ejemplos de americanismos son: **capitalino** (22); **egresos** (25); **carros** (32); **autos** (33); la expresión **a la libre** (20); y el uso de **a** (y no **en**) después de **ingresar** (15).

4. **sin mayores controles** (20)   En frases negativas, **mayor** puede perder su sentido comparativo; aquí **mayores** = 'grandes'.

Explotación del texto

1. Explica las siguientes expresiones mediante sinónimos, definiciones de diccionario, ejemplos, etc.: **agoniza** (1); **viven** (9); **urbes** (9); **a ciencia cierta** (11); **la gigantesca desplanificación vial** (12); **el casco metropolitano** (14); **la flotilla autobusera de transporte escolar** (19); **desaciertos marcados** (21); **solventar** (22); **a corto plazo** (37); **aborda** (38); **requiere** (40); **baraja** (44).

2. **La formación de adjetivos**

    a. **Países/ciudades** (ver Butt & Benjamin, 4.8.1–2)

    En el texto hay varios ejemplos de adjetivos derivados de nombres de países o de ciudades, fenómeno muy frecuente en español: **costarricense** (8) (< Costa Rica); **josefino** (17) (< San José); **estadounidense** (32) (< Estados Unidos).

    Busca los adjetivos que se basan en los siguientes nombres de países/ciudades: **el Perú**; **la Argentina**; **el Uruguay**; **Chile**; **Guatemala**; **el Paraguay**; **Colombia**; **el Brasil**; **el Ecuador**; **el Canadá**; **la India**; **Lima**; **Montevideo**; **Buenos Aires**; **Bogotá**; **Quito**; **Santiago de Chile**; **Santiago de Compostela**; **Madrid**; **Barcelona**; **Sevilla**; **Granada**; **Córdoba**; **Oviedo**; **Londres**; **París**.

b.   **Otros adjetivos**

El texto contiene también ejemplos de otros adjetivos, con la variedad de
sufijos típica del español: **vehicular** (2); **ambiental** (2); **diarios** (4); **asfálticas**
(5); **metropolitano** (14); **capitalino** (22); **petrolera** (24); **infecciosas** (27).
Crea los adjetivos basados en los siguientes sustantivos: **mentira**; **educación**;
arquitectura; **política**; **masas**; **energía**; **hotel**; **familia**; **televisión**; **fútbol**;
periodista; **amistad**.

3.   **Comprensión**

a.   ¿Es positiva la evaluación de los gobiernos recientes de Costa Rica?

b.   ¿Qué problemas provoca el exceso de vehículos en San José?

c.   ¿Cuáles son las principales causas de la congestión vehicular?

d.   ¿Por qué será difícil solucionar rápidamente los problemas?

e.   ¿Qué nuevo problema tendrá el gobierno dentro de 10 años?

f.   Según el artículo, ¿son adecuadas las propuestas del gobierno para
solucionar los problemas?

4.   **Traducción**

Traduce al inglés las líneas 24–35 (**En 1995... de carbono**).

5.   **Resumen**

Haz un resumen en español del texto (máximo de 125 palabras).

6.   **Tus opiniones**

a.   ¿Te parece que la situación descrita en el artículo es exclusiva a Costa Rica, o
parte de una crisis mundial?

b.   El escritor opina que las medidas propuestas por el gobierno no son
adecuadas. ¿Te parece justificada esa evaluación negativa?

c.   'Las ciudades tendrán que desarrollar el transporte público y limitar el uso
de los coches particulares.' Escribe una redacción de 300 palabras sobre ese
tema.

Sección B: Ejercicios de gramática

Los relativos

Estudia el capítulo 35 de Butt & Benjamin. El contenido es complejo, y para empezar es mejor centrarte en los usos básicos de los relativos.

1. **Los siguientes ejemplos provienen de los textos de los capítulos 8 y 9. En cada caso, completa las expresiones con una forma del relativo adecuada:**

   a. ... MM me envía la copia de una carta _____ mandó al presidente del Consejo...

   b. Entonces los vigilantes le pidieron el DNI, _____ él se negó a dar a unos guardas privados.

   c. ... los vigilantes sólo pedían el billete a aquellas personas _____ tenían aspecto 'de ser indigentes o parados'.

   d. Y resalta una obviedad en _____ nadie piensa: que si careces de domicilio fijo no puedes empadronarte...

   e. ... sin realizar ningún acto _____ pudiera considerarse ni siquiera incorrecto...

   f. ... pero es que MM no tiene en su casa un computador con _____ despachar la correspondencia...

   g. ... no saben esquivar los peligros _____ encierra la práctica de este deporte.

   h. Uno de ellos, el biólogo Carlos Belmonte, me habló de una terrible enfermedad _____ existencia yo ignoraba...

   i. Hay niños _____, por un problema neurológico, nacen genéticamente insensibles al dolor físico.

   j. ... podemos afirmar que los españoles estarán protegidos con cremas _____ filtros oscilen del 15 al 20.

   k. ... hasta ahora no comenzamos la contabilidad de los automóviles _____ ingresan diariamente a Costa Rica.

   l. ... enfrenta en estos días la resistencia de empresarios y publicistas, únicos grupos a _____ consultó, sin tomar en cuenta la opinión de los consumidores.

   m. Pero el congestionamiento de la capital costarricense requiere menos retórica y más obras _____ salven al millón de pobladores atrapados ya en nubes de humo _____ todas las mañanas superan las crestas de algunas montañas _____ rodean a San José.

   n. En un informe _____ aborda el problema, la entidad se limita a prometer, en los próximos años, mejorar la calidad del servicio...

o. ... destacados publicistas y empresarios afectados por las reformas en cuestión expresan sus opiniones, _____ se oponen a los puntos de vista de expertos en nutrición.

p. MM argumentó que para estar en una estación no hace falta billete, _____ es evidente.

Clave: (a) 9.1.3; (b) 9.1.17; (c) 9.1.35; (d) 9.1.38; (e) 9.1.12; (f) 9.1.6; (g) 9.2.26; (h) 8.1.3; (i) 8.1.4–5; (j) 8.2.26; (k) 9.3.15; (l) 8.3.20; (m) 9.3.40–42; (n) 9.3.38; (o) 8.3.25; (p) 9.1.15

En algunos casos (por ejemplo el *p*) existe más de una posibilidad.

2. En el ejercicio anterior, el pronombre relativo más usado es **que**; en todas las variedades del español, **que** es el pronombre más fácil de usar y más usado. Pero también es necesario saber cuándo utilizar **el que**, **el cual**, **quien**, etc. En este ejercicio, hay que convertir las dos oraciones simples en una oración compleja, utilizando una forma apropiada del relativo después de la preposición:

Ejemplo: Me han contratado **para el trabajo**. **El trabajo** me gusta mucho.
> **El trabajo para el que** me han contratado me gusta mucho.

a. Viajamos por el túnel. El túnel está entre Francia y España.
b. Viajo con tres chicos españoles. Esos chicos son muy simpáticos.
c. El embajador salió del coche. El coche es negro.
d. El libro está debajo de la mesa. La mesa está en la cocina.
e. Pasamos por una crisis económica. La crisis es peor que la de años anteriores.
f. Estamos hablando de las actitudes de los venezolanos. Esas actitudes son nuevas.
g. Se quejan de la situación actual. La situación actual es malísima.
h. Los vecinos se sientan bajo los árboles. Los árboles son muy hermosos.
i. Los árboles necesitan tierra para las raíces. Las raíces son enormes.
j. Trabaja para una constructora. La constructora pertenece a un grupo francés.

3. **Traduce al español**
a. The journalist he wrote to works for *El País*.
b. The woman I work with is looking for a job with another company.
c. The problems San José is facing are similar to those of other cities.
d. Traffic congestion is increasing every year, which means that something will have to be done.
e. There has been insufficient investment in public transport, which tends to be used by the less well-to-do.
f. The flat I live in costs 30,000 pesetas a month.

g.   Bus-lanes have been created in the city centre, which has reduced journey-times.

h.   We have received lots of complaints from pedestrians, whose interests have not been taken into account sufficiently.

i.   They are unwilling to adopt measures whose effects are difficult to foresee.

j.   They refuse to take into account the views of cyclists, the majority of whom want to see improved facilities.

Sección C: Traducción al español

It is not only in Spain and in Latin-American countries that national and local governments are having difficulty in solving transport problems; but in both Spain and Latin America rapid urban development during the last three or four decades has made the problems for city-dwellers particularly acute. It is paradoxical that the motor-car, which has increased mobility and freedom for many millions of people, has also had such a negative impact on the lives of others; traffic congestion and the resultant pollution are damaging the physical and mental health of many city-dwellers, and destroying the traditional social fabric of their cities. And some of the simpler pleasures of everyday life are under threat. For example, in cities throughout the Spanish-speaking world, life used to be lived outdoors for much of the year; people would spend hours on warm summer evenings sitting at a table on the pavement outside a café, putting the world to rights in animated conversation with friends and neighbours. Will future generations of Spanish-speakers be able to enjoy such simple pleasures, if the air is full of petrol-fumes and conversation difficult because of the incessant traffic noise?

Sección D: Documento sonoro

1.   **Comprensión**

a.   ¿Cuál es el motivo de las preguntas que Nuria le hace a Paloma?

b.   ¿Qué tipo de cosas quiere saber?

c.   ¿Cuántas horas dura el viaje de Europa a Buenos Aires?

d.   ¿Es verdad que todos los vuelos de Europa a Argentina van a Buenos Aires?

e.   ¿Cuánto cuesta aproximadamente el vuelo a Buenos Aires?

f.   Explica por qué indica Paloma el precio en dólares.

g.   ¿Cuántos habitantes tiene Buenos Aires?

h.   ¿Cuál es el medio de transporte más popular dentro de Buenos Aires?

i.   ¿Qué tipo de transporte prefiere Paloma para viajar a otras partes de Argentina?

j.   Según Paloma, el sistema de ferrocarril argentino tiene varios defectos. Explica cuáles son, y cuál es el origen de tales defectos.

k.   ¿Hay descuentos para estudiantes en el transporte público de Buenos Aires?

l.   ¿Hay mucha diferencia entre el metro de Buenos Aires y el de Londres?

m.   ¿En qué parte de Buenos Aires están los barrios más económicos para vivir?

n.   ¿Cuánto cuesta un piso en el centro de la ciudad?

o.   ¿Qué tipo de alojamiento suelen tener los estudiantes en Buenos Aires?

p.   ¿Cuál es la mejor forma de buscar alojamiento? En concreto, ¿qué es lo que recomienda Paloma?

2.   **Vocabulario**

Colectivo, **subte**, y **departamento** son tres de las expresiones típicamente americanas que utiliza Paloma. Escucha la cinta otra vez para estar seguro de lo que significan, y da las palabras equivalentes en el español peninsular. ¿Estas expresiones provocan algún problema de comprensión para Nuria?

3.   **Pronunciación**

Nuria es del norte de España, y Paloma viene de Buenos Aires. ¿Cuáles son las más importantes diferencias de pronunciación entre las dos? (Observa, por ejemplo, cómo pronuncia Paloma las siguientes palabras, y en particular los sonidos que corresponden a las letras subrayadas: tre<u>c</u>e; <u>c</u>iudad; <u>c</u>entro; inten<u>c</u>ión; ma<u>y</u>oría; <u>y</u>o; a<u>y</u>udar; mi<u>ll</u>ones; e<u>ll</u>os; <u>ll</u>aman; e<u>s</u>tudiar; co<u>s</u>tar; quiniento<u>s</u>; <u>g</u>eneralmente; e<u>j</u>emplo.)

Sección E: Temas orales

1. Vivienda

• Entre toda la clase, haced una lista con todo el vocabulario relacionado con Alojamiento y Vivienda que se os ocurra. Aquí tenéis algunas palabras útiles:

   alquiler, comunidad de vecinos, piso, portal, portero, ascensor, colegio mayor...

Como el curso que viene lo pasarás en el extranjero, quizás tengas muchas dudas referentes a aspectos prácticos, como por ejemplo, de qué forma puedes buscar alojamiento o cómo vas a viajar. En grupos, parejas o entre toda la clase comentad qué os gustaría saber antes de ir a vivir a otro país:

Por ejemplo:

   ¿Dónde puedo encontrar información para buscar alojamiento?

   ¿Existe algún tipo de *Housing Services* en la universidad a la que voy a ir?

   ¿Entre qué precios oscilan los precios de los alquileres de estudiantes?

   ¿Qué gastos extra tendré que pagar? ¿Qué es la comunidad de vecinos?... etc.

- Lee los anuncios de alojamientos que aparecen en la **Guía del Estudiante** (ver págs. 126–27), una sección del periódico *La Nueva España*, de Oviedo, y que, como su nombre indica, está dedicada a los estudiantes universitarios. Allí encontrarás varios que te podrán servir.

- Para el siguiente **Ejercicio 1** hemos escogido uno, que está marcado con un círculo en el libro. Dividíos en parejas y representad la siguiente conversación. El propósito del ejercicio es poder mantener una verdadera **conversación telefónica**, por lo que, siempre que se pueda, recomendamos que se practique con un teléfono.

- Antes de empezar, pensad entre todos expresiones útiles a la hora de hablar por teléfono: cómo se saluda, qué se dice normalmente al descolgar, reconocer el tono cuando un número está comunicando (esto varía según los países), cómo explicar el motivo de tu llamada, cómo despedirse... etc.

- Como ayuda, aquí tienes algunas. ¿Sabes su significado?

está comunicando	¿puedo dejar un recado ... ?
le paso la llamada	¿quieres dejarle algún recado?
¿oiga?	¿dígame?
conferencia a cobro revertido	no dar señal
esperar tono	oírse mal/lejos

Algunas preguntas posibles:

Hola, buenos días/tardes. Llamaba por el anuncio del periódico sobre el alquiler de un piso

¿Cuándo podría pasar a ver el piso?

¿Qué gastos están incluidos en el alquiler?

¿Tengo que pagar un mes por adelantado?

¿La habitación da a la calle o al patio?

Y ahora, haced las siguientes actividades por parejas:

Ejercicio 1: Conversación telefónica

Estudiante A: Propietario

Has puesto un anuncio en el periódico local para alquilar una habitación a estudiantes. Una persona interesada llama por teléfono:

- Contesta al teléfono
- Infórmale sobre los detalles que te pide
- El precio incluye los gastos de comunidad de vecinos pero el gas, la electricidad y el teléfono no van incluidos
- El estudiante quiere ver el piso. Ponte de acuerdo con él.

Estudiante B: Estudiante

Eres un estudiante que quiere alquilar una habitación en un piso compartido. Has visto un anuncio en el periódico y te interesa. Llamas por teléfono al propietario:

- Saluda y explica por qué llamas
- Quieres saber más detalles, p.ej.: cuántos estudiantes comparten la casa, en qué piso está, si hay TV, lavadora...
- Pregunta si el precio incluye los gastos de comunidad de vecinos, el gas o la electricidad
- Ponte de acuerdo con el propietario para ver el piso.

Ejercicio 2

La siguiente actividad es prácticamente igual que la anterior, pero esta vez sois vosotros los que, otra vez en parejas pero intercambiando los papeles (el que representaba al propietario ahora es estudiante y viceversa), escogeréis el anuncio que queráis y practicaréis de nuevo otra conversación telefónica.

Por último, volved a escoger otro anuncio. Ahora se trata de que dejéis un **mensaje en un contestador automático**.

Ejercicio 3

Después de haber concertado una hora con el propietario, vas a visitar el piso. Inventa un posible diálogo entre tú y el propietario. Aquí tienes algunas expresiones más que también pueden ser útiles:

piso soleado	cobrar un mes por adelantado
gastos de comunidad	presidente de la comunidad
está carísimo	está bien de precio
estar por las nubes	estar bien situado/ser céntrico
calefacción y agua caliente	lavadora/secadora/cuarto de baño

2. Transporte

(Para esta actividad hacen falta folletos turísticos, horarios de trenes, autobuses, etc., guías de viaje y en general toda la información que se os ocurra que puede ser útil a la hora de preparar un viaje. Bien el profesor o los alumnos pueden encargarse de conseguirla.)

Dividíos en grupos de tres o cuatro y con la ayuda de los folletos y demás información que habéis recogido, imaginad que os vais de excursión un fin de semana a visitar los alrededores de la ciudad donde estáis pasando vuestro *year abroad*. Preparad una lista de todo lo que necesitaréis averiguar para organizar el viaje (precios de los billetes, de los hoteles o campings, cuánto cuesta alquilar un coche...), y discutid entre vosotros lo que haréis, qué lugares visitaréis, cómo viajaréis, etc.

Después de poneros de acuerdo, presentad vuestro 'proyecto' de viaje al resto de la clase.

Aquí tenéis algún vocabulario útil:

billetes (boletos en Latinoamérica) de ida/de ida y vuelta
trenes de largo recorrido o de cercanías
AVE, RENFE, FEVE, Talgo
facturación de equipajes
consigna, coche-cama, sala de espera, descuentos, tarifas especiales
bici de montaña, caravana, coche (carro) de alquiler, ferry, metro, autocar, autobús,
    bus, bonobus, autopistas, poner una multa
IBERIA, vuelo doméstico, vuelo internacional, aduana, tener algo que declarar,
    control de pasaportes, embarcar, despegar, aterrizar
Hotel (de una estrella, dos, tres...), hostal, pensión, albergue, camping
pasarlo genial, ser un rollo, estar hecho polvo, aburrirse como una ostra, ir como
    sardinas en lata, ¡Qué paliza de viaje!

APÉNDICE A

Capítulo 1, Sección D

1. **España:**

   Eran las once menos diez cuando María salió. No pudo ir en coche porque tenía una rueda pinchada, así que cogió el autobús. Le compró el billete al conductor y creyó reconocerle, pero no dijo nada. A María le gustaba conducir su coche nuevo, pero el viaje le dio tiempo para pensar en lo que iba a hacer: comprarse una maleta, y después ir a Correos a comprar sellos. El trayecto duró 10 minutos. Mientras entraba en la tienda, se encontró a dos amigos, Alicia y Esteban, y les dijo:

   –¿Qué hacéis vosotros aquí? Yo acabo de llegar. ¿Habéis tomado ya un café?

   Cogieron el ascensor al primer piso donde el camarero les sirvió café y tostadas.

   –¿Qué quieres comprar, María?–, preguntó Alicia.

   –Una maleta; aquí tienen algunas muy bonitas, y si me queda dinero compraré un jersey.

2. **México:**

   Faltaban diez minutos para las once cuando partió María. No pudo irse en su carro porque tenía una llanta ponchada, así que tomó el camión. Le compró el boleto al chofer y creyó reconocerlo, pero no dijo nada. A María le gustaba manejar su carro nuevo, pero el viaje le dio tiempo para pensar en lo que iba a hacer: comprarse una maleta, y después ir al correo a comprar unas estampillas. El viaje duró 10 minutos.

   Mientras entraba en la tienda, se encontró a dos amigos, Alicia y Esteban, y les dijo:

   –¿Qué hacen ustedes por aquí? Yo acabo de llegar. ¿Ya se tomaron un café?

Tomaron el elevador al segundo piso donde el mesero les sirvió café y pan tostado.

–¿Qué quieres comprar, María?–, preguntó Alicia.

–Voy a comprar una valija; aquí tienen unas que están bien lindas, y si me queda dinero compraré un suéter.

3.   Perú:

Eran diez para las once cuando María salió. No pudo ir en carro porque tenía una llanta baja, así que tomó el bus. Le compró el boleto al chofer y pensó que lo reconocía, pero no dijo nada. A María le gustaba mucho manejar su carro nuevo, pero el viaje le dio tiempo para pensar qué iba a hacer: comprarse una maleta, y luego ir al correo a comprar estampillas. El viaje duró 10 minutos.

Cuando estaba entrando en la tienda, se encontró con dos amigos, Alicia y Esteban, y les dijo:

–¿Qué hacen ustedes aquí? Yo acabo de llegar. ¿Ya se tomaron un café?

Tomaron el ascensor para el segundo piso donde el camarero les trajo café y tostadas.

–¿Qué quieres comprar, María?–, preguntó Alicia.

–Compraré una maleta; aquí tienen unas bonitas, y si me queda plata, compraré una chompa.

4.   Uruguay:

Eran las once menos diez cuando María salió. No podía ir en auto porque tenía una rueda pinchada, así que tomó el ómnibus. Le compró el boleto al conductor y le pareció reconocerlo, pero no dijo nada. A María le gustaba mucho manejar su auto nuevo, pero el viaje le dio tiempo para pensar qué iba a hacer: comprarse una valija, y después ir al correo a comprar sellos. El trayecto duraba 10 minutos.

Al entrar a la tienda, se encontró con dos amigos, Alicia y Esteban, y les dijo:

–¿Qué hacen ustedes aquí? Yo acabo de llegar. ¿Ya tomaron café?

Subieron en ascensor al segundo piso donde el mozo les sirvió café y tostadas.

–¿Qué querés comprar, María?–, preguntó Alicia.

–Voy a comprar una valija; hay unas muy lindas aquí y, si me queda plata, compraré un buzo.

APÉNDICE B

Capítulo 1, Sección E, Ejercicio 4

ESTUDIANTE B

Los madrileños, chulos; los catalanes, _____, y los andaluces, alegres

Persisten los estereotipos regionales, según un sondeo del CIS

Los madrileños se ven a sí mismos como un pueblo abierto y hospitalario. El resto de los españoles tiende más bien a considerarlos chulos y orgullosos. Los arraigados estereotipos con que unos españoles etiquetan a otros siguen configurando un tópico panorama de andaluces alegres, catalanes _____, aragoneses testarudos y vascos _____, según el nuevo boletín mensual del Centro de Investigaciones Sociológicas (CIS). ¿Gente seria y emprendedora? Alguna hay, pero al norte de los Pirineos.

La percepción que cada comunidad autónoma tiene de sí misma rara vez coincide con la que tiene el resto. El 50% de los aragoneses, por ejemplo, se define como gente _____ mientras que sólo el 17% del resto de los españoles se aviene a concederles ese calificativo. Por cierto, que los aragoneses se ven a sí mismos más "brutos" (25%) de lo que les ven desde fuera (13%).

Desde fuera de Cataluña los catalanes parecen más _____ (35%) que desde dentro (15%). Los gallegos son más bien _____, según los demás (12%), aunque ellos prefieren definirse como _____ (13%). Fuera del País Vasco, un 19% cree que los vascos son _____ (dentro sólo un 5%), y un 10% cree que son _____ (dentro sólo un 3%). Una excepción: tanto dentro como fuera de Andalucía, los andaluces se ven como "alegres, graciosos y juerguistas".

Moda, sí. Peso, no.

Más de un 20% de los españoles cree que sus compatriotas son alegres, abiertos, trabajadores o "buena gente". Menos de un 5% los considera _____, _____, _____ o _____.

Si el sentido práctico y emprendedor no acaba de imponerse, tampoco parece que la cacareada fiebre del culto al cuerpo haya calado muy hondo en España. Un 69% de las mujeres y un _____% de los hombres dicen sentirse "poco o nada preocupados" por su peso. En justa consecuencia, casi el _____% de los encuestados asegura no ir al gimnasio "nunca o casi nunca".

De cada cuatro españoles, más de tres se muestran de acuerdo en que "la moda ya no es cuestión de unos pocos, sino que interesa a gran parte de la población", y en que los hombres se interesan cada vez más por ella". El _____% de las mujeres y el 40% de los hombres le dan importancia a su forma de vestir. El porqué, ciertamente, depende de la edad. Para los jóvenes, la forma de vestir es "_____" o "_____". A partir de la jubilación, sin embargo, vestir bien es "una simple cuestión de aseo, de tener apariencia correcta".

El País, 24-10-95

APÉNDICE C

Capítulo 5, Sección E, Actividad en parejas

Estudiante B

1. _____ los desagües ni los ríos ni los mares como si se tratara de un cubo de basura.

2. Es mejor que te duches en vez de bañarte: de esta manera sencilla ahorrarás más de cien litros de agua cada vez que te laves.

3. _____ los grifos.

4. Compra y usa productos de limpieza biodegradables.

5. Utiliza las papeleras y los contenedores de basura.

6. _____ el papel, el plástico, el metal y el vidrio.

7. Ayuda a replantar árboles.

8. _____ fuera de los senderos ni _____ fuera de las pistas porque así ayudarás a conservar la vegetación y no molestarás a los animales.

9. Di '¡No!' a la matanza de animales para confeccionar abrigos de piel.

10. _____ las pilas a la basura porque contienen mercurio y es peligroso. En vez de ello _____ en contenedores especiales que encontrarás en muchas tiendas.

11. Para ahorrar energía apaga la luz cada vez que salgas de tu habitación y no dejes la televisión encendida si no la estás viendo.

12. _____ todos los animales y ayuda a la conservación de las especies en peligro de extinción: son seres como tú.

13. Utiliza el transporte público para evitar aglomeraciones y contaminar menos.

14. No utilices sprays.

15. _____ la basura: tira los residuos orgánicos al cubo de basura, el papel, vidrio, plástico, hojalata y las pilas usadas a _____.

16. Para evitar el enorme consumo de papel de la publicidad por correo, puedes inscribirte en la Lista Robinson, creada por la_____.

17. Una colada necesita _____ litros de agua, por eso es aconsejable _____.

APÉNDICE D

Capítulo 8, Sección E, Ejercicio 1

Estudiante B: En contra

¿Es aconsejable una copa de vino al día? *No.*

Recientemente Hans Embland, director del Programa sobre Sustancias de Abuso de la Organización Mundial de la Salud (OMS), ha advertido que "el consumo de alcohol causa algunos de los problemas de salud más serios en todo el mundo". Esta opinión es compartida por muchos otros especialistas de la OMS. El mensaje podría resumirse así: no hay un límite mínimo bajo el cual se pueda beber sin riesgo. Cuanto menos se beba, mejor.

El alcohol produce dependencia e intoxicaciones, daña el cerebro y el sistema nervioso periférico, es el origen de muchos cánceres y enfermedades crónicas del hígado y el estómago, produce hipertensión arterial y miocarditis y además causa accidentes domésticos, laborales y de tráfico.

A pesar de todo ello, se han publicado algunos estudios que parecen demostrar que beber vino en pequeñas dosis puede reducir el riesgo de padecer enfermedades cardiovasculares. Pero, ¿qué puede sacarse en claro de estas teorías?

Los estudios muestran que sólo una dosis muy baja de alcohol (una o dos copas de vino, preferiblemente en días alternos) puede ser más beneficiosa que la abstinencia total para reducir infartos. No hay evidencia de que dosis superiores tengan mejor efecto.

Los especialistas de la OMS advierten que el consumo mínimo de alcohol sólo protege a una pequeña porción de la población, en concreto a los varones de más de 35 años y a las mujeres que han pasado la menopausia. Para colmo, las campañas de consumo moderado de vino pierden todo su sentido en los países donde la incidencia de las enfermedades cardiovasculares es baja, incluido el Tercer Mundo, que acoge a la mayoría de la población del planeta.

Por último, la estimación del nivel "recomendable" de alcohol no tiene en cuenta la edad, el sexo, el peso, la vulnerabilidad individual, las conductas y el entorno social de cada persona.

Existen otros métodos más eficaces para reducir el riesgo de enfermedades cardiovasculares, como dejar de fumar, hacer ejercicio, comer menos grasas, etc. Si alguien está preocupado, es mejor que se dedique a estas actividades para mejorar su salud, en lugar de entregarse al consumo de alcohol, aunque sea moderado.

En definitiva, la OMS cree que defender el consumo de vino por motivos de salud es altamente perjudicial para la lucha contra los efectos devastadores del alcohol.

Mario Argandoña,
Muy interesante, agosto 1995.

Mario Argandoña nació en Bolivia, es psiquiatra y en la actualidad trabaja en Ginebra como jefe de la Unidad de Tratamiento y Atención en el Programa sobre Sustancias de Abuso de la OMS.